J'AI OUBLIÉ DE VOUS DIRE...

DU MÊME AUTEUR

Le Ruisseau des Singes,
autobiographie, Robert Laffont, 2000

À mes grands-parents, qui m'ont tout donné
sans jamais rien me demander.

Avant-propos

André Gide a dit pour rire : « Tout a été dit et, comme personne n'écoute, il faut toujours recommencer. » Et, plus sérieusement, à propos de Marcel Proust : « Les livres de Proust agissent à la manière de ces révélateurs puissants sur les plaques photographiques à demi voilées que sont nos souvenirs, où tout à coup viennent réapparaître tel visage, tel sourire oublié, et telles émotions que l'effacement de ceux-ci entraînait avec eux dans l'oubli. »

Pourquoi écrire une suite au *Ruisseau des Singes*? Le succès inattendu et miraculeux m'y a poussé; cette avalanche de sympathie et de pensées affectueuses d'inconnus qui m'ont témoigné leur fidélité et leur amitié ne pouvait me laisser indifférent. Je suis un incorrigible bavard, curieux des autres, attentif, l'œil en éveil, en attente d'un détail drôle ou tendre. Je croque les passants, je dévore celles ou ceux que je croise, je suis un voleur de cœur. Je continue à jouer, à m'amuser, rien n'est plus sérieux que la vie, mais les choses de la vie sont parfois cocasses ou mélancoliques; né en Algérie, j'ai hérité de l'âme des conteurs : je parle avec les mains, avec la voix, avec les mots. J'aime rire surtout et je cours après la drôlerie comme on suit une femme parfumée.

Lorsque j'avais dix ans, j'avais osé me faufiler chez une voisine de ma grand-mère maternelle. Elle vivait comme une recluse dans un appartement modeste aux murs couverts d'éventails et de gravures érotiques. Un parfum lourd, les volets clos, les rideaux tirés, une lampe couverte d'un châle rouge éclairait une table. Cette femme étrange disait la bonne aventure. Elle me tira les cartes. De grands tarots furent étalés sur le tapis de cachemire, j'étais paralysé de peur. Son visage ovale était pâle, ses grands yeux noirs crayonnés me fixaient, sa bouche au rouge écarlate s'entrouvrait sur des dents à l'émail resplendissant. Elle chuchota d'une voix sourde et charnelle : « Quand tu seras grand, tu seras artiste et tu seras célèbre et puis... et puis, tu écriras des lettres d'amour. »

Pour l'artiste, je ne sais si elle a eu raison, pour les lettres, elle ne s'est pas trompée. La preuve : c'est la deuxième fois que j'écris pour vous.

J'ai toujours aimé raconter des histoires. C'est à mon avis l'un des rares talents qui m'ont été donnés à ma naissance. Je l'ai cultivé tout au long de ma vie, et les rencontres magiques que j'ai faites ont alimenté cet insatiable appétit de conter.

Je me souviens encore avec terreur des cours d'histoire, où l'on voulait nous mettre dans la tête des dates, des chiffres, des batailles, alors que ce qui m'intéressait n'était que l'anecdote, les petites histoires de la grande Histoire, l'aspect humain des grands personnages. J'étais incapable de retenir ces cours rébarbatifs, j'admirais ceux qui savaient tout, me sentant injustement inférieur par rapport à eux, alors que j'avais en moi un trésor que tous n'ont pas la chance d'avoir.

Ma grand-mère maternelle écrivait des lettres très enfantines, avec des fautes d'orthographe, mais elle m'y racontait sa journée, sa vie, et c'était délicieux. On sentait une très forte imagination, une grande curiosité et surtout une mémoire qui faisait tout le sel de sa correspondance. Cette façon de conter, ce sens du détail, c'est d'elle que je les tiens.

De nos jours, les gens sont endormis par la télévision, ils n'écrivent plus, ne s'écrivent plus, s'envoient des fax, n'échangent plus que des « bonjour, au revoir » au téléphone, il n'y a plus de conversation. Au cours de certains dîners, j'ai déjà constaté que, si je ne me mettais pas à parler, il fallait attendre une bonne heure pour que quelqu'un lance enfin la discussion, et encore, sur des sujets aussi passionnants que les impôts, le fait social ou politique à l'ordre du jour, la sécurité ou quelque autre chose à la mode. Les gens n'ont plus ce goût du trait, l'art de conter avec légèreté le moindre fait qui les ait intrigués, amusés ou révoltés. Quelques acteurs, tels que François Périer et Bernard Blier, m'ont influencé et, connaissant cette passion que j'ai toujours eue pour les histoires, ne se sont pas privés pour m'en conter par dizaines, toutes plus captivantes les unes que les autres.

Je me souviendrai toujours de celui qui était le roi de l'imagination, le prince du verbe, Marcel Pagnol.

Lorsque celui-ci était lancé dans un de ses récits, il lui arrivait de s'arrêter net pour me demander : « Je t'ai déjà raconté ça, non? — Cela n'a pas d'importance, Marcel, chaque fois vous rajoutez un petit détail, répondais-je, conquis. — Eh oui, Jean-Claude, que veux-tu? Quand je raconte mes histoires, je prends la vérité des choses vécues, et je lui mets des habits du dimanche. » C'était sa recette pour faire d'une histoire vraie, même répétée, un rare moment de poésie, toujours unique.

J'ai connu Pagnol, sans vraiment faire partie de son monde. J'étais alors jeune, et lui au sommet de sa gloire, académicien, auteur connu et reconnu. C'était un homme à la fois simple et complexe, qui savait mieux que personne capter et enchanter l'âme des gens. Il avait des goûts parfois surprenants. Il aimait, par exemple, chercher des points d'eau à l'aide de sa baguette de sourcier. C'était aussi un passionné de mathématiques, avec une âme d'inventeur.

Marcel aimait la vie simple, sa belle maison d'Aubagne, la treille sous laquelle avec ses amis il buvait son pastis en parlant de la vie de tous les jours. Il pouvait aussi disparaître d'un coup, se cloîtrer dans son bureau, cette espèce de laboratoire où il inventait des choses impossibles.

Raimu et Pagnol étaient deux grands artistes qui ont eu la chance de se rencontrer, comme deux silex se rencontrent, créant les superbes étincelles cinématographiques que l'on admire encore. Ils étaient assez proches l'un de l'autre malgré leurs grandes différences. Raimu avait un instinct ébouriffant mais possédait une culture modeste. Le grand Jules aimait les femmes et il adorait les souliers. Il avait l'élégance d'un seigneur, portait toujours un costume merveilleusement coupé, un nœud papillon impeccable, des chaussures reluisantes et des chemises sur mesure. Les livres et les musées n'avaient pour lui qu'un intérêt très relatif. Il était fasciné par les connaissances de Pagnol, et par sa facilité à traiter n'importe quel sujet avec une profondeur rare.

Marie Bell, sociétaire flamboyante, imposa Raimu au comité de la Comédie-Française. Acteur de variétés, il avait débuté comme comique troupier et n'avait pas le profil type des pensionnaires de la vénérable maison. Son entrée fit d'ailleurs bon nombre de vagues ! Raimu était lucide, il savait que son arrivée n'était pas vue par tous d'un bon œil, aussi fit-il preuve d'un zèle irréprochable. Il arrivait une heure avant les répétitions, faisait le tour de la place, et passait la porte à l'heure précise à laquelle il était convoqué. Il était très aimable avec les sociétaires, ce qui n'était pourtant pas dans sa nature. La Comédie-Française l'intimidait.

Lorsqu'il y entra, il reçut une lettre de reproches de Marcel Pagnol qui l'accusait de trahir son milieu et ses amis. Il lui répondit vertement. Lorsque l'auteur de *Marius* devint académicien, il reçut une lettre de Raimu, mais c'était pour le féliciter. Les deux hommes se rencontrèrent au Fouquet's pour fêter cet événement autour d'un verre. Raimu, à brûle-pourpoint, demanda alors à Pagnol : « Dis-moi, Marcel, il y a combien d'étoiles dans le ciel ? » L'académicien, interdit, ne sut que répondre : « Écoute, je ne sais pas, il y en a des millions et des millions. Je peux te citer le nom des plus grandes et des plus connues, mais te dire leur nombre exact... je ne sais pas ! » Raimu s'emporta alors : « Tu es à l'Académie française et tu ne sais même pas combien d'étoiles il y a dans le ciel ! »

C'était une réflexion à la fois naïve et charmante de cet homme simple, pour qui être académicien c'était détenir la connaissance universelle...

Je n'ai pas la prétention de rivaliser avec le grand Marcel, mais mon désir de conter est aussi fort que le sien l'était. J'espère que ces quelques pages, douces-amères comme la vie, vous divertiront.

FAIRE ACTE DE MÉMOIRE

Certains hommes traversent le temps, ces génies ou grands hommes que sont les Molière, les Mozart, les Napoléon... ces gens qui ont marqué leur temps et la mémoire de l'humanité. La vraie mort selon moi, c'est l'oubli. Lorsque plus personne ne se souvient de vous, c'est fini. Vous n'êtes plus que poussière.

On me reproche souvent d'être toujours plongé dans le souvenir, le passé. Loin s'en faut, je vis dans le présent, j'apprécie le progrès... mais il est vrai que je suis un peu triste de cette mécanisation du monde. J'ai conservé de mon enfance une image que je trouve encore très belle, celle d'une femme qui moud son café. Il y avait toute une préparation, tout un cérémonial, et cette odeur inimitable de café fraîchement moulu. Alors que, maintenant, on appuie sur un bouton et c'est déjà prêt.

Tous ces reproches que certains m'adressent, je ne les comprends que trop bien. Ils jugent morbide de dédier un peu de son temps à toutes ces personnes formidables, ces artistes hors du commun qui nous ont quittés. Ils pensent que c'est vivre dans le passé. Je pense que c'est faire vivre le passé. Ils croient que je suis tourné vers la mort, alors que je suis tourné vers la vie. Lorsque ces bonnes gens, avec les ans, auront gagné le peu de sagesse qu'il leur manque, je prie pour qu'ils se rendent compte que faire acte de mémoire, c'est faire acte de vie...

François Périer

François Périer a été un modèle pour ma vie d'artiste. Cet homme au visage sans grâce avait un charme fou ; son regard intelligent, mélancolique, son esprit vif et subtil le rendaient séduisant. Fidèle dans ses idées et ses amitiés, adorant les femmes et la vie, un talent rare qui lui permettait de passer de la comédie (sa préférence) au drame (son rêve), il aurait voulu être une vedette au cinéma, il était une star au théâtre. Les rôles que les réalisateurs lui ont proposés étaient parfois fades. Seuls Clément, Fellini, Cocteau ou Costa-Gavras lui ont donné des personnages à sa hauteur.

Quand j'étais jeune, je rêvais de sa carrière. C'était un grand comédien qui, dès l'âge de dix-huit ans, ne quitta jamais les planches, allant de succès en succès. Il fut révélé par *Les J3*, pièce de Roger Ferdinand. Tout Paris courait voir ce jeune homme drôle et tendre. En cinquante ans de carrière, il n'a pas arrêté de jouer. Il a tourné avec Fellini *Les Nuits de Cabiria*, *Gervaise* avec René Clément, *Orphée* avec Cocteau, entre autres grandes collaborations. Au théâtre, il fit également des rencontres décisives, avec Roussin (*Bobosse* totalisa deux mille représentations !), avec Sartre, dont il créa *Les Mains sales* et joua *Le Diable et le Bon Dieu*.

Tous ses amis appréciaient sa culture : il n'avait pas fait beaucoup d'études, mais s'était instruit seul et au contact des grands artistes qu'il avait connus dès ses débuts. Il était à la fois populaire, élégant et plein d'esprit. De toute l'histoire artistique française, François Périer est l'acteur qui joua le plus de pièces au théâtre. Lorsqu'il jouait, c'était chaque fois pour un minimum de six cents à sept cents représentations à Paris, avant de partir en tournée en province. Il joua même certaines pièces plus de mille à deux mille fois !

Il fut codirecteur du théâtre de la Michodière avec Pierre Fresnay et Yvonne Printemps. Il y eut toujours un petit différend entre ces deux hommes, Pierre et François, le premier jalousant certainement le second qui jouissait d'un succès populaire plus grand que le sien. Yvonne avait un faible pour François, qui lui faisait du charme.

Je l'ai connu au début de ma carrière. Il me taquinait toujours, me trouvant un peu frivole et mondain. Nous avions les mêmes amis, tel Bernard Blier, qui était un peu comme son frère. Tous deux se chamaillaient et se disputaient souvent, mais se réconciliaient toujours fraternellement. Ils avaient le même âge, avaient fait le Conservatoire ensemble. Bernard, avec son physique, devint un spécialiste des seconds rôles truculents, traçant définitivement sa voie avec Michel Audiard, grâce à qui il put développer ce personnage ubuesque qui, aujourd'hui encore, fait rire aux éclats dans *Les Tontons flingueurs*.

Ils aimaient faire des blagues, ne reculant devant aucune excentricité pour s'en payer une bonne tranche. L'un et l'autre adoraient les femmes.

François Périer a eu deux enfants, Anne-Marie et son fils Jean-Pierre, qui se suicida. Ce qui fut le plus grand drame de sa vie, tant il se sentait responsable de ce décès. Bien sûr, son métier ne lui permettait pas d'être constamment auprès de ses enfants, mais c'était un bon père. Il adopta également Jean-Marie Périer, le fils naturel d'Henri Salvador. Jean-Marie a raconté cette douloureuse histoire, bien mieux que je ne pourrais le faire. Ce que je peux dire sans la moindre hésitation, c'est que François considéra toujours Jean-Marie comme son fils, et qu'il le prouva en lui donnant autant d'amour qu'à sa fille Anne-Marie. Les liens du sang sont parfois si ténus par rapport aux liens du cœur.

François vécut les trente dernières années de son existence avec sa troisième épouse, Colette. Elle fut son sourire, son grand amour, et celle qui l'aida et le protégea lorsqu'il tomba malade.

Cet homme qui avait une mémoire prodigieuse la perdit malheureusement peu à peu. Il avait rencontré des difficultés pour la première fois en jouant *Mort d'un commis voyageur* d'Arthur Miller, au théâtre de Chaillot. Il commença à avoir des trous de mémoire, que l'on mit d'abord sur le compte de la fatigue et du surmenage. Malheureusement, c'était bien plus grave. Lors de ces répétitions, François oublia tout, le texte, les places, les subtilités de la mise en scène.

Ce n'était pas la maladie d'Alzheimer, mais un autre mal du même type. Sa mémoire restait très vive et très précise concernant des événements qu'il avait vécus ou les choses qu'il avait apprises loin dans le passé. Ainsi, lorsque je parlais avec lui, à cette époque, de son passage au Conservatoire de Louis Jouvet, il était d'une précision diabolique dans les faits. Mais sa mémoire des choses actuelles, récentes ou présentes, était comme effacée. Il lui arrivait même d'oublier avec qui il était, et où il se trouvait.

Le plus grave est qu'au début François se rendait compte de cette faiblesse. Lucide, il essayait de se battre avec volonté et courage. C'est, je crois, ma seule hantise concernant l'âge : perdre la tête, se perdre soi-même, jusqu'à son dernier soupir. À la campagne, on appelle ça « retomber en enfance ».

Heureusement Colette, sa fille Anne-Marie, son fils Jean-Marie et son ami José Artur l'entourèrent de toute leur tendresse et de leur bienveillance.

Un jour, Colette m'invita à dîner chez eux. François, qui ne demandait jamais rien, restant la plupart du temps prostré et silencieux, était alors sorti de son mutisme pour lui dire : « Colette, ce serait bien de voir Jean-Claude ! » Moi qui adorais François, j'acceptai immédiatement cette invitation.

Je me rendis donc rue de Marignan. Nous étions six à table : José Artur, Bruno Finck, Anne-Marie, Colette, François et moi. C'est François qui m'ouvrit, une belle chevelure à peine blanchie, encore beau, élégant, et l'œil malicieux que je lui avais toujours connu. Il me dit les amabilités de rigueur, m'offrit à boire. Il ne paraissait pas changé, et c'était un plaisir que de pouvoir jouir de l'hospitalité du vrai François. Je commençai à parler des actualités théâtrales : « De ton temps, François, lui dis-je, le public avait confiance dans les comédiens. Il suffisait que certains noms figurent sur l'affiche pour que tout le monde s'empresse d'aller applaudir la pièce. Aujourd'hui, si la pièce n'est pas bonne, tête d'affiche ou pas, les spectateurs la boudent. » Nous discutions ainsi, de façon légère et plaisante, sans que la maladie de François entrave nos propos. C'était très agréable, comme s'il était guéri, ou plutôt comme s'il n'avait jamais été malade.

Nous passâmes à table. Le dîner était délicieux. Tout d'un coup, au beau milieu du repas, François me fixa d'un air étrange. « Qu'est-ce que tu fais là ? Qui es-tu, toi ? » Je crus une seconde à une plaisanterie, François avait toujours aimé me mener en bateau. Mais en croisant son regard, je fus glacé : il reflétait une réelle angoisse. Colette vint aussitôt à notre secours, expliquant patiemment à François qui j'étais, et pourquoi j'étais là. Il y eut un peu de gêne, mais nous nous efforçâmes tous d'oublier ce triste épisode en reprenant notre discussion.

Cela me marqua cependant très profondément. De retour chez moi, je pensai au calvaire de François, qui devait osciller constamment entre une parfaite lucidité et ce néant total dans lequel l'amnésie soudaine le plongeait. Et je pensai également au courage de Colette, qui l'épaulait dans sa lutte contre l'oubli, redoublant d'amour et de patience.

Ce calvaire dura près de douze ans. À l'annonce de sa mort, le 28 juin 2002, les journalistes ont rendu un formidable hommage à François, pour sa carrière, sa droiture, son engagement politique. Très proche de Simone Signoret, il se battait contre les mêmes fléaux qu'elle. Il avait refusé toutes les décorations, ne voulant pas d'honneurs superflus. Sa seule fierté, c'était d'avoir énormément joué au théâtre, d'avoir interprété de belles pièces, et d'avoir fait plaisir à son public. Les applaudissements étaient les seules décorations qu'il ait jamais souhaitées. Il n'échappa pas à quelques insuccès, mais jamais il ne le reprocha au public, il reconnaissait très facilement s'être trompé, et n'en tenait rigueur à aucun autre que lui.

Depuis l'enterrement d'Édith Piaf, qui fut un mélange de cirque et d'émotion – le public, nombreux, est venu lui dire au revoir et merci, et puis les badauds, les voyeurs se sont faufilés sans dignité ni pudeur pour être photographiés ou filmés –, j'avais décidé de ne plus jamais aller au cimetière. Malheureusement, beaucoup d'amis, des vrais, ont disparu, et Thierry Le Luron m'avait baptisé avec humour « la Mère Lachaise ». Ce n'était pas de très bon goût, mais c'était drôle, alors, à la Toussaint, je me suis rendu sur la tombe de François pour y déposer des fleurs. Il repose au cimetière de Passy. Je me suis souvenu en y entrant que Marie Bell voulait y être enterrée. Elle disait que Monte-Carlo, où son mari Jean Chevrier reposait, était trop loin. Personne n'y passait, elle préférait qu'on l'inhume là où il y aurait le plus de visiteurs... dernières volontés qui n'ont pas été respectées. J'avais néanmoins fait une demande en ce sens auprès du maire de Paris de l'époque, Jacques Chirac, pour que Marie obtienne ce qu'elle voulait. Il est vrai que les places dans les cimetières parisiens, et dans celui de Passy peut-être plus encore, sont rares et chères. Fort gentiment, les services du maire avaient pris toutes les dispositions pour répondre à ma requête. Malheureusement, Marie Bell n'y reposa jamais, ses héritiers en ayant décidé ainsi.

François Périer, lui, est enterré dans le même caveau que Réjane, cette très grande actrice du début du siècle qui, la première, et contrairement à Sarah Bernhardt, jouait « naturelle », comme on joue aujourd'hui. Elle avait compris, avec Antoine, que le théâtre, c'était la vie transposée, et que le jeu naturel était le meilleur moyen d'atteindre la vérité. Comme beaucoup d'autres comédiennes, Réjane avait une vie libre, extravagante et pleine de fantaisie. Elle eut un fils, Jacques Porel, qui écrivit des Mémoires magnifiques, reflétant la vie quotidienne et privilégiée d'un dandy séducteur du début du siècle. Il eut à son tour une fille, Jacqueline, la première femme de François. C'est à cause de cette union que François se trouve au même emplacement que Réjane, la mère de son beau-père.

C'est un très joli monument, très simple, avec un jardin, des rosiers, des petits arbres, rien de triste. J'ai posé mes fleurs, j'ai eu une pensée émue pour ce cher François, qui avait tellement aimé la vie, tellement aimé s'amuser.

Les cent ans de Jean Gabin

La fille de Jean Gabin, Florence Moncorgé-Gabin, en sortant une biographie à la fois dure et tendre, parce que vraie, continue à perpétuer la mémoire de cet immense acteur, qui heureusement vit toujours grâce à la télévision. C'était un homme fabuleux, à mille lieues de cette caricature d'homme bourru préférant ses vaches au cinéma, comme beaucoup ont eu la naïveté de le croire, et, plus grave, de le dire. Gabin était passionné de cinéma, et son mauvais caractère, qui parfois éclatait sur les tournages, n'avait d'autre raison que l'énorme exigence de cet homme pour qui le cinéma était quelque chose de trop sérieux pour être pris à la légère. Droit dans ses bottes, il n'aimait pas qu'on l'emmerde. Durant un tournage, il ne quittait jamais le plateau que pour aller aux toilettes. Il écoutait tout, savait parfaitement son texte ; sa casquette vissée sur le crâne, il regardait tout de ses beaux yeux bleus, brûlés par la lumière agressive des arcs qu'on utilisait jadis pour l'éclairage des plateaux. C'est à cause de cette grande sensibilité visuelle que Gabin portait toujours ses légendaires verres fumés, et pas du tout, comme c'est le cas aujourd'hui pour beaucoup de roitelets du cinéma, pour faire la star. Il ne se considérait pas comme une star. C'était un grand acteur, et un grand monsieur.

Il avait remporté un succès incroyable lorsqu'il était monté sur les planches pour *La Soif* d'Henry Bernstein. Il eut néanmoins tellement le trac qu'il ne voulut plus jamais refaire de théâtre. L'idée de, tous les jours, avoir à s'ouvrir littéralement le ventre le pétrifiait. Gabin n'était pas de ce genre de comédiens qui répètent chaque soir machinalement les mêmes gestes et les mêmes intonations, faisant croire à l'émotion alors que chaque représentation est identique à la précédente. Gabin ne savait pas jouer autrement qu'avec ses tripes. Dans cette pièce, son personnage avait une crise d'épilepsie. Chaque soir, Gabin la simulait si bien que des gens dans la salle étouffaient leurs cris, croyant que c'était le comédien et non plus le personnage qui était victime d'un malaise.

À l'initiative du ministre de la Culture, un hommage a été organisé, à Chaillot, avec cinq cents personnes. J'ai présenté la petite première partie, et après a été projeté un film que nous n'avions jamais vu ni les uns ni les autres : *Le Récif de corail*, de Maurice Gleize, avec Michèle Morgan et des acteurs qui ont bercé mon enfance comme Carette, Saturnin Fabre, Yves Deniaud, Gina Manès, Pierre Renoir – le frère de Jean Renoir, un acteur formidable, qui était le compagnon de Louis Jouvet. La copie avait été restaurée par le Centre du Cinéma.

En première partie, il y avait de l'accordéon, l'instrument préféré de Jean. J'ai lu un poème de Jacques Prévert, de 1954 : dans *Solstice de Mars*, il avait écrit un superbe portrait de Gabin qui commence comme ça :

Le regard toujours bleu et encore enfantin
sourit
les lèvres minces accusent
les blessures de la vie.

Il raconte Jean, l'acteur tragique :

On ne meurt qu'une fois
dit un dit-on
On meurt souvent
On meurt tout le temps
répond Jean Gabin sur l'écran.

Et puis :

La voix de Jean Gabin est vraie
c'est la voix de son regard
la voix des gestes de ses mains. [...]
Sobre comme le vin rouge

J'ai oublié de vous dire...

simple comme une tache de sang
et parfois gai comme le petit vin blanc...

Et il termine en disant :

Jean Gabin
Toujours le même jamais pareil
Toujours Jean Gabin
Toujours quelqu'un.

Après la lecture de ce poème, j'ai appelé Alain Delon, l'ami fidèle, dans une forme éblouissante, détendu, drôle... son œil bleu était clair. Il était très heureux d'être là, et il a fait un très joli numéro pour « le patron ». Il avait dans ses poches trois casquettes qu'il jetait et rattrapait. La première quand il a rencontré Jean pour *Le Clan des Siciliens* d'Henri Verneuil, après ils ont fait ensemble *Mélodie en sous-sol*, et la dernière casquette pour *Deux hommes dans la ville* de José Giovanni, que Delon a produit. Puis évidemment il a évoqué leurs rapports, remplis d'affection et d'admiration. Il l'appelait « le vieux » ou « le patron », et Gabin l'appelait « le môme ». Il a parlé avec beaucoup d'émotion et de simplicité, tout était mesuré, et en même temps très sincère et très beau. Le silence dans la salle était émouvant.

Enfin, il y avait Michèle Morgan. Elle est arrivée sur scène, belle, rayonnante, lumineuse comme elle peut l'être, un peu éblouie par les projecteurs... Alain la tenait par la main, c'était touchant. Il était affectueux, tendre et simple. Timide, Michèle a rappelé l'importance de Jean dans sa carrière et les liens d'amitié qui les unirent pour la vie; pudique, elle rappela la belle histoire d'amour qu'ils ont vécue.

Jean Gabin a toujours été au sommet avec une générosité et une humilité qui manquent beaucoup à certains aujourd'hui. Il était vraiment le plus grand acteur du cinéma français. Quelle leçon pour la nouvelle génération...

Et on a revu quelques secondes des retrouvailles de Jean Gabin et de Michèle Morgan au moment des premiers césars en 1976, année de sa mort. On leur avait apporté le carton avec le gagnant – *Le Vieux Fusil* de Robert Enrico, avec Philippe Noiret et Romy Schneider. Michèle n'arrivait pas à lire la fiche parce qu'elle avait oublié ses lunettes, alors Jean lui a prêté les siennes, mais elle a dit : « J'y vois encore moins ! », et ils ont piqué un fou rire tous les deux, ils se sont embrassés... C'était délicieux de voir ce couple mythique qui nous avait bouleversés dans *Le jour se lève*, dans *Quai des brumes* ou encore *Remorques*, se retrouver comme des adolescents.

Lorànt Deutsch, le plus jeune, a fait une déclaration spontanée et sincère – il était fier d'être là, au milieu de ces acteurs importants – et, en même temps, a évoqué la carrière magnifique de « monsieur Jean ».

Le ministre de la Culture a posé avec les artistes, puis nous avons retrouvé Jean dans un film de dix minutes, monté par le metteur en scène Viette. On voyait Gabin à ses débuts dans son premier film parlant, en 1930, *Chacun sa chance* : il chantait, dansait, très maladroit, mais avec le charme des voyous. Il est devenu le héros tragique du cinéma français d'avant-guerre, ses yeux bleus, sa mèche sur le front, une belle gueule d'amour, à la fois viril et poétique, avec un sourire d'enfant. Toutes les femmes, toutes les actrices étaient folles de lui. Il est devenu une star et a tourné dans la même foulée *Quai des brumes*, *Le jour se lève*, *La Grande Illusion*, *Remorques*, tous ces films qui ont contribué à sa légende.

Il y avait des images volées de sa vie privée. C'était lui avec sa gouaille, il parlait de sa profession d'acteur. Il adorait la nature parce qu'il avait été élevé à la campagne et en avait gardé ce besoin de respirer. Et il aimait les animaux. À l'époque de cette interview, il avait soixante ans, donc avait déjà fait un bilan. Et il était content, fier de sa carrière ; à un moment il dit : « Moi j'aime les acteurs. J'aime les acteurs, c'est bath les acteurs, c'est beau les acteurs, c'est grand les acteurs, à travers les acteurs tout passe, c'est comme un filtre, c'est de là que vient l'émotion, c'est de là que viennent les dialogues, les mots, la situation. Si les gens croient à une histoire dans un film, c'est grâce aux actrices et aux acteurs. »

Mais il ne donnait aucune leçon. Il disait juste : « Il faut être généreux et vivre. »

On le voyait jeune, jouer des personnages légendaires, ensuite à Hollywood en train de s'ennuyer avec Marlène Dietrich dans une piscine de Beverly Hills. C'était drôle ce contraste entre le petit paysan des débuts et la plus grande vedette du cinéma français barbotant dans une piscine comme il y en a là-bas, immense. Il faisait de la musculation, du trapèze – il s'amusait à faire Tarzan. Marlène, allongée sur une chaise longue, se protégeait du soleil pour ne pas abîmer sa peau. Ces instantanés sans fard racontaient bien le bonheur d'exister de Jean.

Il y avait aussi des images très fortes de lui pendant la guerre, engagé dans la 2e DB. On l'aperçoit avec son char, près de son torpilleur, avec Marlène en tenue militaire : peu de gens connaissent le côté courageux et discret de Gabin.

Et enfin la rencontre avec sa femme, Dominique, mannequin chez Balmain. Elle était belle, très belle... Elle devait avoir à peine vingt-huit ans. Lui en avait quarante-cinq. Ses cheveux blancs l'avaient éloigné de l'écran. Il jouait au théâtre la pièce de Bernstein, *La Soif*, avec Claude Dauphin et Madeleine Robinson. Il y était magnifique de naturel... C'est grâce à *Touchez pas au grisbi* qu'il a recommencé sa carrière et qu'il est resté numéro un jusqu'à la fin de sa vie. On voit le mariage de Jean et Dominique à la mairie – ils sont en train de signer le registre, ils ont l'air de jeunes gens –, Jean avec ses enfants tout petits. Il en a un dans les bras, en tient un par la main et le troisième suit derrière. On sent l'homme qui a réussi – pas seulement sur le plan professionnel, qui est très important, mais qui a réussi sa vie. Il a réalisé son rêve, créer une famille.

Je crois que Jean Gabin était très attaché à son père, à sa mère, à sa sœur... il avait le sens du clan. Célibataire endurci, il s'était marié trois fois : la première avec Gaby Basset, danseuse et actrice; puis avec une femme inconnue, à qui il a tout laissé – tableaux, argent, appartement. La troisième fut merveilleuse. Elle lui a donné trois enfants et les a élevés, c'était un ange aux yeux pâles. Marlène Dietrich était un Ange bleu, rouge, jaune ou vert, elle était une star à la scène comme à la ville. Dominique a abandonné sa carrière de mannequin pour se consacrer complètement à son mari célèbre et à ses enfants. Et on voit ces images magnifiques de cet homme au sommet de sa carrière, reconnu, admiré, aimé, qui se promène dans la campagne comme un paysan, avec un pantalon trop large, une casquette à carreaux, et caresse ses vaches ou ses chevaux.

Le film s'achève sur une image très belle de lui en Gaston Dominici. Tout à coup, on est frappé de la ressemblance avec le patriarche : sa grosse moustache blanche, cet œil madré et rusé, sa canne, marchant le dos voûté avec son secret – car encore aujourd'hui on ignore s'il est coupable ou non. Dans le film, il était innocent. Jean Gabin n'aurait pas accepté de jouer un personnage dont il pouvait penser qu'il avait tué non seulement un couple mais un enfant. Il a donc mis toute son humanité et sa bonhomie dans ce personnage. Sur une des dernières images, on voit Jean, seul, avec sa canne et son chapeau enfoncé sur les yeux, courir la campagne à la recherche du bonheur.

Le film terminé, on a fait monter sur scène la famille : Florence et Mathias Moncorgé-Gabin, qui ont appelé leurs enfants et petits-enfants. J'étais avec Delon sur la scène – nous faisons un peu partie de la famille –, et j'ai interrogé Florence sur les rapports père-fille. Jean Gabin était assez sévère, assez moralisant. Il était très pudique, n'aimait pas que l'on soit dénudé, s'angoissait sans cesse pour leur santé. Quand sa fille est tombée amoureuse d'un jeune garçon – pourtant jockey, il aurait dû l'aimer parce qu'il adorait les chevaux –, il s'est opposé au mariage parce qu'il ne « sentait » pas le jeune homme.

Mathias était très ému. Il ressemble à son père d'une façon si frappante que c'était incroyable : les yeux, le nez, le cheveu dru, et puis ce côté un peu fermé, un peu bougon, un peu renfrogné qu'avait Jean apparemment alors qu'il était la gentillesse même. On avait l'impression de revoir Gabin jeune avec sa belle gueule. Mathias, contrairement à son père, n'a jamais voulu faire de cinéma, ni de théâtre ni de spectacle. Il a toujours été à la ferme, s'est occupé de la propriété de son père quand il en a hérité, des chevaux. Il était élégant comme son père l'était – car Jean était élégant. Il s'habillait toujours genre gentleman-farmer anglais, avec des tweeds, des cachemires, des choses très souples. Il n'était jamais apprêté mais toujours impeccable – le monde des courses est un monde élégant. J'ai vu que les yeux de Mathias se mouillaient un peu quand il a dit : « On parle toujours de papa, ce qui est juste, mais maman est très importante dans notre vie et dans celle de notre père, il ne faut pas l'oublier. » C'était juste que l'on rende hommage à Dominique Gabin qui a tant fait pour son mari et pour ses enfants.

Après la cérémonie, j'ai croisé un responsable d'un festival célèbre, qui est un ami. Je lui ai suggéré que ce serait bien d'organiser un hommage au festival de Cannes, puisque Jean est né un 17 mai et que la date est en plein festival. La réponse a été un peu évasive – « oui, pourquoi pas » –, enfin, j'ai compris... Gabin, comme Picasso pour la peinture, a été un pionnier : il a fait les premiers films parlants, a apporté au cinéma sa densité, son émotion, sa voix, son regard, et a enchanté quatre générations. Ses films passent encore souvent à la télévision... J'espère tout de même que cet hommage se fera !

J'ai dit à Alain Delon : « Tu vois, il ne faut pas mourir. L'oubli, c'est pire que la mort. »

Quand on a la chance de croiser sur son chemin des personnages comme Gabin, il faut prendre tout ce qu'ils peuvent nous donner et ne pas les oublier. Il y a tellement peu de gens qui vous offrent du bonheur. L'abbé Pierre est une exception, il rayonne sur le cœur des gens et arrive par sa personnalité, par sa présence et par sa passion, à bouger les gens, à provoquer chez eux des gestes de charité et de partage... Nous sommes dans un monde cruel où des gens meurent de faim. C'est vrai que les pays sont ou trop riches ou trop pauvres, et dans la vie quotidienne on s'aperçoit de l'égoïsme des gens... Tristan Bernard écrivait : « Ils croient qu'ils sont heureux parce qu'ils sont immobiles. »

Ce soir-là, à Chaillot, j'étais un peu triste. J'aurais tellement voulu que tous les acteurs français soient là pour lui dire merci ! Merci de nous avoir montré le chemin, de nous avoir écoutés et regardés – parce qu'il adorait les acteurs. Quand on tournait avec lui, il était là, il vous donnait son œil, son regard bleu, et puis il était attendri. Il savait son texte toujours par cœur, au rasoir, mais quand on se trompait dans une réplique, il faisait exprès de se tromper lui aussi pour montrer que ce n'était pas grave, que ce n'était pas un problème. Il était plus dur avec la technique, plus intransigeant, plus impatient, mais avec les comédiens il était toujours attentif et patient, aimable. Lorsqu'il souriait – il avait un petit sourire en coin qui était très coquin –, on retrouvait le jeune garçon qu'il avait dû être, quand il voyait passer les locomotives. Sa maison à Mériel était tout près de la gare, et c'est de là que lui est venue cette passion pour les trains. Il ne voulait pas être acteur, plutôt conducteur de locomotive, mais son père étant acteur, il a été entraîné là-dedans. Évidemment, j'imagine qu'il a gagné de l'argent assez vite et pas mal, et il y avait de belles filles dans ce milieu, et puis il y avait la lumière, alors il est devenu acteur. Cependant, quand il a tourné *La Bête humaine* de Jean Renoir, avec Simone Simon et Fernand Ledoux, c'est lui-même qui conduisait la locomotive. Il avait passé son brevet de chef mécanicien, et d'ailleurs la SNCF lui a offert une médaille de membre d'honneur dont il était très fier et qu'il gardait précieusement.

La mémoire de Gabin vit, et en partie grâce à sa fille. Mais qu'en est-il de ceux qui n'ont pas la chance de laisser sur terre, par leur descendance, un peu de leur personne? On les oublie irrémédiablement. Je pense souvent à Jacques Chazot. C'était un garçon charmant, intelligent, cultivé. Il se levait à deux heures de l'après-midi, allait jouer aux cartes, rentrait chez lui vers six heures afin de se préparer pour les dîners auxquels il était, chaque jour de la semaine, convié. La plupart des personnalités l'invitaient au dernier moment, sûrs que, si Chazot était là, tout le monde s'amuserait. Ces bonnes gens, qui se voulaient ses amis, le considéraient tout juste comme une sorte de bouffon, alors qu'avant tout il était artiste, danseur et pas pique-assiette. À la suite de ces dîners toujours recommencés, il allait dans les boîtes jusqu'à quatre heures du matin et, enfin, rentrait seul. Sous des dehors brillants, Chazot était rongé par une grande solitude, parfois un peu mélancolique.

J'étais à ses côtés à la fin de sa vie. Il souffrit beaucoup de ce cancer de la gorge pour lequel il fut opéré deux fois. Il ne pouvait plus parler et, durant les six derniers mois, ne s'exprimait plus que par petits mots écrits. C'est chez moi, à Montyon, qu'il mourut.

Cet homme qui avait fait le bien toute sa vie en faisant rire et en divertissant les gens avait perdu presque tous ses amis. Quand la richesse et la célébrité vous quittent, quand la Faucheuse s'approche dangereusement de vous, on vous met de côté. Sur plusieurs centaines de soi-disant amis, il ne lui en resta plus que dix sincères au crépuscule de son existence.

Il est toujours nécessaire de rester lucide à ce sujet : savoir pourquoi on vous parle, pourquoi on vous respecte, pourquoi on vous aime, ou plutôt pourquoi on fait semblant de vous aimer. Bien souvent, ce n'est que parce que vous êtes « dans la place ». Et dès que vous n'y êtes plus, on vous méprise, on vous oublie.

J'ai profité de ma présence au cimetière de Passy pour rendre visite à Fernandel, que je connaissais peu. Sa tombe, énorme marbre, sentait bon le Marseillais qui avait réussi à Paris, dans toute la France, et même une partie du monde. Sur la pierre tombale, dernier générique, son nom et celui de sa femme, cette femme discrète qui avait consacré sa vie à son mari et à sa famille. Sur cette tombe, rien d'autre qu'une rose séchée. Le 1er novembre.

Plus loin, je me recueillis sur la tombe de Madeleine Renaud et Jean-Louis Barrault. J'adorais l'intelligence et la jeunesse de Barrault, avec lequel j'étais pourtant loin d'être intime. Lorsqu'on décida de le mettre à la retraite, à soixante-dix ans, il sombra dans le désespoir et l'alcool, se sentant inutile, et ce, jusqu'à la fin de son existence. En le traitant comme n'importe quel fonctionnaire, on l'a tué quinze ans avant sa mort.

Colette avait dit de Madeleine Renaud : « Elle me fait songer parfois au porte-lumière, un papillon exotique qui s'éclaire de son propre feu. De grandes paupières aux battements larges semblent voiler et dévoiler son visage tout entier. En se taisant, elle sait, d'un regard, se donner et se reprendre, et sa voix s'émeut sans qu'elle la force. Baissées, ses larges paupières sont aussi parlantes que ses prunelles. »

Madeleine Renaud et Jean-Louis Barrault reposent dans le caveau d'un cousin de Madeleine, un certain Lheureux, vieille tombe du XIXe siècle à moitié écroulée, sans la moindre fleur, même fanée.

Je n'aime pas le quartier où se situe ce cimetière : trop chic, trop sec, trop froid. C'est malgré tout un peu le quartier de ma jeunesse. Il me rappelle Gérard Blain, qui habitait rue des Sablons.

Et puis il y avait aussi dans le quartier le Théâtre national populaire, Jean Vilar, Gérard Philipe... tout n'était alors que moments merveilleux, bonheur total.

Aujourd'hui, le Palais de Chaillot est tenu par des fonctionnaires. De temps en temps, on peut y assister à de belles rétrospectives : Chaplin, Tati, mais le temps a passé. Truffaut habitait à côté.

Je marche un peu, place du Trocadéro, où Jacqueline Maillan avait un appartement, avec une baie vitrée de paquebot qui, du cinquième étage, donnait sur toute la place. J'y allais souvent manger un pot-au-feu, rigoler. Et puis ce cimetière dans lequel, curieusement, je n'étais jamais entré de ma vie.

LES GRANDS ANCIENS

Ne pensons jamais à la gloire :
on n'imagine pas une fleur qui rêverait de finir dans un vase.

Sacha GUITRY.

Enfant, j'ai toujours rêvé de faire du cinéma ou du théâtre, j'ai toujours été boulimique – avoir plusieurs vies, devenir quelqu'un d'autre, ainsi on peut faire vivre ses qualités et transformer ses défauts à son avantage. Certains acteurs m'ont envoûté; leur désinvolture, leur légèreté, leur grâce et surtout leur liberté m'ont aidé à passer la frontière des songes.

Jules Berry

L'une des raisons essentielles pour lesquelles j'ai fait ce métier d'acteur, c'est sans doute la fascination que j'ai eue, dès mon plus jeune âge, pour un certain nombre de comédiens, Pierre Brasseur, Jean Gabin, Gérard Philipe, Michel Simon...

On ne peut, à mon avis, commencer une carrière sans s'identifier à quelqu'un, un acteur auquel on veut et on peut ressembler. Cela peut paraître idiot : il n'existe jamais qu'un acteur, chaque talent est unique... Dieu merci, la science du clonage n'en est qu'à ses balbutiements !

Mon modèle fut, au début de ma carrière, Jules Berry. Son interprétation du diable dans *Les Visiteurs du soir*, ainsi que son rôle magistral dans *Le jour se lève*, m'avaient énormément impressionné. La première fois que je le vis à l'écran, c'était au cours d'une projection du *Crime de Monsieur Lange* de Jean Renoir. C'était un acteur à la fois d'une grande légèreté et d'une grande profondeur.

C'était aussi un charmeur, exubérant et noceur. Il avait de très beaux yeux, et de magnifiques mains. Vers la fin de sa vie, elles étaient percluses de rhumatismes, comme s'il avait été puni d'en avoir trop joué, d'avoir trop aimé les femmes et de les avoir trop caressées.

Jules Berry était le roi de l'escroquerie : menteur, hâbleur, toujours charmant et charmeur, son corps se riait de tout, mais pas son regard, noir de mélancolie.

Je l'ai toujours considéré comme l'un des équivalents masculins, hauts en couleur, des « monstres » que furent Elvire Popesco, Marlène Dietrich et Marie Bell. Il avait ce qu'on juge aujourd'hui comme une maladie, et qui était à l'époque un don : la folie.

Il est mort ruiné. Comme l'exprime cette formule que je trouve sublime, l'argent lui filait entre les doigts. Il passait en effet son temps à gagner de l'argent pour le perdre dans l'instant, convaincu qu'il allait se refaire. Les gens de ma génération, et à plus juste titre encore les générations qui suivirent la mienne, ont peur de manquer. Ceux de la génération de Berry, au contraire, semblaient animés du désir de brûler la vie par les deux bouts.

Jules Berry était par bien des aspects mon contraire parfait, c'est peut-être pour cela que je l'aime tant. Il aimait le jeu, je l'ai en horreur. Il aimait les femmes de façon complètement donjuanesque, et n'avait aucun sens de l'argent. Je ne suis pas richissime, mais mon éducation m'a toujours poussé à faire un tant soit peu attention. Paradoxalement, je ne supporte pas la vision de l'argent, que je trouve profondément indécent. Indécent parce que trop nombreux encore sont ceux qui souffrent de ne pas en avoir, et indécent aussi parce que ces billets, ces pièces et, pis encore, ces chèques et ces cartes me semblent faux. Tous ces objets me font l'effet d'une monnaie de singe, sans valeur, qu'on utiliserait à la table d'un Monopoly obscène. Et le plus étonnant, c'est qu'avec un certain nombre de petits papiers symboliques dans la main on peut s'acheter une Mercedes ! Voilà ce que j'aime : la Mercedes, pas les papiers.

Je trouve tout aussi indécentes ces personnes qui placent leur argent et qui, au bout d'une année, les yeux rivés sur les cours de la Bourse, empochent un million d'euros sans avoir rien fait. Pour moi, la Bourse n'est rien d'autre qu'un jeu : à l'instar de tous les autres, je l'exècre.

Quand Jules Berry tournait dans les anciens studios de Boulogne-Billancourt, il prenait toujours le temps, entre deux prises, d'aller jouer à Longchamp ! À l'époque, les acteurs étaient payés en liquide, ce qui lui facilitait la tâche. Bien entendu, il finissait toujours par perdre. Et le soir, en rentrant du tournage, il allait au Cercle des Champs-Élysées.

Pendant dix ans, il partagea la vie d'une actrice, Jane Marken, qui avait joué entre autres dans *Le Déjeuner sur l'herbe* de Jean Renoir, ou encore dans *Les Enfants du paradis* de Marcel Carné. C'était une femme comme on les aimait à l'époque, aux beaux cheveux blonds mousseux, bien en forme, sensuelle et gourmande de la vie. J'ai tourné quelques films à ses côtés, et j'ai eu la chance de gagner sa sympathie. Tout jeune alors, je buvais toutes les histoires qu'elle me racontait au sujet de Jules Berry.

Il la trompait sans arrêt, dilapidait au jeu l'argent du ménage. Ils habitaient un tout petit appartement. C'était Jane qui faisait bouillir la marmite, elle était à la fois danseuse et actrice. Elle était folle amoureuse de lui et, au nom de cet amour, passait sur ses écarts.

Jules tenait à lui faire part de ses conquêtes, en précisant toujours qu'il ne s'agissait que d'histoires sensuelles, et que sa seule vraie histoire d'amour, c'était elle. « Un jour, je te le promets, lui disait-il souvent, on se mariera. » Pour lui, le mariage avait une réelle valeur.

Un matin, il rentra chez lui à sept heures. Il était en frac, revenant du Cercle, encore un peu gris. Elle dormait à poings fermés. Il la réveilla doucement, lui disant dans le creux de l'oreille :

— Jane, aujourd'hui, c'est le grand jour : on se marie !

— Jules, lui répondit-elle, tu es gentil, tu es encore à moitié ivre, viens plutôt te coucher.

Mais il insista.

— Que non. Je te dis qu'aujourd'hui on se marie, et même ce matin.

Patiemment, Jane lui expliqua qu'un mariage ne s'organisait pas comme ça, en cinq minutes. Il fallait publier les bans, avoir des témoins, etc. Jules la coupa net.

— J'ai déjà tout arrangé.

Il avait ramassé deux clochards dans la rue (il lui arrivait très souvent de sympathiser avec des sans-abri et de leur offrir quelques verres), et il avait contacté un maire qu'il connaissait.

— Regarde par la fenêtre, Jane, ajouta-t-il. C'est le cadeau de mariage que je te fais !

À moitié endormie et assez fâchée qu'on ait interrompu son sommeil pour des fariboles, Jane se leva tout de même par curiosité et se pencha à la fenêtre. En bas, garée devant l'immeuble, une sublime Hispano-Suiza de plusieurs millions !

— Je l'ai gagnée au jeu, dit Jules. Tu vois, elle nous attend en bas, on n'a qu'à la prendre, aller se marier et partir aussitôt en voyage de noces...

Jeanne, folle de joie, commença à se préparer, et Jules sortit pour s'occuper des dernières petites démarches administratives. À midi, il revint au bercail, penaud : il avait perdu la voiture au jeu !

Ils finirent tout de même par se marier, sans Hispano-Suiza, et ne partirent jamais en voyage de noces. Jules Berry était ainsi, fantasque mais sincère.

Il eut plus tard une aventure avec Suzy Prim, une grande actrice. Leur relation n'avait rien à voir avec celle qu'il avait entretenue avec Jane. Suzy et Jules passaient leur temps à se traiter de tous les noms et à se battre. Ils jouèrent ensemble *Les Amants terribles* de Noel Coward. Chaque fois, les spectateurs avaient droit à un bien curieux manège : alors que le rideau était encore baissé, on entendait des coulisses les injures qu'ils se jetaient à la figure ; puis le rideau se levait, et laissait place à deux amants merveilleux qui passaient près de deux heures sur scène à s'extasier sur la perfection de leur amour !

Jules Berry avait un grand ami, M. André, propriétaire de nombreux casinos, de l'hôtel Normandy et de l'hôtel Royal à Deauville, du Majestic à Cannes. Il fut l'initiateur de l'empire Barrière, et son neveu continua à faire prospérer et à accroître ce patrimoine, avec le succès que l'on connaît.

M. André était immensément riche. Il avait l'élégance de ceux qu'on appelait alors les beaux marcheurs. Bel habit, col amidonné, canne à la main et fine moustache. Il avait une passion pour Jules, qui alliait deux grandes qualités à ses yeux, celle de perdre énormément d'argent dans ses casinos, et celle d'être tout à la fois un homme charmant et un très grand acteur. Autant de raisons qui les rapprochèrent et firent d'eux de très bons amis. À tel point que M. André aida de nombreuses fois Jules Berry.

Il possédait l'hôtel George V, dont il avait offert à vie une suite à son ami comédien. Il n'était pas rare que les huissiers se lancent sur la piste de Jules Berry, qui multipliait les ardoises et les impayés. Lorsqu'ils débarquaient au George V afin de saisir ses biens, l'un des concierges, qui tenait ses instructions de M. André, les accompagnait jusqu'au dernier étage de l'hôtel, dans une chambre minable, sous les combles. Un grabat et un cintre : « Voilà les seuls effets de M. Berry, messieurs. » Les huissiers dépités repartaient la queue basse, tandis qu'au second étage, dans sa suite, le pacha Berry fumait ses cigares et buvait son champagne en charmante compagnie.

Un jour, Jules Berry envoya un télégramme à M. André : « Cher ami, envoie-moi cinq mille francs d'urgence, je le dirai à tout le monde. » M. André lui répondit par un autre câble : « Voilà cinq cents francs, ne le dis à personne. »

Jules Berry avait la réputation de ne pas apprendre ses textes, réputation tout à fait fausse. Il disait lui-même, pour se défendre de ses prétendus trous de mémoire : « Je ne modifie rien. J'arrange des textes souvent très mauvais. » Il faut dire que son génie de l'improvisation lui permettait de prendre des libertés que d'aucuns n'auraient pu se permettre, et bien souvent ses trouvailles amélioraient les dialogues originaux.

Évidemment, lorsqu'il jouait des textes de Prévert ou de Jeanson, il ne se permettait que de très modestes contributions, mais pour ce qui est des œuvres minimes il n'avait aucun scrupule à les rendre brillantes par son talent. On avait alors la sensation, à le voir et à l'écouter, qu'il inventait littéralement son texte, but ultime de n'importe quel acteur. Je me souviens d'une dame qui est venue me remercier dans ma loge, à la fin d'une représentation de *La Puce à l'oreille*.

— Vous étiez merveilleux, monsieur Brialy, me dit-elle, que vous êtes drôle, que vous m'avez fait rire, vous disiez n'importe quoi !

— Non, madame, l'interrompis-je. Je dis le texte de M. Feydeau au mot et à la virgule près. C'est M. Feydeau qui a du génie !

On reconnaît la qualité d'un texte à ce qu'il donne la sensation que l'acteur improvise ses répliques alors que, justement, rien n'a été laissé au hasard.

À sa mort, Yves Mirande, auteur, ami et compagnon de noce au Cercle de Jules Berry, eut ce mot exquis : « Enfin on rend hommage à sa mémoire ! »

C'est bien la moindre des choses, pour un joueur comme Jules Berry, d'avoir comme épitaphe une pareille pirouette !

La saga Guitry

Certains acteurs sont gravés à tout jamais dans ma mémoire tant par leur talent que par les péripéties qui se sont succédé dans leur existence. C'est le cas de Pierre Fresnay et d'Yvonne Printemps, comédiens exceptionnels qui nourrirent l'un pour l'autre le feu de leur passion jusqu'à leur dernier soupir. Le théâtre de la Michodière, devant lequel je passe souvent (il est à deux pas du mien, le théâtre des Bouffes-Parisiens) et dont ils furent les directeurs durant près de trente ans, me rappelle sans cesse l'incroyable amour qui les unissait. Leur rencontre, comme toute rencontre, fut le fruit d'un enchaînement de circonstances et de situations. Hasard ? Providence ? Encore une fois, à travers les rebondissements de leur romance, les multiples détours qu'il fallut pour que ces deux êtres se rencontrent et s'aiment, on voit toute la folie et la beauté d'une époque malheureusement révolue.

Notre histoire commence avec Lucien Guitry, le père de Sacha. Lucien Guitry était une véritable superstar du théâtre. Rude, glouton, buvant, fumant et couchant sans s'économiser, il était le type même du sanguin, que ses excès condamnèrent définitivement à l'âge de cinquante-cinq ans. Il fut, en pleine dégustation d'escargots, terrassé par une crise cardiaque.

Sacha avait été élevé par son père, qui l'avait arraché à sa mère à l'âge de cinq ans pour l'emmener à Saint-Pétersbourg. Lucien Guitry était l'acteur français préféré du tsar, et jouait au théâtre Michel de Saint-Pétersbourg où il bénéficiait de sa propre troupe et de revenus extrêmement confortables. Il vivait lui-même comme un petit tsar, dans un palais des Mille et Une Nuits. En cette fin de XIXe siècle, la Russie était pour les protégés du tsar identique à l'image d'Épinal que l'on peut s'en faire, avec ses richesses inconcevables, ses pierres précieuses, ses magnifiques fourrures, ses spectacles chatoyants, ses flots sans cesse renouvelés de champagne et de vodka dont se grisaient les happy few.

C'est dans ce décor féerique que Sacha et son frère Jean grandirent, immergés dans le théâtre et ses coulisses. À chaque costume de scène qu'on taillait pour Lucien, chacun des deux fils recevait sa version réduite. Sacha s'épanouit parfaitement dans ce cadre : ivre de théâtre et du parfum entêtant des femmes et du luxe, il devint lui-même acteur, multiplia les conquêtes, eut droit à ses flots de champagne et de vodka, bref, tout alla pour le mieux dans le meilleur des mondes possibles.

Lucien passait ainsi sa vie, une saison en Russie, la suivante à Paris. Peu le savent maintenant, mais il était alors l'égal de Sarah Bernhardt. Ils appartenaient tous deux à la même race d'acteurs, celle des monstres sacrés, superbe expression dont on doit l'invention à Jean Cocteau. On ne peut que difficilement imaginer ce qu'ils représentaient, la fascination qu'ils exerçaient sur le public. À l'époque, pas de télévision, pas plus que de radio, on ne pouvait donc pas voir les acteurs, tout juste les apercevoir. Ils n'étaient plus vraiment des comédiens, mais des mythes vivants, des mystères. Nous étions alors bien loin du statut des stars d'aujourd'hui, où l'on peut voir n'importe quoi et n'importe qui dans les journaux, telle célébrité faisant la cuisine, telle autre prenant du bon temps avec ses enfants, en un mot, être comme tout le monde, et s'exposer comme tel.

Jadis, les légendes couraient au sujet de ces monstres sacrés, légendes qui bien évidemment étaient exagérées par les gens qui se les transmettaient : Sarah Bernhardt dormant dans son cercueil capitonné de toutes ses lettres d'amour (ce qui du reste était vrai !), se faisant greffer une queue de panthère, Lucien Guitry faisant l'amour à chaque femme qu'il croisait...

En ce temps-là, les jeunes premiers n'existaient pas. C'étaient ces mêmes monstres sacrés qui accaparaient l'ensemble des rôles, et, même âgés de soixante ans, il leur arrivait de jouer de jeunes héros d'une vingtaine d'années. Heureusement, tout cela a bien changé !

Charlotte Lysès, première femme de Sacha, fut auparavant la maîtresse de son père. Elle avait vingt-cinq ans lorsqu'elle commença à côtoyer Lucien, qui en avait alors cinquante. C'était une belle actrice, bien en chair, mais surtout cultivée, curieuse et intelligente, ce qui, autrefois, était assez rare : les actrices étaient souvent de beaux brins de filles entretenues, sans caractère, qui faisaient bien l'amour à leur protecteur et n'aimaient que l'argent. Charlotte, qui était également ambitieuse, devint rapidement l'amante de Lucien Guitry.

Elle finit cependant par s'ennuyer. Lucien travaillait beaucoup, était souvent absent, gaspillait largement au jeu. Elle qui était une femme organisée était un peu déçue de n'être là que pour le bon plaisir du sieur Guitry père. Elle découvrit alors son beau-fils, jeune homme de dix-neuf ans, un peu rond et plein d'esprit.

Je pense que pour séduire les femmes la beauté est bien évidemment un avantage... mais, plus encore, l'humour et l'esprit sont des armes quasi irrésistibles. Si l'on est beau et con, pour reprendre l'expression de Jacques Brel, on ne peut espérer que des relations qui ne durent que, tout au plus, deux, trois jours : avec un peu de « je ne sais quoi », on peut espérer plus.

Charlotte découvrit donc que son beau-fils était plein d'esprit, plein de charme, et qu'il adorait les femmes. Ce qui ne devait pas arriver arriva : ils tombèrent éperdument amoureux l'un de l'autre, et vécurent ensemble durant près de cinq ans une vie de couple joyeuse et agréable.

On a trop tendance à l'oublier, mais c'est grâce à Charlotte que Sacha a écrit. Il était bon acteur, écrivait de petites saynètes, multipliait les dessins, les croquis, les caricatures, et dans toutes ces choses montrait un réel talent. Avant Charlotte, tout cela n'était en réalité à ses yeux que distractions pour le jeune dilettante qu'il était. Un article dans un journal, quelques personnages croqués dans un autre, tout cela était très amusant et rapportait un peu d'argent. Charlotte ne mit pas longtemps à se rendre compte de la qualité de son écriture, et elle n'hésita pas à utiliser les grands moyens afin de ne pas laisser le jeune homme gâcher ce don : elle l'enfermait dans sa chambre, deux heures par jour, pour l'obliger à travailler, seul moyen efficace de lutter contre la grande paresse de Sacha.

Il aimait en effet se lever à midi, manger pour se recoucher aussitôt, pour faire tantôt la sieste, tantôt l'amour, avant d'aller au théâtre et faire la fête jusqu'au bout de la nuit. Plus tard, il rattrapa son retard en écrivant près de cent vingt pièces.

Charlotte tenta donc de le réveiller un peu, et lui, ô merveilleuse preuve d'amour, y consentit, ne tardant pas à découvrir, cloîtré dans sa chambre, et avec quel indicible plaisir, ce qu'est l'écriture.

La Pèlerine écossaise, *Le Veilleur de nuit*, tous ces petits bijoux des débuts de Sacha Guitry n'auraient jamais vu le jour sans Charlotte, et peut-être les chefs-d'œuvre qui suivirent non plus.

Charlotte était très curieuse de ce qui se passait à Paris dans le milieu artistique, non pas des potins ni des rumeurs ou des coucheries, mais de l'art lui-même : les nouveaux musiciens, les nouveaux peintres, les nouveaux sculpteurs, les nouveaux écrivains et, bien entendu, les nouveaux acteurs.

Elle se rendit un jour aux Folies-Bergère et, de retour chez elle, dit à Sacha :

— J'ai vu une jeune femme extraordinaire : elle doit avoir seize ans, elle danse, elle chante, et elle fait des imitations... d'ailleurs, elle vous imite très bien ! Vous qui êtes toujours en quête de jeunes premières, vous devriez aller voir aux Folies-Bergère l'étendue de ses talents, c'est un phénomène.

Cette jeune fille, c'était Yvonne Printemps. Fille de la campagne, elle habitait près d'Enghien. À cette époque, ce charmant coin du Val-d'Oise était encore très rural. Elle était pleine de charme, douée d'un tempérament de feu.

À treize ans, Yvonne aimait déjà énormément la compagnie des garçons, ce qui pour sa mère, qu'on surnommait Mme Hiver, était un signe de bon augure quant à la réussite future de cette fille qu'elle avait élevée seule.

Sacha, suivant les conseils de Charlotte Lysès, se rendit donc aux Folies-Bergère. Il trouva, dans un premier temps, la jeune première tout à fait charmante, mais entra subitement dans une colère noire lorsqu'elle se mit à l'imiter, colère d'autant plus véhémente que la caricature était parfaite. Il sortit brusquement de l'établissement, et s'empressa d'oublier ce qu'il venait de voir et d'entendre.

Le temps passa. Albert Wilmetz, alors directeur du théâtre des Bouffes-Parisiens, était très ami avec Sacha Guitry. Anciens camarades de classe, ils avaient tous deux le même âge, la même passion pour les femmes et le théâtre, et la même profonde et indéfectible amitié l'un pour l'autre. Un jour, Sacha proposa à Albert de faire jouer dans son théâtre sa nouvelle pièce, *Jean de La Fontaine.* Charlotte jouerait le rôle de Mme de La Fontaine, c'était entendu dès le début, mais la question se posa de savoir qui incarnerait la jeune fille dont s'éprend Jean de La Fontaine et pour laquelle il se met à composer ses fables. On chercha en vain cette jeune fille, et Charlotte se rappela alors la belle effrontée des Folies-Bergère.

— Sacha, vous devriez aller au théâtre du Palais-Royal, la petite que vous aviez vue il y a deux ans a fait des progrès, elle joue formidablement la comédie.

Sacha alla la voir une seconde fois, et constata agréablement, dans un premier temps, qu'elle ne commettait plus le crime de l'imiter, dans un deuxième temps, qu'elle jouait admirablement et, enfin, qu'elle était plus que charmante. Il tomba amoureux. Il la rencontra tout aussitôt et, sans la moindre hésitation, lui proposa le rôle. Yvonne Printemps, flattée d'être choisie par Guitry, s'empressa d'accepter, et les répétitions commencèrent au théâtre des Bouffes-Parisiens.

L'amour qui les unissait cessa rapidement d'être strictement platonique. Charlotte se rendit bien vite compte que cette histoire était différente des précédentes passades de Sacha, et, prenant peur pour son ménage, se confia à leur ami intime, et voisin, Jean Cocteau :

— Jean, je suis très inquiète, je crois que Sacha est amoureux.

— Enfin, Charlotte, lui répondit son ami, tu sais bien que Sacha tombe amoureux du moindre jupon qui passe !

— Non, Jean, je pense que cette fois-ci c'est plus grave, il est vraiment amoureux. Je sens qu'il va me quitter.

— Et comment peux-tu en être si sûre ? demanda Jean Cocteau.

— C'est très simple, Sacha n'aime pas les animaux. Oh ! soit, il ne ferait pas de mal à un chat, ni même à une mouche, mais toutes les bêtes, mis à part les êtres humains, le dérangent. Or, depuis dix jours, en répétition, c'est lui qui descend le petit chien de cette jeune actrice sur le trottoir des Bouffes-Parisiens, afin que l'animal se soulage. Il est vraiment pris.

— Et comment s'appelle-t-elle ?

— Yvonne Printemps.

— Printemps ? C'est une saison qui ne durera pas.

La suite des événements prouva que le bon mot de Cocteau n'avait de valeur que formelle : Sacha quitta Charlotte et épousa Yvonne. Il avait pour témoins Sarah Bernhardt, portée sur une civière, la jambe amputée, et Georges Feydeau, arrivé en retard – sa mémoire commençait à lui jouer des tours... Tristan Bernard était celui d'Yvonne Printemps. Ce fut le mariage du siècle et le sacre de Printemps : la beauté et le charme associés à l'esprit et à l'intelligence, Sacha Guitry, roi de Paris, au sommet de sa gloire, épousant la jeune et très prometteuse actrice Yvonne Printemps ! Le Tout-Paris nageait dans le bonheur et l'effervescence. On racontait les bijoux, les pierres précieuses, les colliers qu'il lui offrait, tout ce strass et cette joie illuminaient la capitale.

Sacha et Yvonne vécurent ensemble, comme des rois, travaillant et enchaînant succès sur succès. Il écrivit beaucoup de pièces pour elle, adaptant même l'une d'elles afin qu'elle y puisse chanter. Elle était fantasque, gaie, vivante, et lui éperdument amoureux d'elle, la femme de sa vie. C'est son incroyable jalousie, cet incroyable amour pour sa femme, exclusif jusqu'à la folie, qui entraîna certainement le cours des choses.

Sacha avait hérité de l'hôtel particulier que son père s'était fait construire en 1920. Lucien Guitry avait commencé par acheter un terrain sur le Champ-de-Mars après une tournée en Amérique du Sud pour laquelle on l'avait payé en pièces d'or. Deux ou trois ans plus tard, de retour une nouvelle fois d'Amérique du Sud, ses malles de nouveau pleines, il décida de faire construire son hôtel particulier, en précisant bien à son architecte que le style de sa demeure lui était parfaitement indifférent. Il n'avait que peu d'exigences quant à son intérieur, mais quelles exigences ! Un énorme escalier au centre, quelques pièces autour, et surtout, surtout, pas de fenêtres. « Voyez-vous, dit Lucien à l'architecte médusé, je suis acteur, je dors le jour, je vis la nuit, je n'ai donc nullement besoin de fenêtres. » Pour des raisons esthétiques, l'architecte réussit néanmoins à convaincre son riche client de l'importance de ces fenêtres.

Sacha transforma en une sorte de musée cet hôtel dans lequel il vécut, depuis la mort de son père jusqu'à son dernier jour : peintures, sculptures et meubles d'une rare beauté et d'une rare richesse emplissaient cette curieuse demeure, dans laquelle il installa également sa jeune épouse.

Il y avait une grande pièce dont Sacha, par le biais d'une cloison, avait fait deux chambres, la sienne et celle d'Yvonne. Dans cette cloison, il avait fait installer un singulier judas, qui tenait plus du passe-plat, afin de pouvoir, à tout moment, la surveiller. Chaque soir, après l'amour, Yvonne regagnait sa chambre : derrière elle, Sacha Guitry fermait la porte avec la clef en or qui ne le quittait jamais, enfermant sa femme pour la nuit.

Ils se levaient chaque matin vers neuf heures et prenaient le petit déjeuner ensemble. On lisait le courrier, on y répondait, des fournisseurs venaient vers onze heures présenter des tissus à Madame. À midi, on passait à table, en compagnie de deux ou trois invités importants, Clemenceau, Reynaldo Hahn, Claude Monet ou un artiste ami de Sacha. L'après-midi, répétition au théâtre, suivie de la représentation du soir, du retour au doux foyer où l'on soupait en compagnie, là encore, d'invités triés sur le volet, devant lesquels Sacha faisait son numéro, spirituel et cultivé, jusqu'à une heure du matin, où tout recommençait.

Une vie somme toute fort monotone, qui ne pouvait, à la longue, qu'exaspérer Yvonne Printemps, femme libre et moderne, éprise d'aventures et de changements.

Le seul moment de répit que lui laissait Sacha Guitry, c'était au beau milieu de l'après-midi : un chauffeur, chargé également de l'espionner, la conduisait jusqu'aux Galeries Lafayette ou au Printemps. Profitant de cet instant unique de liberté, elle ne tarda pas à mettre au point un stratagème particulièrement ingénieux, digne d'un film d'espionnage. Elle entrait dans le magasin qu'elle traversait de part en part, pour prendre, de l'autre côté du bâtiment, un taxi qui la conduisait jusqu'à son amant du moment. Deux heures plus tard, elle sortait du magasin, l'air innocent, chargée des paquets que lui avait confectionnés une vendeuse complice et qu'elle tendait au chauffeur espion.

Le tournant de cette existence fut la pièce *Frans Hals*, dans laquelle Yvonne Printemps devait jouer Mozart.

Manquait alors à la distribution le jeune premier. Sacha Guitry apprit que Pierre Fresnay venait de quitter la Comédie-Française en claquant la porte, fâché avec l'administrateur, en procès contre l'institution. Il trouva d'emblée sympathique ce jeune homme, déjà connu pour ses qualités de comédien, et demanda à le rencontrer. Pierre Fresnay, sans emploi, condamné à payer un dédommagement à la Comédie-Française, et par ailleurs ravi de la proposition que lui faisait le maître Guitry, ne put qu'accepter son offre.

Les répétitions commencèrent, et Pierre Fresnay et Yvonne Printemps tombèrent amoureux l'un de l'autre : un coup de foudre fulgurant, dramatique, comme tous les coups de foudre. Leur amour, tel un volcan, explosa soudainement et emporta tout sur son passage. Fous amoureux, ils étaient prêts à tout l'un pour l'autre. Mais, étant donné les circonstances, leur relation demeura un certain temps secrète.

Mme Karinska, une des plus grandes costumières de l'époque, qui adorait Yvonne Printemps, fut très vite mise dans la confidence de cet amour qu'elle contribua à cacher. Lorsque Yvonne venait essayer des costumes, dans une arrière-salle de son atelier, elle recouvrait de tissus deux panières, qui devenaient ainsi le nid furtif des ébats secrets des amants. Le chauffeur, espionnant toujours Madame pour le compte de son patron, n'y voyait encore que du feu...

Pierre Fresnay était tellement épris que, le soir tombé, il montait à l'arbre qui faisait face à la fenêtre de la chambre d'Yvonne Printemps. Yvonne, une fois couchée, pouvait voir la braise de la cigarette de Pierre, avec laquelle, en morse, il passait de longs moments à lui dire à quel point il l'aimait.

La séparation ne faisait qu'attiser leur désir réciproque, qui perdit bien vite en discrétion, au point qu'un jour quelqu'un révéla leur liaison à Sacha Guitry. Malgré sa grande intelligence, il était trop orgueilleux pour accepter cette infidélité : pis encore, il la nia. Il comprenait ce qu'il considérait comme un incident, presque banal dans la vie de gens de théâtre (lui-même n'était pas un grand exemple de constance), mais il ne voulait pas admettre une seule seconde qu'Yvonne fût réellement amoureuse de Pierre.

Pierre ! La situation n'était pas simple non plus de son côté. Il était marié à Berthe Bovy, grande actrice belge qui était restée à la Comédie-Française malgré le départ de son mari. Elle apprit que Pierre la trompait, elle aussi, par des amis (tant il est vrai que ce sont toujours les amis qui vous annoncent les bonnes nouvelles), et engagea un détective privé, grâce aux informations duquel elle fit dresser un constat d'adultère. Elle révéla tout à son époux, qui tomba des nues, et elle conclut de la sorte : « Je te préviens, Pierre, nous ne divorcerons jamais. Tu ne pourras jamais épouser cette roulure et, quand bien même, tu me verseras chaque mois une pension colossale. » À la suite de cette explication, Berthe se rendit au théâtre des Variétés, où Sacha jouait une pièce. Elle entra dans sa loge et, fixant le reflet du regard du comédien qui se maquillait face à la glace, lui dit simplement : « Sacha, nous le sommes. »

Explications du couple Guitry, aveux d'Yvonne, séparation. Pierre et Yvonne allaient enfin pouvoir vivre ensemble. Pierre, enflammé par la passion, accepta toutes les conditions que Berthe mit à leur rupture, l'essentiel pour lui étant d'être libre d'aimer Yvonne.

Jusqu'à la fin de sa vie, il paya ainsi une pension exorbitante. Mais ce qui me semble le plus beau, c'est que Berthe Bovy avait ouvert un compte au nom de Pierre Fresnay sur lequel, tous les mois, elle déposait l'argent qu'il lui versait. Elle espérait en effet qu'un jour Yvonne le quitterait, et que ce magot lui serait utile en cas de rupture violente. Tous les soirs, telle l'épouse d'un soldat porté disparu, Berthe mettait le couvert pour Pierre, certaine qu'il reviendrait. Mais jamais il ne revint. Au final, pour Pierre et Yvonne, trente-six ans de vie commune, avec naturellement des hauts et des bas, mais une indicible passion... au prix de quels rebondissements du destin !

Pierre Fresnay expira en 1975, Yvonne Printemps se laissa mourir de chagrin, et décéda en 1978. On annonça alors sa disparition à Berthe Bovy. À cette nouvelle, la sociétaire honoraire de la Comédie-Française, âgée de quatre-vingt-dix ans, murmura dans un soupir : « Maintenant, je peux partir. » Quelques mois plus tard, elle s'éteignit.

Pierre Brasseur

Dans ma carrière, il y a deux personnages : Marie Bell, qui m'a beaucoup impressionné et qui aurait pu être ma mère de théâtre, comme on a des mères de danse, et Pierre Brasseur, qui aurait pu être mon père de théâtre.

J'ai vu Pierre Brasseur pour la première fois au théâtre dans *Le Diable et le Bon Dieu*, où il était génial. Il m'avait déjà foudroyé dans *Les Enfants du paradis*. Je l'avais trouvé magnifique aussi dans *Quai des brumes*, le film de Carné où il jouait un personnage un peu lâche, et en même temps hâbleur, avec des gestes à la Jules Berry. Il possédait une grande personnalité baroque, extravagante et un peu étrange... Derrière cette façade excentrique, on devinait une grande sensibilité. Nous nous sommes rencontrés et nous sommes plu, comme on dit. Il m'a adopté, vraiment adopté, et m'a témoigné tout au long de sa vie beaucoup d'amitié et de générosité.

Lorsque j'ai tourné *Les Cousins*, les critiques m'ont encensé, j'étais « le nouveau Pierre Brasseur », ce qui ne voulait absolument rien dire, parce qu'il ne pouvait pas y en avoir deux ! Tous les gens jeunes qui débutent ont des idoles, mais j'ai toujours fait en sorte de m'en libérer, car je ne voulais pas l'imiter, comme trop de débutants tentent d'imiter leurs modèles et finalement ne s'en défont pas. On a ainsi vu tant de chanteuses « à la Édith Piaf » qui bien sûr ne pouvaient en aucun cas rivaliser avec elle !

Comme je l'ai raconté dans mon premier livre, il a passé le réveillon du 1er de l'an avec moi quand j'ai eu mon accident, mais, surtout, il était avec moi comme un père, vraiment. Quand je suis arrivé dans sa vie, en 1958-1959, j'étais un peu l'autre fils, le frère de Claude. J'avais à l'époque une petite réputation... J'étais comme lui, un peu fou, capable de m'exposer, j'aimais déranger, faire scandale. Voilà pourquoi il devait se reconnaître en moi.

J'ai appris au fil des années à le découvrir. Il n'était surtout pas cette caricature d'homme ivre qui parlait fort et cassait tout. Il est vrai, que quand il buvait –, ce qui arrivait souvent – il n'était pas dans son état normal, et cela pouvait être simplement charmant comme tout à fait catastrophique, car c'était quelqu'un, alors, de tout à fait incontrôlable.

J'ai déjà raconté la scène qu'il avait faite chez une dame bourgeoise qui l'avait invité à dîner et avait eu la maladresse, à la fin du repas, de lui demander de « réciter quelque chose », comme on demande à un saltimbanque de payer son repas par quelque facétie. Il avait alors, sur un coup de génie, prétendu être en pleine préparation d'un numéro d'illusionnisme et, sous les yeux émoustillés de la maîtresse de maison, avait saisi la nappe à deux mains tout en affirmant que d'un coup d'un seul il allait l'enlever sans causer le moindre dommage à la vaisselle. La table était couverte de verres en cristal, de carafes en baccarat et de porcelaine fine, comme il se doit. Il se met au bout de la table, se concentre, et tire d'un coup sec. Tout se casse. C'est épouvantable... Alors, la nappe à la main, il s'exclame d'un ton magistral : « Raté ! »

C'était réellement quelqu'un d'original. Il avait un compère, Marcel Dalio. Ils avaient vécu ensemble, ayant beaucoup de choses en commun et notamment leur goût pour les prostituées et l'alcool, voire un peu la drogue. Ils partageaient un petit appartement où ils vivaient tous les deux, en tout bien tout honneur, et faisaient les quatre cents coups. Un jour, par exemple, invités tous les deux à un dîner, ils ont téléphoné à tous les convives : « Tu sais que c'est un dîner de têtes, il faut se déguiser. Le thème, ce sont les animaux », ont-ils raconté à chacun. Pierre Brasseur ajouta : « Moi je serai en lion, et Dalio en chat. » Les amis étaient surpris que personne ne les ait prévenus, et reconnaissants que Marcel et Pierre le fassent. Évidemment, c'était un dîner tout à fait normal ! Et cinq ou six convives sont arrivés avec des têtes d'animaux, déclenchant l'hilarité ! C'était leur plaisir à tous les deux.

Dans une pièce que je jouais, *Les portes claquent*, la bonne était interprétée par une comédienne qui s'appelait Picolette. Elle avait les cheveux noirs, un peu bouclés, et plutôt l'allure d'un garçon. D'ailleurs elle aimait les dames. C'était quelqu'un de très sympathique, une fille formidable car elle était généreuse et drôle. En outre, elle faisait admirablement bien la cuisine, bref, c'était quelqu'un d'épatant. À la tête de toute une famille dont elle s'occupait, elle avait souvent des ennuis d'argent, et un beau jour elle a fait appel à moi, ne sachant pas où coucher. Elle avait déjà habité un peu chez Nicole Courcel, un peu chez Annie Girardot. Je venais de louer un studio à Saint-Cloud, et lui ai proposé de la dépanner provisoirement. Elle a accepté avec plaisir. Nous riions beaucoup ensemble, nous nous entendions très bien. Elle préparait des petits plats et nous invitions nos amis... on faisait la fête.

Pierre Brasseur est venu passer le réveillon avec moi, en compagnie de sa femme, Lina, une très grande pianiste italienne, belle, belle, belle... mais évidemment un peu épuisée par le caractère turbulent de son mari ! Elle avait de grands yeux sombres, un joli sourire, et était douce, toujours un peu en retrait. C'était une femme bénéfique, agréable, élégante, charmante et discrète.

Pour ce réveillon, Picolette était là. C'était elle qui s'était chargée du dîner. Nous avons passé une soirée inoubliable. Pierre Brasseur m'avait imité, moi, l'imitant, lui. Il me faisait hurler de rire, dans ma chambre improvisée dans le salon. Ce que je n'ai absolument pas vu ni même senti, dans cette soirée si joyeuse, c'est le coup de foudre entre Lina et Picolette. Elles ont vécu une très grande histoire d'amitié amoureuse et Lina a quitté Pierre pour Picolette. Ça a été un drame. Ce n'était pas ma faute, mais je ne pouvais m'empêcher de penser que, si je n'avais pas organisé cette rencontre, elles ne se seraient jamais connues... Enfin, je me suis senti coupable.

Et Pierre me disait : « Ma vieille – car il m'appelait toujours “ ma vieille ” avec sa voix caverneuse et rauque –, cocu je veux bien, mais par une femme, merde alors ! »

Il était fou de rage. Il avait offert une maison à Lina à Grimaud, dans le Midi, et comme c'était quelqu'un d'à la fois élégant et généreux, il la lui avait laissée. Un beau jour, il apprend que cette maison, une vieille bâtisse de village pleine de charme où ils allaient en vacances de temps en temps, allait devenir un restaurant. Picolette était aux cuisines, Lina savait recevoir, et ce restaurant devint la coqueluche de la Côte d'Azur. Tout le monde se pressait pour venir dîner chez Picolette et Lina. Pierre, vexé, jaloux, se rongeait. Cette maison était sa maison, et que ce soit « l'autre », « la voleuse », qui l'ait transformée en restaurant le rendait hystérique. Il était encore plus énervé de savoir que ce restaurant était devenu célèbre et qu'il avait du succès.

Un soir, l'idée lui vint d'aller y dîner pour les mettre mal à l'aise. Arrivé au restaurant, ivre, il commence à faire un scandale. Les clients, le reconnaissant, sont gênés, apeurés. Il était exubérant, et pouvait se montrer dangereux, capable de tout casser. Il hurle, vocifère, jette de la vaisselle par terre... enfin, un spectacle pitoyable. Pour couronner le tout, il se débraguette et fait pipi au milieu de la salle... Il s'était trompé de restaurant!

La boisson lui a toujours créé des problèmes. Je me souviens de la générale de *Cher Menteur*, avec Maria Casarès. Il avait été faire une cure de désintoxication dans une clinique du Trocadéro. J'allais le voir tous les jours. Aucune infirmière ne voulait plus rentrer dans sa chambre parce qu'il les pelotait, leur montrait son petit oiseau, c'était du délire! Quand il en est sorti, il était censé ne plus boire que de l'eau. Mais moi je pense qu'il était comme les vrais alcooliques, qu'il buvait en cachette. Pas beaucoup, mais il suffit d'un verre pour être ivre quand on est alcoolique. Le soir de la générale, je le rejoins dans sa loge. Il savait son texte, tout allait bien... En tout cas, il n'avait pas bu pendant le temps où j'étais avec lui. On entend le régisseur annoncer : « Sur le plateau dans une demi-heure. » Je dis à Pierre :

— Écoute, je te laisse tranquille te concentrer, et moi je vais dans la salle et je t'envoie toutes mes bonnes ondes.

Il s'agissait d'une pièce à deux, une lecture des lettres de George Bernard Shaw à une actrice qu'il avait aimée. C'était un très beau spectacle adapté par Jean Cocteau. Le texte était assez long et très difficile. Il interrompt mon mouvement pour partir.

— Non, ma vieille, reste encore avec moi.

Je descends avec lui sur le plateau – c'était à l'Athénée – et nous faisons les cent pas. Et je commence à avoir le trac, moi aussi. Je me dis : « Mais comment va-t-il faire pour jouer ce personnage ? » Tout Paris était là, il y avait beaucoup de pression, et je sentais qu'il avait la trouille. Il transpirait. Il avait peur comme un enfant. Lui qui avait tant de métier, qui avait joué tant de personnages si forts... Nous faisions l'aller-retour de la cour au jardin et du jardin à la cour, et tout d'un coup il presse mon bras et me dit :

— Dis-moi, ma vieille, que le théâtre va brûler !

Il aurait préféré que le théâtre brûle plutôt que de jouer ! Ce soir-là, il a été éblouissant, comme tous les autres soirs.

Il y a eu une histoire amusante avec Jean Gabin, quand ils ont tourné *Quai des brumes*. Michèle Morgan avait dix-huit ans, Jean en avait trente, et leur histoire d'amour a débuté pendant le film. Comme Jean était très discret et n'aimait pas étaler sa vie privée, pas plus que Michèle, cette histoire était secrète – et très belle, puisqu'ils étaient jeunes et beaux tous les deux. Pierre était amoureux de Michèle lui aussi, et il était jaloux de Jean. Mais Jean, c'était Jean Gabin... Et Pierre cherchait parfois, à la manière de ces petits chiens un peu agressifs, à provoquer Jean, qui restait impassible. Un jour, au Havre où ils tournaient, Jean et Michèle étaient dans un petit bistrot du port, en train de dîner après le tournage, en amoureux. Pierre entre dans le restaurant et commence à chercher Jean, qui lui dit, perdant un peu son légendaire sang-froid :

— Sors d'ici, tu commences à m'énerver, je vais te mettre mon poing sur la gueule !

Michèle essaie de calmer le jeu, mais elle était toute jeune et très timide. Jean se calme, n'étant pas du genre à se donner en spectacle dans un lieu public, il était déjà très connu. Finalement, Pierre se rend compte que son acte est stupide et se retire, un peu penaud. Le lendemain, ils avaient une scène où Jean devait lui envoyer une gifle. Je revois encore Pierre me racontant cette scène : Jean lui a flanqué une de ces paires de gifles ! Il avait été réellement surpris par sa violence, mais il savait pourquoi, il n'avait donc rien dit, et son impassibilité d'acteur avait pris le dessus ! Parfois la réalité rejoint la fiction...

Pierre Brasseur est mort jeune, à soixante-sept ans. Il était rentré du Canada et je l'avais vu usé, amaigri. Lui qui incarnait une force herculéenne, qui donnait l'impression d'être indestructible, avait perdu sa rondeur. Il avait le regard ailleurs, il était absent. Cette voix qui était si forte, si énorme, qui envahissait les pièces dans lesquelles il entrait, était devenue fatiguée, essoufflée. Et puis il est parti tourner le film d'Ettore Scola dans les Pouilles. Il y avait Charles Vanel, qui avait vingt ans de plus que les autres, dans une forme olympique, c'était un homme sain et sportif; Claude Dauphin, qui était fatigué; et Alberto Sordi, le plus jeune. Il s'agissait d'une comédie, l'histoire de quatre vieux jaloux, amers, aigris, quatre teignes qui s'en prennent à un industriel. *La plus belle soirée de ma vie* a sûrement été un tournage très agréable : il faisait beau, chaud, la campagne était un peu rude mais belle, la mer n'était pas loin... Pierre avait encore un jour à tourner, mais il était épuisé. Scola m'a rapporté qu'ils avaient dû souvent arrêter le tournage pour qu'il respire, qu'il prenne son temps. Et puis il avait peur de sa mémoire. Tout cela était triste. Claude Dauphin l'a d'ailleurs raconté très joliment dans un petit livre à la manière d'un journal, *Les Derniers Trombones*. Pierre a déclaré :

— Je vais monter me coucher, je suis fatigué.

Il s'est retiré vers huit heures, et a demandé à la réception qu'on lui apporte du champagne et qu'on lui trouve une prostituée. Le champagne est arrivé et, quand la prostituée l'a rejoint, il était mort. Je pense qu'il est mort comme il le voulait, en buvant du champagne et en attendant l'amour.

J'ai eu beaucoup de chagrin. Il avait encore tellement de choses à faire et à dire. Chaque fois que je le rencontrais, je lui disais qu'il devrait jouer *Cyrano de Bergerac*. Mais c'est le rôle le plus long du répertoire, et ça lui faisait peur. Je le regrette tellement ! Il aurait été fabuleux. Quand on le voyait répéter au théâtre, c'était éblouissant. Il avait un instinct, une façon d'avaler, de prendre les mots, de les mâcher et de les rendre avec les couleurs qu'il fallait ! Ce n'était pas un intellectuel mais un homme intelligent. Un instinctif incroyable et un artiste, qui écrivait, peignait et jouait merveilleusement la comédie. Quand il n'avait pas bu, on ne pouvait l'arrêter tant il était bavard, et il avait une culture extraordinaire. Il parlait de musique, de peinture et de littérature avec beaucoup de brio, et comme ceux qui sont doués, il était clair. Il ne nous embrouillait pas par des phrases incompréhensibles et était délicieux, parce qu'il nous donnait l'impression qu'on était aussi intelligents que lui... Il avait ce qui est rare aujourd'hui : l'extravagance. Il avait une démence poétique... Au cinéma, il était comme dans la vie, capable de tout. Un jour, il a eu une contravention : eh bien ! il a ouvert sa braguette et pissé sur les pieds du policier qui dressait le procès-verbal.

C'était un anarchiste, un provocateur, et il y avait quelque chose d'enfantin chez lui.

C'est un trait commun aux artistes. On est tous touchés par les problèmes du monde, mais en même temps on a un côté innocent. On essaie d'oublier, de « perdre la tête », comme on disait dans le temps, de se soûler de mots, de rire, de copains, de boisson aussi. On cherche à s'aveugler ne serait-ce que deux heures, comme on fait quand on est au théâtre : on entre en scène et on est quelqu'un d'autre, on s'efforce de convaincre les gens de notre vérité, de celle de l'auteur, et on oublie qui on est. Bien sûr, votre démarche, votre voix, vos yeux servent le personnage, ou le desservent parfois. On y met tout ce qu'on a, les défauts, les qualités, c'est très complexe. Beaucoup de choses se mélangent, se brouillent. Il y a des personnages que l'on n'aime pas et qu'on apprend à aimer en les jouant, parce qu'on les comprend mieux. Quand on joue un assassin, un fou, un alcoolique et qu'on ne l'est pas soi-même, on tente de s'inspirer de modèles volés dans le quotidien, mais il y a certainement en vous une petite graine d'assassin, d'alcoolique ou de fou. Pierre, lui, avait tout ça, mais ce n'était pas une petite graine qu'il avait, c'était un grand grain !

Pierre Brasseur était un acteur à la présence extraordinaire. Alexandre, son petit-fils, tout comme Claude, son fils, ont repris le flambeau avec brio.

Louis Jouvet

Malheureusement, je n'ai jamais connu Louis Jouvet, mort en 1951 pendant les répétitions de *La Puissance et la Gloire* de Graham Greene, adapté par Sartre, avec Pierre Brasseur. Il est mort dans son théâtre, l'Athénée, le 16 août, terrassé par une crise cardiaque.

C'est pour moi le parcours de l'homme de théâtre le plus beau, parce que cet homme est à la fois un immense comédien, un grand metteur en scène et directeur de théâtre, et un acteur de cinéma formidable. On prétendait qu'il méprisait le cinéma parce qu'il disait : « L'important au cinéma, ce n'est pas d'avoir un rôle, c'est de trouver une chaise. » Il est vrai qu'au cinéma on attend beaucoup. Il a tourné des œuvres – aujourd'hui des classiques – avec de grands metteurs en scène comme Jean Renoir ou Marcel Carné, et a laissé des traces magiques dans *Hôtel du Nord*, dans *Les Bas-Fonds*, avec Jean Gabin, dans *Quai des Orfèvres* où il est extraordinaire.

Quand Clouzot a réalisé *Miquette et sa mère*, un film sur les tournées minables des acteurs du début du siècle, avec des jeunes premiers qui avaient soixante-dix ans, il a interprété un vieux jeune premier maquillé outrageusement qui, par la force du verbe et de la voix, arrive à faire croire qu'il est amoureux et qu'il a les mêmes émois qu'un jeune adolescent, c'est prodigieux ! Tout cela était drôle et charmant. Danièle Delorme et Bourvil étaient ses partenaires. Un peu trop boutique, ce film n'a pas eu beaucoup de succès.

Louis Jouvet était un homme secret, très mystique. Il croyait en Dieu, était angoissé, hanté par la mort. Il avait sans doute un pressentiment, savait qu'il allait partir jeune – il est mort à soixante-deux ans. Il aimait les femmes – il a eu beaucoup d'aventures, de conquêtes –, mais sa vraie passion était le théâtre. Un livre très intéressant a été écrit par son complice, Léo Lapara, qui était son secrétaire et est devenu son administrateur, et son ami. Toute sa vie a été hantée, fascinée et illuminée par Louis Jouvet, roi-soleil du théâtre.

Chaque fois que je rencontre quelqu'un qui a travaillé avec Jouvet, ou qui l'a connu (il n'y en a plus guère, malheureusement), je suis curieux de savoir comment il se comportait dans la vie.

Il était assez cassant, avait énormément d'humour, était cruel dans ses jugements – un esprit vif et secret. Il avait l'instinct du génie, il savait détecter le talent chez les jeunes. Il a révélé de grands comédiens qui suivaient sa classe au Conservatoire, François Périer et Bernard Blier. Il s'entourait d'acteurs magnifiques qui étaient sa famille, des complices et des frères d'armes, comme Pierre Renoir, le frère de Jean. Pierre était un homme timide, solide, juste, qui ne rêvait ni de gloire ni d'argent. Il acceptait les seconds rôles, était heureux de donner la réplique à Jouvet et de l'accompagner dans ses aventures.

Si on songe qu'il y a plus de cinquante ans il avait demandé à Gabrielle Dorziat – elle avait soixante ans et était une femme distinguée, un peu hautaine, qui devait jouer des duègnes et des reines de France – de reprendre Dorine dans *Tartuffe*, personnage jeune (on parle de ses seins, de sa gourmandise), il faut être moderne et en dehors des conventions. Louis Jouvet était avant tout un homme libre.

Je regrette de ne l'avoir jamais rencontré. François Périer et Bernard Blier étaient amoureux de leur professeur, et l'un et l'autre avaient été marqués par ce personnage plein de panache, qui était craint, respecté et aimé, et pouvait obtenir de sa troupe et de ses techniciens de travailler jour et nuit pour monter un spectacle.

C'est lui aussi qui a décidé Marguerite Moreno à revenir au théâtre dans *La Folle de Chaillot*. Marguerite Moreno avait à l'époque quatre-vingts ans. Elle était très coquette, très cultivée, très intelligente, avait une voix magnifique, disait des poèmes admirablement. C'était une amie intime de Colette, il y a d'ailleurs une très belle correspondance entre elles. Marguerite Moreno habitait dans le Lot (pendant la guerre, elle avait refusé de jouer devant les Allemands) et racontait sa vie campagnarde à Colette qui, elle, lui envoyait des nouvelles de Paris. Elle possédait une grande maison, une sorte de manoir, la Source Bleue, transformée en hôtel par ses nièces. C'est la maison où elle est morte. Marguerite Moreno a eu jusqu'à la fin de sa vie des amours incroyables. Elle a vécu longtemps avec l'écrivain Marcel Schwob et, à la fin de sa vie, elle s'amouracha de jeunes gens de la campagne qui étaient non pas des gigolos mais des adolescents fascinés par sa personnalité, sa culture et son charme. Elle était encore très amoureuse, très palpitante, très sensuelle... Elle aimait l'amour, et l'amour avec la jeunesse.

Un jour, elle arrive à une des dernières répétitions de *La Folle de Chaillot*. Elle avait rencontré un voyou à Clichy, qui devait espérer soutirer un peu d'argent à cette femme étrange et riche. Ils s'étaient battus dans la nuit et il lui avait donné un coup de poing. Elle est venue au théâtre avec un œil au beurre noir. Jouvet la regarde, et comme il savait la vie qu'elle menait, tumultueuse et mystérieuse, il lui dit :

— Que s'est-il passé ?

— Je suis tombée de mon lit, répond-elle, je dormais et, comme j'avais pris un cachet, je me suis cognée dans la porte...

Jouvet n'en croit pas un mot mais ne pose pas de question – c'était un homme élégant et discret. Il lui demande simplement :

— Mais comment vas-tu faire pour jouer ?

Elle pensait que son œil poché, qui du bleu tirait vers le noir, allait passer, mais la première était deux ou trois jours plus tard. Jouvet a alors eu l'idée de maquiller les deux yeux en noir : Marguerite Moreno a eu cet air de hibou, d'oiseau empaillé, qui a donné à *La Folle de Chaillot* cette force et cette vérité.

C'était un homme plein d'humour, son intelligence était brillante, sa culture aussi. Il avait le don de mettre en lumière des auteurs. Jean Giraudoux, diplomate, devint son compagnon – oublié aujourd'hui, ce qui est triste. *Siegfried* ou *Amphitryon 38* traitaient de la guerre avec l'Allemagne, ce qui est de nos jours heureusement dépassé, mais *Intermezzo* est un chef-d'œuvre de fraîcheur.

Louis Jouvet avait une apparence cynique. Très travailleur, obsédé par le théâtre, il avait commencé comme régisseur, puis en jouant des rôles de composition, des vieillards, avec son profil d'oiseau de proie au nez busqué, ses pommettes saillantes, ses lèvres minces et cette voix un peu saccadée qui lui venait de son asthme. Il avait réussi à faire de sa voix un atout. Sa façon de phraser était unique. Henri Jeanson l'a très bien raconté dans ses Mémoires ; il était comme son frère.

Cet homme solitaire était curieux des autres, fidèle dans ses amitiés, séducteur. Un de ses plus beaux rôles : Dom Juan. Il avait été marié, avait deux enfants, une fille et un garçon, et aussi beaucoup de maîtresses. La plus connue était Madeleine Ozeray. Elle était blonde, effacée, romantique, petite fleur coupée, petite chose fragile et un peu folle, très poétique. La dernière, je crois, fut Monique Mélinand, qui était aussi blonde et jolie, intelligente et amoureuse, donc soumise, ne posant jamais de question. Elle était comme toutes les autres, envoûtée et heureuse.

C'était un comédien très traqueur. Il paraît que, lorsqu'il entrait en scène, il respirait profondément, comme s'il allait se jeter dans l'eau glacée. Puis sa personnalité, son talent emportaient tout. Comme il était surmené, il avait peut-être peur de sa mémoire. Il avait surtout peur de décevoir. Il savait que le public, un peu naïf, est parfois balourd, il voulait l'élever. Le contraire d'aujourd'hui... Le public est ce qu'on veut bien qu'il soit, il est aussi admiratif; la preuve, c'est qu'il court aux expositions de Picasso, de Michel-Ange ou de Gauguin. Des millions de gens vont voir de belles choses. La télévision leur dit qu'ils peuvent gagner de l'argent en deux minutes et demie. On invente n'importe quoi : des concours de chant, on échange des mères, on copie des concepts créés par les Américains – qui sur ce plan-là sont les as de la bêtise. Ils sont capables du meilleur comme du pire. Le cinéma américain est un modèle quand il nous offre des westerns, des policiers ou des comédies musicales.

Dominique Blanchar avait joué Agnès dans *L'École des femmes* avec Louis Jouvet. Il était son parrain, et l'ami de son père, Pierre Blanchar. Évidemment, elle avait réussi à s'infiltrer, mais Louis Jouvet ne l'aurait jamais prise si elle n'avait pas été formidable. Et elle l'a été, avec cette pureté, cette innocence et cette révolte, cette insolence que doit avoir Agnès. J'ai été son partenaire dans une comédie de Pascal Jardin. Elle n'aimait pas trop parler de Jouvet parce qu'il était mort. Il avait beaucoup marqué sa jeunesse et son adolescence : c'était un ami de la famille, et « le patron », le directeur, le metteur en scène, l'acteur unique. Il était, paraît-il, jaloux des rapports qu'elle avait avec Horace, dans les coulisses. Il n'aimait pas qu'ils parlent, qu'ils rient ensemble, qu'ils chuchotent.

J'ai un disque de *L'École des femmes* enregistré à Buenos Aires où les gens hurlent de rire. Cela montre combien la langue française était appréciée dans le monde entier, et en même temps combien cette pièce, que l'on monte souvent sombre et dramatique, est une comédie, ce que Jouvet avait compris mieux que personne.

On raconte plein d'histoires sur lui, mais je crois que personne ne l'a mieux saisi que Marc Allégret dans *Entrée des artistes*, avec un texte éblouissant d'Henri Jeanson. Louis Jouvet dirigeait une classe au Conservatoire où il y avait une dizaine de jeunes gens qui débutaient, dont Bernard Blier, François Périer et Odette Joyeux. On voyait sa façon d'enseigner le théâtre à ses élèves, d'en parler aux parents, son côté impitoyable, cruel, et plein d'humour. Il pouvait être cinglant, même blessant, parce qu'il ne voulait pas que le théâtre soit encombré par ces inutiles et qu'il avait le cran de le dire. Dans certains cours d'aujourd'hui, on encourage de jeunes désœuvrés en leur faisant miroiter l'argent et la gloire, et la profession est encombrée. Des gens malhonnêtes enseignent à trois ou quatre cents élèves l'art dramatique...

C'est merveilleux de penser que cinquante ans après sa disparition, alors que beaucoup se sont effacés de la mémoire des hommes, on sait grâce à la pellicule quel acteur il était. Le théâtre était sa vie. Malheureusement aucune pièce n'a été filmée, sauf celles enregistrées sur disque en Amérique du Sud pendant la guerre, témoignage vivant de sa présence et de son goût pour la langue française. Il est enterré au cimetière Montmartre où je serai, et c'est peut-être un peu idiot, mais ça me fait plaisir, car c'est le seul à qui j'ai demandé un autographe quand j'étais petit garçon.

C'était un homme rempli de contradictions, il pouvait aussi se tromper. Il aimait beaucoup Jean Cocteau, ils avaient des rapports d'intellectuels fascinés l'un par l'autre. Peut-être trouvait-il Cocteau un peu trop parisien, un peu trop mondain... Il y avait une sorte de distance qui se faisait, ils n'étaient pas intimes, mais s'admiraient et s'estimaient. Jean Cocteau a apporté *Les Parents terribles* à Jouvet, qui a trouvé la pièce intéressante, et a même demandé des petites coupures, des arrangements. Comme il savait admirablement construire et bâtir une pièce, Jean Cocteau a tenu compte de ses conseils. Quand il a été question de la distribution, Jouvet devant la mettre en scène, Cocteau lui a demandé de jouer le père. C'est un beau rôle, un homme un peu faible, un peu manipulé par les femmes, ce qui plaisait à Jouvet, le contraire de lui dans la vie. Yvonne de Bray devait jouer la mère et Gabrielle Dorziat la tante, et – malheureusement pour Jouvet – Jean Cocteau voulait Jean Marais. Celui-ci n'avait pas la réputation d'être un bon acteur mais celle d'être un beau garçon, bien gentil, plein de charme... Jouvet a refusé. Cocteau s'est fâché et a dit que la pièce ne se monterait pas sans Jean Marais, puisqu'elle avait été conçue pour lui. Jean Marais avait en effet demandé à Cocteau de lui écrire une pièce où il puisse rire et pleurer, qui soit à la fois une comédie et un drame. Il l'avait influencé, et Jean Cocteau était parti de l'histoire d'amour entre la vraie mère de Jean Marais et Jean – des rapports à la fois d'amour et de haine. Ils s'embrassaient, se sautaient au cou, puis se déchiraient. La mère de Jean Marais était spéciale, kleptomane, un peu folle, très élégante mais bizarre. Jeannot avait déjà du caractère, donc la rencontre entre ces deux personnalités faisait des étincelles, et Jean Cocteau en avait été le témoin. Il a écrit cette pièce très vite, en trois semaines, d'un trait, comme si quelqu'un la lui dictait. C'était son cadeau d'amitié à Jean Marais.

Quand Jean Marais a créé le rôle au théâtre des Ambassadeurs, la directrice, Alice Cocéa, une Roumaine qui avait déjà quarante-cinq ans, s'imposa dans le rôle de la jeune première. La répétition générale a eu lieu en septembre 1938. Yvonne de Bray étant malade, c'est Marthe Régnier qui a interprété le rôle de la mère, Gabrielle Dorziat celui de la tante, Marcel André le rôle du père, Jean Marais celui du fils, Michel, et Alice Cocéa celui de Madeleine, la jeune fille amoureuse. Elle était très menue, sensible, elle donnait le change et puis elle était la patronne...

Jean Marais me racontait qu'il a demandé plusieurs fois le soir de la générale si Jouvet était dans la salle. Personne n'a voulu lui dire qu'il était là, pour ne pas l'angoisser davantage. Il s'est défoncé toute la soirée pour l'éblouir. Il a eu un triomphe, vingt minutes de *standing ovation*, et dès cet instant-là il est devenu célèbre. Pas seulement parce qu'il était l'ami de Cocteau mais parce qu'il avait donné son corps et son âme à ce jeune homme bohème. Pourtant Jouvet n'était toujours pas convaincu. D'ailleurs, il n'a jamais fait travailler Jean Marais, qui en était triste parce qu'il l'admirait beaucoup.

Un jour, un ami de Louis Jouvet qui avait une petite amie lui demande de l'écouter. « Elle est très jolie, et elle a tellement envie de faire du théâtre, lui dit-il, et toi tu sais déceler le talent, tu vas dire si elle est bien ou pas... » Par amitié, Louis Jouvet écoute la demoiselle et il est effondré tellement elle est mauvaise, maladroite et peu intelligente. Il lui déclare donc qu'à son avis elle n'a aucune des qualités qu'il faut pour faire du théâtre. Elle est furieuse et s'en va : les gens n'aiment pas qu'on leur assène la vérité. Elle revient chez elle, se plaint à son amant. Le monsieur appelle Jouvet, qui lui explique une nouvelle fois qu'elle est mauvaise et qu'il ne faut pas mentir aux gens, c'est une façon de les réveiller et de les aider. Le temps passe, et Louis Jouvet rencontre son ami dans une soirée, en compagnie bien sûr de la jeune femme qu'il a éconduite. L'ami avait pardonné et admirait Jouvet, il connaissait son intelligence et son intégrité. Il le remercie donc d'avoir pris la peine d'écouter son amie. Jouvet tend sa main à la demoiselle, qui l'ignore tant elle est furieuse, meurtrie, blessée. Et Jouvet lance cette phrase merveilleuse : « N'ayez pas peur, mademoiselle, le talent, ça ne s'attrape pas... »

Louis Jouvet racontait souvent une histoire qui était censée lui être arrivée pendant sa tournée en Amérique du Sud. Avant une représentation de *L'École des femmes*, au Mexique, dans un très beau théâtre, on lui annonce que le président de la République va être là dans la loge présidentielle, à gauche. Jouvet y accordait une certaine importance, car, étant accueilli dans un pays étranger, il était fier pour la France que le chef de l'État se déplace pour écouter Molière. Il entre en scène et aperçoit un monsieur assis, avec un cordon autour du cou. Au deuxième acte : plus personne. Jouvet se dit : « Merde alors, il s'est ennuyé et est parti ! » Il se pose des questions. Troisième acte : il voit un général assis, couvert de médailles, dans la loge, qui applaudissait, heureux comme tout. « Mais que s'est-il passé ? » demande-t-il aux gens du théâtre. « Une révolution », lui répond-on.

C'est Jean-Louis Barrault qui a fait l'éloge de Louis Jouvet à Saint-Sulpice. Alors que c'était en plein mois d'août, toute la France était bouleversée et a pleuré cet homme exceptionnel, qui reste aujourd'hui encore le phare de plusieurs générations. Fabrice Luchini, par exemple, a une passion pour lui. Jeanne Moreau m'a dit, il n'y a pas longtemps, qu'elle avait relu les réflexions de Jouvet sur le théâtre et les avait trouvées toujours aussi magnifiques. Il est tellement moderne et tellement présent ! Il avait tout compris du théâtre, à la fois le dépouillement des décors mais aussi leur intelligence. Le décor de *L'École des femmes* imaginé par Christian Bérard est un modèle du genre. Il y avait un mur qui s'ouvrait sur un jardin du XVIIe siècle, avec une maison au fond. Le mur pouvait se refermer, et on saisissait bien l'angoisse d'Agnès d'être prisonnière. Ce décor délicat avait une légèreté, une poésie ; la stylisation, le choix des couleurs apportaient au chef-d'œuvre de Molière un cadre éblouissant.

Louis Jouvet avait une grande amitié pour Christian Bérard, qui était un homme petit et trapu, ressemblant à un chat, avec une barbe en broussaille, parsemée de tabac ou de salade. On l'appelait Bébé parce qu'il faisait un peu penser à un nourrisson. Il avait des mains de fée, il était plein d'invention. Il est mort brutalement au théâtre Marigny, en assistant à une répétition des *Fourberies de Scapin* que Jouvet mettait en scène avec Jean-Louis Barrault. On l'a ramené chez lui, en l'asseyant dans une voiture comme s'il était toujours en vie, pour qu'il ne soit pas mis à la morgue. Barrault racontait que Jouvet avait été très ému de la disparition soudaine de son décorateur préféré. Deux jours après, le fil du rideau s'est cassé, comme s'il y avait là un signe d'adieu...

Maurice Escande

J'admirais Maurice Escande à la Comédie-Française. Il était beau, cultivé, et avait de l'esprit. Distrait, il se promenait dans la vie comme un dandy ; détestant les querelles, adorant les potins, il avait un sourire plein de charme et de malice.

Maurice Escande était un comédien délicieux, élégant, intelligent, drôle et aristocrate. Ce prince avait fait la guerre 1914-1918. Blessé, il fut décoré de la croix de guerre. Avec Étienne de Beaumont, il s'était fait confectionner un uniforme chez un grand tailleur, un peu fantaisiste. Il alla un jour dans une parfumerie avec le comte Étienne pour choisir un rouge à lèvres pourpre. La vendeuse observa les deux officiers bon chic bon genre, et comme ils hésitaient pour la couleur, aimablement, elle leur proposa quelques échantillons pour la dame, mais le colonel de Beaumont s'écria :

— Non, mademoiselle, c'est pour nous...

Ils allaient à un bal masqué !

Cet homme rare avait connu Sarah Bernhardt et De Max. Il préférait les jeunes gens aux dames. On l'appelait « le Carrefour des enfants perdus » à la Comédie-Française... Il entra dans la Résistance et fut décoré à la Libération. Homme de goût, gentilhomme du XVIIIe siècle, il s'amusait à séduire, c'était le charme personnifié. André Malraux, homme de liberté et amoureux des beaux textes, proposa au général de Gaulle de nommer Maurice administrateur du Théâtre-Français. Un ministre fit une réflexion timide sur la moralité du proposé. Le Général plaida pour le grand acteur, son passé de patriote, et Maurice Escande, à l'unanimité, fut consacré.

Quelques mois plus tard, le président de la République vint assister à une représentation de *Nicomède*, tragédie de Corneille, la pièce préférée du Général. Il en connaissait tous les vers et son plaisir fut immense. À l'entracte, il se fit présenter les jolies sociétaires, qui plongèrent dans une révérence respectueuse, offrant aux yeux fatigués du président des gorges rondes et joyeuses. Le Général était de très bonne humeur. À la fin du spectacle, l'administrateur raccompagna l'homme d'État jusqu'à sa voiture. Mme de Gaulle, souriante et douce, remercia pour la belle soirée, le Général serra la main d'Escande et, mi-perfide, mi-curieux, chuchota à l'oreille de l'administrateur :

— Merci, merci. La France peut être fière d'avoir une pareille troupe qui fait honneur à la langue française.

Et, soudain, dans un sourire, il demanda au maître :

— Comment va Madame ?

Maurice, du tac au tac, répondit au Général :

— Merci, je vais très, très bien !

Présence d'esprit, rapidité de la réplique, Maurice-le-Roi avait été à la hauteur du Général, président de la République.

Louis de Funès

J'ai découvert Louis de Funès dans les Branquignols. Ce « dessin animé » était un très grand comédien, perfectionniste. Inventif, il fouillait dans sa mémoire pour trouver les images qui l'avaient frappé lorsqu'il était enfant.

Nous avons déjà fêté le vingtième anniversaire de la disparition de Louis de Funès. Vingt ans ! J'ai du mal à m'imaginer qu'autant de temps soit passé.

Louis était un homme secret, timide. Il n'était pas très beau, mais malgré son long nez, ses lèvres fines et ses oreilles décollées, il avait au naturel une élégance et une distinction indéniables.

Il a fondé sa carrière sur la rage et la colère, avec des personnages grotesques de patrons autoritaires et hystériques, sadiques et angoissés.

Il était fou d'admiration pour les grands comiques américains que furent Laurel et Hardy, Charlie Chaplin, Buster Keaton. Il passait parfois de longs après-midi chez lui, au repos, à voir et revoir d'anciens films muets comiques, tâchant de découvrir chez ces maîtres du rire le petit je-ne-sais-quoi qui faisait la différence. J'ai eu l'immense privilège de le connaître avant qu'il devienne une star. Nous avions tourné ensemble *Le Diable et les dix commandements*, alors que sa célébrité n'avait pas encore atteint son zénith.

Déjà à cette époque, toute sa fantaisie et son imagination, tout son immense talent éclataient à chaque prise, avec une infinité de variantes. Musicien, Louis avait un sens inné du rythme. Il plaçait ses effets avec une précision diabolique : une seconde de trop, et le rire n'aurait pas été au rendez-vous. Même si ses élucubrations paraissaient parfois exagérées, il était toujours juste, et vrai.

Les doubleurs étrangers avaient beaucoup de fil à retordre lorsqu'il s'agissait de donner une autre voix à Louis : son débit était rapide, saccadé, et, comme je l'ai dit, il veillait au moindre effet de son texte, posant le bon mot au bon moment, avec une gamme infinie à son registre, d'*allegro* à *largissimo*, de *piano* à *fortissimo*.

Pour *Carambolages*, l'histoire d'un jeune homme ambitieux assassinant tous ses supérieurs pour accéder au sommet, Marcel Bluwal avait d'abord eu l'idée de proposer le rôle du grand patron à Bernard Blier, ce qui était une très bonne idée. En plus de ses qualités d'acteur, Blier était quelqu'un que j'adorais en tant qu'homme. Cependant, je me permis de faire une petite remarque à Marcel Bluwal et au producteur, Alain Poiré :

— Je crois qu'il serait peut-être plus intéressant de prendre pour le rôle quelqu'un d'insolite, de non conventionnel. Blier est parfait, il a la « gueule de l'emploi », l'autorité, l'humeur de dogue, mais Louis de Funès aurait certainement quelque chose de plus à apporter à ce personnage.

Tollé général.

— Allons bon, tu es fou, Louis de Funès? Il est fait pour les seconds rôles, il ne fait pas le poids!

Mais j'insistai tant et tant que finalement ils acceptèrent d'engager Louis, qui donna toute sa mesure. Je passai la totalité du tournage à lutter contre les crises de fou rire que déclenchait en moi, à chaque prise, son génie.

Parfois, Bluwal se levait et, fixant Louis avec ses yeux sombres, lui disait d'une voix d'outre-tombe : « Attention, vous en faites trop, cela va faire rire », signifiant par là qu'il en rajoutait peut-être un peu. Cette remarque devint très rapidement un *private joke* entre Louis et moi. Chaque fois que nous avions le plaisir de nous rencontrer, les blagues fusaient : « J'ai vu ton dernier film. Attention, tu étais drôle !... Tu n'as pas vu Bluwal ? Parce que, attention, ça risque d'être drôle ! »

Louis devint une énorme star avec les films que l'on connaît, mais il resta toujours simple. Chaque fois que nous nous croisions, nous tombions dans les bras l'un de l'autre : les rapports que j'avais avec lui ressemblaient assez à ceux que j'entretiens avec Michel Serrault. Nous nous apprécions mutuellement, et le temps qui passe ne change en rien cette complicité et ce respect mutuels.

Louis était un très grand professionnel. Il n'aimait pas être contrarié ni contredit, et se montrait souvent têtu et colérique. Cette exigence vis-à-vis des autres était, comme c'est le cas chez beaucoup d'acteurs, la conséquence d'une exigence envers soi plus grande encore. Il était sans cesse en train de chercher, même trois mois avant le premier jour du tournage du film, il s'acharnait à gamberger sur son rôle.

Il disait de lui qu'il était sinistre dans la vie, un peu à l'instar de Jacqueline Maillan, et contrairement à Fernandel qui, même loin des studios et des caméras, ne pouvait s'empêcher d'être aussi drôle qu'au cinéma. Il lui arrivait de ne pas ouvrir la bouche de tout le repas, non pas parce qu'il était triste, mais à cause d'une timidité paradoxale, et quasi maladive. Qui plus est, le quotidien ne l'intéressait pas tellement. On ne savait jamais comment le prendre : il était excessivement difficile à saisir, et bien malin celui qui pouvait se vanter de savoir s'il était à l'aise ou pas.

Ses rapports avec les autres acteurs n'étaient pas toujours faciles. Je me suis laissé dire qu'il ne s'entendait pas très bien avec Fernandel, qui craignait quelque peu la concurrence comique que Louis représentait. Jean Gabin trouvait au début qu'il en faisait beaucoup, le considérant comme un simple clown, mais il finit bien vite par comprendre la difficulté et l'efficacité des « grimaces » de Louis.

Lorsque, aux côtés de Robert Lamoureux et de Danielle Darrieux, Louis joua *Faisons un rêve*, Sacha Guitry était encore vivant. Il fut « surpris » par son interprétation, trouvant que ses exagérations scéniques n'étaient pas toujours sincères. Encore une fois, ce n'est que progressivement que Sacha Guitry se rendit compte de l'exceptionnelle justesse de Louis.

Je pense que, toute sa vie, il fut fondamentalement angoissé, peu sûr de lui et de ses qualités d'acteur, premier étonné par son incroyable succès auprès du public. Il n'était pas intrigant, ne s'escrimait pas à arranger des affaires à droite et à gauche. Il croyait simplement au travail, à la chance et aux rencontres. Il ne provoquait pas les choses. Il les laissait venir à lui et ne les craignait pas. Il n'eut pas peur de jouer avec Jacques Villeret ou Coluche, curieux qu'il était de la jeunesse et des autres.

Lorsqu'il joua *La Valse des toréadors* de Jean Anouilh, le texte et le rôle le terrifiaient. Louis disait à Anouilh :

— Surtout, Jean, ne me prévenez jamais de votre présence dans la salle, et même, s'il vous plaît, ne venez pas du tout ! Ne le prenez pas mal, mais le fait de vous savoir dans le public me trouble, accapare mon esprit, et fiche en l'air ma représentation.

Jean Anouilh, pour voir sa propre pièce sans déconcentrer l'acteur principal, était obligé de se cacher !

Dans sa jeunesse, Louis avait tellement souffert du mépris et de l'indifférence des productions ou des réalisateurs qu'il garda toujours, j'imagine, cette blessure au plus profond de son âme. Il avait commencé comme pianiste de bar, se couchait tous les jours à six heures du matin, gagnait une misère avec laquelle il tâchait de faire vivre sa femme et ses deux enfants.

Pour arriver au statut de star que l'on sait, il en avait vraiment bavé. Le summum de sa réussite fut pour lui de pouvoir racheter le château des Maupassant, berceau de la famille nantaise de son épouse.

Lui qui avait enduré durant toute la première partie de sa vie de longues périodes de vaches maigres ne se montra pas dispendieux quand il connut la gloire, sans être pour autant avare. Il savait être généreux, et ne faisait pas partie de cette classe d'acteurs pingres au point de ne pas même vous offrir un café !

J'eus énormément de chagrin à l'annonce de sa mort. Il avait eu auparavant plusieurs alertes cardiaques. Son angoisse profonde, son professionnalisme qui lui faisait chèrement payer de sa personne chaque pièce et chaque film, toute cette pression avait malmené son cœur.

Il fut enterré dans sa propriété de Nantes. On m'a dit récemment que son corps avait été enlevé à cette terre et inhumé une seconde fois à Paris. Je trouve assez triste de ne pas savoir où, car il fait partie de ces rares personnes dont j'aimerais aller fleurir la tombe. Il a beaucoup marqué ma vie, tant par son génie, et je n'emploie pas ce mot à la légère, que par sa personnalité.

Daniel Gélin

J'ai l'impression de signer un registre des pompes funèbres. La vie est faite aussi de la mort : en Orient, on en parle, on la cite; en Occident, on la chuchote, on l'évoque à voix basse. Je n'ai pas peur de mêler les amis à ces souvenirs douloureux.

C'est à l'église de Saint-Germain que se sont déroulées les obsèques de Daniel, cette église de province à deux pas du Flore et des Deux Magots, cette église dans laquelle je dus, jadis, faire un discours à la mémoire de mon amie Alice Sapritch. J'aimais beaucoup Alice. Un soir, alors que nous dînions, elle m'avait avoué qu'il ne lui restait plus beaucoup de temps à vivre. Elle avait malheureusement raison. Quelques semaines plus tard, un cancer du poumon, qu'elle avait refusé de traiter, l'emportait. Elle m'avait demandé de parler lors de la cérémonie funèbre. Le jour venu, impossible de dire un mot : les sanglots, la tristesse, la peur m'étranglaient. Je faisais face à l'assistance, muet de stupeur et d'abattement. C'est un des pires souvenirs de ma vie.

Saint-Germain, quartier de légende, quartier de souvenir... Les mains de Cocteau le magicien, la trompette de Claude Luter, le saxo de Sidney Bechet, Juliette Gréco marchant pieds nus dans les rues, Jean-Paul Sartre écrivant à la terrasse des Deux Magots, toutes ces personnes que j'ai eu la chance de connaître et qui me hantent encore... toutes ces années de ma jeunesse aujourd'hui disparues.

Daniel Gélin était mon idole à mes débuts. Aussi, je me rendis à cette église où déjà papillonnaient les paparazzi, devant lesquels il fallut bien passer, faute de pouvoir entrer par la sacristie... Un homme, visage de circonstance, tout de noir vêtu, m'indiqua mon siège, l'air de dire « vous êtes bien placé », et je me retrouvai entre Brigitte Auber et Nicole Courcel. Pour moi, ce fut comme un signe. J'avais adoré *Rendez-vous de juillet*, de Jacques Becker, l'un des premiers films qui parlait des jeunes de l'époque et de leur révolte existentialiste, bien avant *Les Tricheurs* et *Les Cousins.* La plupart des films ne mettaient en scène que des vedettes consacrées, Jean Gabin, Michèle Morgan, Danielle Darrieux, Bernard Blier, Pierre Brasseur ou Jules Berry. Mais dans *Rendez-vous de juillet*, il n'y avait que des inconnus à l'affiche, Daniel Gélin, Brigitte Auber, Nicole Courcel, des jeunes comédiens qui représentaient aux yeux de la bourgeoisie d'alors la jeunesse « pervertie », cette jeunesse bohème qui s'enivrait de toutes les façons possibles, au mépris de la morale des « honnêtes gens ». Becker, par son génie, exprimait la naissance de cette grande liberté sexuelle, éminemment trouble, sans jamais la montrer dans sa crudité.

Pour Daniel, seuls comptaient les femmes, les jardins et le cinéma. Toute sa vie, que certains pourraient qualifier de dissolue, restera pour moi une vraie vie de poète, brûlant tout, méprisant l'argent, partageant, donnant, passant des appartements luxueux aux chambres de bonne, des bicyclettes aux voitures de sport, aimant les femmes plus que tout, l'alcool également, jouissant de tous les excès, oubliant jusqu'au sommeil... Il aurait dû mourir à cinquante ans de cette existence flamboyante, et c'est à quatre-vingt-un ans qu'il rendit l'âme. Don juan, charmeur irrésistible, Daniel était plus que cela encore : un humaniste, un poète aux yeux de braise et aux paroles enflammées, auxquels personne ne pouvait résister.

J'ai connu une habilleuse, au cinéma, qui s'appelait Suzanne Pinoteau, et qui nous a malheureusement, elle aussi, quittés. C'était une parfaite Bourguignonne, plantureuse, gourmande de la vie, fumant cigarette sur cigarette, à la teinture rousse et à la mise toujours parfaite. J'ai rencontré cette charmante femme lors du tournage de mon premier film, *L'Ami de la famille*, réalisé par son beau-fils, Jack Pinoteau. Elle avait croisé Lucien Pinoteau, un célèbre régisseur, quand elle avait dix-huit ans, et, de façon admirable, avait élevé comme les siens les enfants du premier mariage de celui-ci, alors âgés de dix et de huit ans.

La première fois que j'ai eu affaire à elle, je lui avais demandé si je pouvais prendre mon blazer et mon pantalon pied-de-poule de « fonction » pour une soirée parisienne. J'avais vingt ans, et elle se laissa convaincre par le jeune acteur que j'étais alors, ce fils de militaire si précautionneux, qui pliait consciencieusement ses vêtements. Confiance que je ne déçus pas en rapportant le lendemain de cette fameuse soirée mon costume du dimanche, bien évidemment impeccable. Quelques années plus tard, devenu plus célèbre, je la pris comme habilleuse, et elle me suivit sur les tournages de tous mes films.

Elle fut également l'habilleuse de Pierre Fresnay, Yvonne Printemps, Martine Carol, Annie Girardot, et aussi de ce cher Daniel. Malgré sa grande discrétion, je parvenais parfois à lui arracher quelques anecdotes sur les vedettes qu'elle avait connues, jamais indécentes, toujours tout à fait charmantes. Elle avait un réflexe qui m'agaçait : elle frappait toujours à la porte de ma loge avant d'entrer.

— Écoute, Suzanne, lui dis-je un jour, nous travaillons ensemble, ne frappe donc pas toutes les cinq minutes ! Tu entres, tu sors, simplement, tu es aussi chez toi. On est chez nous !

Elle, toujours aussi sérieuse, professionnelle en toute circonstance, m'avait simplement répondu par la négative.

— Et pourquoi non ?

Je dus batailler durant près d'une demi-heure pour qu'elle m'avoue les raisons.

— Parce que Daniel Gélin m'a dit un jour la même chose, et que, me permettant d'entrer dans sa loge sans frapper, j'ai eu le malheur d'arriver à un moment assez peu indiqué. Daniel se trouvait en compagnie d'une jeune femme, dans une posture bien particulière...

Malgré la douleur de tous ceux qui l'avaient aimé et assistaient à ses funérailles, ces dernières ne furent pas tristes. Le maire de Paris, Bertrand Delanoë, avait tenu, malgré son emploi du temps chargé, à être présent à la cérémonie mortuaire de ce comédien que, plus jeune, il avait admiré.

Étaient également présents un imam, un rabbin, un pasteur et, bien entendu, le curé de l'église de Saint-Germain-des-Prés. Daniel avait en effet souhaité que toutes les grandes religions monothéistes soient représentées lors de son enterrement, en signe de paix et de réconciliation fraternelle.

Un quintette joua du Bach, touche finale à l'harmonie de ce dernier coup de chapeau à l'artiste.

Parmi toutes les personnalités présentes, les trois épouses de Daniel sont celles qui m'ont le plus bouleversé. Bien qu'éprouvées par cette douloureuse disparition, les traits tirés par la tristesse, elles étaient éblouissantes de dignité.

Manuel, son fils cadet qui lui ressemble tellement, a lu le dernier poème de Daniel, dans lequel il annonçait son départ imminent, et, dans l'assemblée de ses proches et amis réunis en son honneur, il passa comme un vent glacial. Le prêtre fit une oraison très simple, très belle, rappelant que le Bon Dieu était très grand et pardonnait tout, même à Daniel.

Je suis croyant mais pas pratiquant. L'Église m'agace un peu par son organisation. Tout ce qui est secte, club, cercle, ne m'a jamais plu. Déjà petit, je n'aimais pas les scouts ! Pas plus que les collèges où l'on vous emprisonne entre quatre murs, dans des lois à ne pas transgresser. Je suis un homme de liberté et, en ce sens, je ne supporte pas d'être contraint. Le simple bruit d'une porte que l'on ferme, d'une clef que l'on tourne dans une serrure me fait mal. Lorsque j'étais enfant, mon père m'enfermait parfois pour me punir. Je crois que c'est de cette époque que date mon aversion pour toute barrière, limite, ou interdiction. Je pense que je n'aurais jamais pu accepter de travailler à la Comédie-Française, de me plier à toutes les règles qui régentent cette institution, pas plus que je n'aurais pu devenir homme politique, bien que dans ce cas le plaisir que j'ai à parler, et parfois trop, ait aussi sa part de responsabilité !

Là encore, en ce moment de grande émotion, alors que je me trouvais absorbé par la perte de Daniel, les souvenirs de Saint-Germain-des-Prés, et toutes les considérations que l'on éprouve à ces instants douloureux, le grotesque s'imposa à moi. Dans mon dos, un dialogue surréaliste : un acteur et une actrice discutaient de leur taux de cholestérol, s'échangeaient leurs médicaments miraculeux, tous deux prenant conscience avec angoisse, en pleine cérémonie funèbre, que la vie ne tient qu'à un fil, et qu'un jour ou l'autre la planète se passerait de leurs augustes personnes.

Pierre Tchernia, durant la procession, me rappela un mot d'esprit d'Yves Mirande, auteur plein d'esprit. À la fin de sa vie, Mirande avait suivi l'enterrement de Jules Berry jusqu'au cimetière. Usé par l'alcool et la maladie, s'appuyant sur l'épaule d'un ami, il lui avait confié : « Tu sais, Georges, je viens pour la dernière fois en amateur. » L'humour est sans doute l'un des seuls remparts contre la détresse et la douleur, contre la mort.

De Daniel, plus que toute autre chose, je garderai la gentillesse. Une douceur si rare et si précieuse, une authentique gentillesse qui, contrairement à celle de beaucoup d'autres dans notre profession, n'avait jamais servi ses propres intérêts. Daniel était un révolté, il ne supportait aucune contrainte, ni religieuse ni sociale : et c'est cette rébellion constante, cette passion de la vie que l'on ressent à la lecture de ses poèmes.

Dans les coulisses du théâtre du Palais-Royal où je jouais aux côtés de Line Renaud la pièce de Noel Coward, *Poste restante*, un accessoiriste de vingt-cinq ans a remarqué mon vague à l'âme, et, répondant à sa question, je lui expliquai que je m'étais rendu aux funérailles de Daniel Gélin. « Gélin ? demanda-t-il. C'est qui, ça ? » Comme aurait pu le dire le bon curé de l'église de Saint-Germain-des-Prés, « vanité des vanités, et tout n'est que vanité... ».

La dynastie Cocteau

Encore aujourd'hui, Cocteau dérange.
Jeanne MOREAU.

Je t'aimais mal, c'était un amour de paresse.
Jean COCTEAU, écrivant à Jean MARAIS.

Je ne dirai jamais assez à quel point ma rencontre avec Cocteau bouleversa mon existence.

Je le connus lors de la création de *La Machine infernale*, avec Jean Marais, Elvire Popesco et Jeanne Moreau, au théâtre des Bouffes-Parisiens. Évidemment, il était dans la loge et dans le théâtre comme chez lui. Il alliait avec un naturel unique la notoriété du poète et de l'auteur à une vraie complicité avec les acteurs. Je me souviens de la façon dont il parlait à Jeanne, la prenait dans ses bras, la faisait rire, l'embrassait. Il lui offrait des cadeaux somptueux. Il était très généreux, et tout cela avec une désinvolture, une grâce tout à fait charmantes. Une fois, il lui apporta un kimono japonais brodé, du XVIIIe siècle, dans du papier journal ! Il rentrait du Japon, où il était un dieu... un dieu qui ne savait pas faire les paquets.

Cocteau fut sans doute la personne la plus active que j'aie jamais rencontrée. À la manière d'un artisan, il n'était heureux que lorsqu'il travaillait, avec sa tête évidemment, mais aussi avec ses mains. Seul, entouré d'un ou deux compagnons, il peignit la chapelle des Humbles : ce fut un exploit tant artistique que physique, étant donné les positions peu confortables qu'il devait adopter pour peindre à même les parois. Il aimait profondément cette bonne et saine fatigue physique que son art lui imposait. Cette dépense le reposait certainement d'une trop grande concentration.

Cocteau était tout tourné vers la vie. Il voulait apprivoiser la mort. Lorsqu'il eut son premier infarctus, il accepta le repos. Il fut opéré et se remit doucement, diminué malgré sa santé de fer, avec l'interdiction formelle de fumer ou de boire.

Même s'il n'en parlait pas, je pense que ce sujet l'obsédait plus qu'aucun autre. La mort est un personnage essentiel dans ses films : *Orphée* en est la preuve la plus flagrante. Il tentait de se convaincre qu'à travers son travail il s'en était fait une amie et que, comme les poètes ne mouraient jamais, il serait sauvé du trépas et de l'oubli par son art.

Il avait entièrement prévu les modalités de ses obsèques. Il fut embaumé, tel un pharaon, enterré avec son costume d'académicien dans la petite chapelle de Milly-la-Forêt. Je vins pour ses funérailles et, en voyant son corps embaumé dans le salon de sa charmante maison de Milly, j'avais l'impression de me retrouver en face d'une statue, plutôt que devant la dépouille mortelle du grand Cocteau. Il était déjà figé pour l'éternité, les mains jointes, son épée à son côté, comme le gisant de marbre d'un chevalier de la Table ronde.

Il fit graver ces quelques mots en guise d'épitaphe sur sa pierre funéraire : « Je reste avec vous. »

L'impression que je garde de son enterrement est, assez curieusement, celle d'un mariage à l'envers. Il y avait un peu de soleil, énormément de gens, tous très tristes, mais il régnait également une ambiance de fête de campagne, un étonnant mélange de genres. Les riches côtoyaient les humbles, les jeunes coudoyaient les vieux.

Le visage de Jean Marais était ravagé par le chagrin. Je pense que c'est à ce moment qu'il s'éveilla à une réalité avec laquelle il avait toujours vécu, mais qu'il avait jusque-là négligée. Il se rendit compte de la présence et de l'importance de Cocteau dans sa vie. À cet instant précis, il prit conscience de tout ce qu'il lui devait. Il disait lui-même qu'en cette journée il était devenu le serviteur de Jean Cocteau. Et effectivement, à partir de ce jour jusqu'à la fin de sa vie, Jean Marais fut le plus fervent promoteur de l'œuvre de Cocteau, faisant vivre son théâtre, ses poèmes, ses peintures et ses sculptures, en y ajoutant même ses propres œuvres, continuation de celles du Maître.

Jean Marais monta avec Jean-Luc Tardieu un spectacle intitulé *Cocteau-Marais* où, seul en scène, il interprétait un pot-pourri des textes de Cocteau de façon éblouissante. Il joua *Les Monstres sacrés*, monta *La Machine infernale*, *Les Chevaliers de la Table ronde*, et d'autres. Il fit publier également des lettres d'amour que Jean Cocteau lui envoya. Quelle femme au monde peut se vanter d'avoir reçu pendant un an de une à deux lettres d'amour par jour ? C'est ce que fit Cocteau alors que Jeannot était sur le front.

Jean Marais ne fut pas le seul grand amour de Cocteau. Mais il fut sans doute celui qui rayonna le plus dans sa vie, par sa beauté et l'amour qu'ils se portaient mutuellement. Cet amour pur et vrai fut le fondement d'œuvres atemporelles qui, je le pense, resteront à jamais dans le patrimoine de l'humanité.

Cocteau rencontra un jour Édouard Dermit. Édouard, que l'on appelait gentiment Doudou, devait avoir tout juste dix-huit ans et était beau comme un dieu. C'était un jeune homme sauvage. Il fut bouleversé qu'un artiste tel que Cocteau s'intéresse à lui. Doudou fut à la fois son dernier amour et son fils, puisque Cocteau l'adopta.

Je crois que, de son point de vue, Cocteau fut une sorte de merveilleux accident de parcours, puisque Édouard n'était pas homosexuel.

Cocteau n'a jamais été quelqu'un de didactique : sa culture et son goût de la discussion étaient tels qu'à son simple contact, à sa simple fréquentation, on ne pouvait s'empêcher d'apprendre. Doudou, lui, était quelqu'un de très instinctif, assoiffé de connaissances et apprenant très vite. Il s'enrichit donc plus que tout autre au contact de cet homme que, comme par erreur, il aima profondément.

Il y avait une différence profonde entre leur relation et celle qui exista entre Marais et Cocteau. Jean Marais était en effet un peu volage, et Cocteau lui-même était loin d'être un saint. Doudou, lui, était vis-à-vis de Jean la fidélité faite homme. Il ne sortait pas, ne voyait personne. Il était un disciple dévoué exclusivement à son maître. Doudou était son serviteur dans le sens le plus noble du terme, sans le côté humiliant que l'on peut parfois rencontrer dans ce genre de relations. Cocteau était fier de lui et croyait en son talent qui, selon lui, ne se dévoilerait que progressivement, comme cela avait été le cas pour Jean Marais.

Doudou était extrêmement gentil et avait un charme très puissant, indéfinissable, avec un beau regard, à la fois fort et comme perdu. L'amitié qui nous liait était, bien que vraie, un peu trouble, mais nous ne fûmes jamais amants, par fidélité pour Cocteau.

À la mort de Jean, Doudou hérita de son œuvre dont il devint le gardien, tandis que Jean Marais en était en quelque sorte le promoteur. Il rechercha avec beaucoup de courage et de patience ses écrits, ses tableaux, ses sculptures, les classant afin que son œuvre ne soit pas perdue. Il continua à habiter la maison de Milly ainsi que le petit entresol de la rue de Montpensier qui lui servait de pied-à-terre parisien.

Doudou était faible, j'avais de la peine pour lui. Je suis toujours révolté en voyant les personnes jeunes, belles et talentueuses se détruire par la drogue ou l'alcool. Mes amis Pierre Clémenti et Marc Porel se sont démolis de la sorte. Doudou vivait comme une taupe, se réveillait à dix-sept heures et passait le plus clair de sa nuit dans des paradis artificiels.

Peut-être s'était-il dit à la mort de Jean que jamais il ne trouverait quelqu'un à la hauteur de cet homme qui était tout pour lui : son amant, son père, son protecteur, son Pygmalion.

Il rencontra un jour une jeune femme, manucure chez un grand coiffeur. C'était une jeune fille d'une beauté assez banale, avec de jolis yeux, douce et un peu éteinte. Ils tombèrent amoureux et se marièrent.

Cette jeune femme, que je connus, dut alors vivre une vie pour le moins étrange. Ils habitèrent en effet la maison de Milly, là où l'ombre de Cocteau ne cessa jamais de planer. La chambre de Jean était un sanctuaire : personne n'y avait touché depuis son décès. Ses œuvres parsemaient le moindre mètre carré de la maison. Elle vécut ainsi pendant près de vingt ans avec ce spectre invisible à jamais présent entre elle et son époux. Elle avait appris à connaître et à aimer Cocteau, mais cette présence continuelle de l'artiste mort devait certainement lui peser.

Doudou lui donna deux fils. Le premier fut appelé Jean, en hommage à Cocteau. Le second Stéphane. Ces enfants, beaux comme des dieux l'un et l'autre, ont été laissés toute leur enfance à eux-mêmes. Ils furent contraints dès leur plus jeune âge à prendre le rythme singulier de cette maison. Se lever à cinq heures de l'après-midi, trier les papiers et les œuvres de Cocteau, et, à la nuit tombée, se voir délaissés par leurs parents qui s'enfonçaient tous deux dans les chimères de la drogue.

Doudou, malgré cette lourde dépendance, travaillait pour l'œuvre de son maître. Il y avait évidemment quelque chose d'éteint au fond de ses yeux, mais il était toujours animé de cette flamme de partager les trésors abandonnés dans des cartons, toujours à l'affût de quelque pièce qu'il n'eût pas encore répertoriée.

Au-dessus des têtes de cette étrange maisonnée planait une malédiction.

Il développa un cancer, et mourut à l'hôpital Laënnec. Il demanda à Pierre Bergé d'être son exécuteur testamentaire, mais aussi, et surtout, de continuer à préserver l'œuvre de Cocteau, comme lui-même l'avait fait. Pierre Bergé remplit aujourd'hui encore cette tâche avec énormément d'attention, de générosité et de fidélité.

Il lui demanda aussi d'être enterré avec Jean. Jean Marais fut un peu blessé de ce souhait. Bien qu'il appréciât Doudou, il l'avait toujours un peu considéré comme sa doublure, croyant que lui seul avait été l'unique vrai et grand amour de Cocteau, alors que Doudou était à ses yeux le second rôle, le dernier amour. Il ne comprenait donc pas qu'il osât solliciter l'honneur d'être enterré avec Jean.

Pierre Bergé fit en sorte que cette dernière volonté fût respectée, mais non sans difficultés. La chapelle était minuscule, et la sépulture ne prévoyait qu'un hôte pour l'éternité. Il fallut déplacer la pierre tombale qui était excessivement lourde, aménager une deuxième place, descendre Jean d'un cran afin de déposer Doudou au-dessus, puisqu'il était inimaginable de les coucher l'un à côté de l'autre.

Les démarches administratives nécessaires furent si importantes qu'avant même le début des travaux Doudou décéda. Sa dépouille resta cinq mois dans un caveau provisoire.

Je me rendis au second enterrement, auquel Jean Marais ne voulut pas assister. Il y avait peu de gens présents : il s'agissait en effet de rendre ce curieux second enterrement le plus discret possible. La femme de Doudou était là, simple, digne, avec ses deux fils, alors âgés d'une vingtaine d'années. Ils étaient pareils à deux anges noirs. Le visage de la veuve était défait par les ravages de la tristesse et de la drogue, et son regard semblait ailleurs.

Lorsqu'elle fit descendre le cercueil de Doudou, je me rendis compte de l'étrangeté de la situation. J'étais là, debout entre ces enfants qui regardaient leur père rejoindre son amant pour l'éternité. Leurs visages reflétaient une tristesse contenue. Bouleversé par l'intensité de ce moment, je serrai fraternellement leurs mains. Jean, l'aîné, dit alors :

— Il va être bien là, maintenant.

On reposa la pierre sur le cercueil, et ce fut tout.

Ce même Jean avait eu quelques problèmes avec la drogue. Doudou m'avait un jour appelé, me priant de l'aider à sortir d'un mauvais pas :

— Ils l'ont arrêté, Jean-Claude, et ils vont sûrement l'emprisonner. Est-ce que tu peux appeler le ministre de l'Intérieur ?

Je ne connaissais pas le ministre. Je lui demandai audience et allai le voir pour le convaincre d'être clément et de laisser une chance à ce jeune homme qui était un enfant perdu.

— La prison n'est pas la solution, elle ne ferait qu'accélérer les choses. Je crois que la simple menace de l'y enfermer pourra déjà lui permettre de réfléchir à son délit, et de trouver la force de réagir. Tandis qu'en prison... il tomberait à jamais dans une spirale sans fin.

Le ministre sauva Jean de la prison, mais pas de son destin. Malheureusement, ce poison fut plus fort. Sa mère mourut peu après lui du même mal. Le chagrin l'avait possédée tout entière. On la retrouva deux jours après sa mort, dans sa chambre.

Sombre destinée que celle de cette triste dynastie, la dynastie Cocteau, née sous les auspices bienveillants de son génie, et qui finit dans la ruine et la désolation. Seul survivant de cette lignée, le fils cadet de Doudou, Stéphane, vit dans les environs de Montpellier. Je l'ai malheureusement perdu de vue.

Pierre Bergé, lui, a racheté la maison de Milly, et va très prochainement en faire un musée. La région Île-de-France, l'Essonne, l'État et la mairie de Milly l'aideront. La maison du bonheur ne disparaîtra pas. C'est là que Jean a passé les trente dernières années de sa vie, là qu'il a travaillé, là qu'il créa tant d'œuvres inoubliables, là encore que Doudou et sa famille vécurent, là où tous deux furent enterrés. La maison sera remise en état, comme du temps de Cocteau : l'atelier, le bureau, la chambre, le grand salon, le jardin, le verger et les dépendances accueilleront ce musée en son honneur.

C'est pour moi, comme pour bien d'autres admirateurs de Cocteau, un énorme soulagement : sa mémoire ne s'éteindra pas.

Jean Cocteau reste pour les jeunes générations le symbole de la liberté, de la fraternité, de la fantaisie et du talent. Ses dessins, ses peintures, ses poèmes, son théâtre, ses films, ses décors, ses costumes sont les témoins d'une vie pleine d'amour et de générosité.

Il m'avait dit, jadis : « Laisse la porte de ta loge entrouverte, la jeunesse peut s'y glisser. Et méfie-toi des courants d'air, on se retrouve très vite tout seul... »

Ma journée avec Jean Cocteau et Jean Marais

Le maire de Vallauris m'a demandé de participer à l'hommage que Nini Pasquali et lui voulaient rendre à Jean Marais. Bien entendu, j'acceptai très volontiers. Afin d'apporter ma pierre à cet hommage, il fut décidé que je jouerais mon spectacle, *Côté cœur, côté jardin*, qui retrace les grandes lignes de ma vie et de ma carrière, et dans lequel, forcément, je parle de Jean Cocteau et de Jean Marais.

Nini et Jo Pasquali rencontrèrent Jean Marais en 1976. Jeannot était alors en assez mauvais termes avec le fisc. Il faut dire qu'il avait une conception bien à lui de l'argent, une conception de poète, brûlant tout ce qu'il avait entre les mains. Quand il avait de l'argent, il lui filait entre les doigts. Avec cinq mille francs en poche, il laissait jusqu'à cinq cents francs au taxi pour une course de quarante francs ! Je le réprimandais souvent sur ce sujet délicat, lui demandant pour son propre bien-être de se montrer un peu plus regardant. Sa réponse était toujours la même, celle d'un prince : « L'argent ne m'intéresse pas. »

Il avait dû vendre sa maison de Marnes-la-Coquette et était alors dans une situation financière dramatique. Il décida de se retirer dans le Midi, abandonnant le cinéma et le théâtre qui ne le faisaient plus guère travailler pour se consacrer à la poterie et à la peinture. Grâce à l'argent que lui avait rapporté la vente de sa maison, il en acheta une nouvelle à Cabris, qui finalement s'avéra trop grande. Il avait sillonné Vallauris afin de dénicher un maître en poterie. L'artisan qui lui apprit le métier fut Jo, qui était potier. C'est ainsi que se noua une amitié à trois, entre Jeannot, Jo et son épouse, Nini.

Celle-ci ne tarda pas à comprendre le marasme dans lequel se trouvait Jean, et lui proposa de s'occuper de sa comptabilité et de la gestion de ses affaires. « Vous n'aurez plus le moindre souci d'impôt jusqu'à la fin de vos jours ! » lui jura-t-elle. Durant vingt ans, Jean Marais dut sa tranquillité à cette nouvelle et talentueuse intendante en chef.

En remerciement de tout ce que Jo et Nini avaient fait pour lui, il mit sa maison en viager. Ils héritèrent de la maison, ainsi que son appartement de Montmartre.

Je quittai donc le festival de Ramatuelle pour Vallauris, le 13 août, afin d'y jouer mon spectacle sous les meilleurs auspices : le 13 était en effet le chiffre porte-bonheur de Jean Marais, né en 1913.

Je rencontrai d'abord le maire, qui m'exposa les modalités du spectacle, le lieu, les lumières, etc. J'avais amené pour l'occasion mon propre ingénieur du son du festival de Ramatuelle, Jean-Louis ; son travail est toujours parfait, et sa présence me rassure.

Nous allâmes ensuite boire un verre chez Nini, dont la maison se trouve juste à côté de celle de Jean. Un petit chemin d'une dizaine de mètres serpente entre les taillis, jusqu'à sa demeure.

Je ne connaissais pas la maison de Nini, mais je m'y sentis très vite à mon aise. Les œuvres de Jean étaient omniprésentes. Nini me proposa d'aller visiter sa maison, qu'on appelle « Le Préau ».

Cette visite fut pour moi un véritable choc. La dernière fois que je l'avais vu, c'était dans ces lieux mêmes. Il était très fatigué. Nous avions bu un verre sous le préau de bois qui avait valu à la maison son nom : je revois encore la petite table sur le bord de la piscine de marbre, en forme de « J » comme Jean.

Il m'avait accompagné jusqu'à ma voiture, en peignoir éponge rouge. Il se traînait, la maladie le rongeait. Il était un peu gris, mal rasé, l'œil déjà ailleurs. Lorsqu'il me souhaita bonne route, avec un petit sourire, je sus que c'était la dernière fois que je le voyais.

Dans cette maison vide des effets personnels de Jeannot, la présence de son illustre propriétaire était encore palpable.

Dans le jardin, Nini me dit :

— Regarde comme ton rosier est beau !

Je me retournai, et vis un énorme rosier, celui-là même que j'avais donné à Jean. Il avait poussé de façon merveilleuse. Nini me raconta qu'il s'en occupait jalousement, interdisant à quiconque de porter la main sur lui, ne serait-ce que pour l'arroser. Dans ce moment d'émotion pure, ce majestueux rosier semblait me tendre les mains.

Carole Weisweiller m'avait invité le jour même à déjeuner chez elle, à Saint-Jean-Cap-Ferrat, où elle avait fait restaurer les fresques que jadis Jean Cocteau avait peintes. Jean fut l'ami de sa mère durant près de vingt ans, et Carole fut en quelque sorte la fille spirituelle de Cocteau. Il l'appelait affectueusement « la petite fille aux deux mains gauches », tant elle pouvait se montrer maladroite.

Lors du tournage des *Enfants terribles*, Jean recherchait un hôtel particulier. Nicole-Stéphane de Rothschild, nièce d'Alex et Francine Weisweiller, jouait dans le film le rôle de la fille. Elle proposa à Cocteau de demander à ses oncle et tante s'il était possible de tourner dans leur hôtel particulier. Alex et Francine acceptèrent bien volontiers, louèrent une bouchée de pain leur foyer, et participèrent même à la production : de cette complicité naquit leur amitié.

Francine était très élégante, fine et cultivée : Cocteau et elle devinrent très vite inséparables, durant près de vingt ans.

Pour remercier Francine de tant de bonheur et de son amitié, Jean embellit son intérieur de fresques merveilleuses.

Je n'avais pas mis les pieds dans cette maison depuis la mort de Cocteau. Rien n'y a changé, et pourtant tout est différent aujourd'hui. Sur le sol scintillent ses mosaïques, ses œuvres resplendissent aux murs, le grand salon est identique... mais Francine est à l'hôpital, très affaiblie par l'âge, et Jean est mort depuis quarante ans.

Nous déjeunâmes dans la salle à manger où jadis Francine et Jean partagèrent leurs repas de l'amitié. Carole, qui savait que je devais jouer mon spectacle (long de près de deux heures et demie !) le soir même, me proposa d'aller me reposer un peu.

Je m'allongeai donc sur un lit, dans une chambre à l'étage, et durant près de deux heures... impossible de fermer l'œil ! Car cette chambre, c'était celle de Cocteau, et ce lit, le sien aussi. Tout était resté en l'état : ses dessins aux murs, des cartes postales punaisées, des photos d'amis, etc.

Je suis toujours étonné de constater à quel point les murs, les pièces gardent l'ombre de leurs anciens propriétaires. Là, seul dans cette chambre, j'avais presque l'impression que Jean était avec moi, et que, bienveillamment penché sur moi, sur le bord de son lit, il me parlait. J'étais terrorisé à l'idée de le voir apparaître vraiment : je suis tellement bizarre que je m'attendais à tout moment que son fantôme surgisse de mon imagination si peu docile ! Heureusement, il n'apparut pas. Mais sa présence était bien là, et c'est ce qui m'empêcha de sombrer dans les bras de Morphée.

Le soir même, Jean Cocteau me donna la main et, bien que je n'eusse pas fermé l'œil, je me sentis plutôt en forme, pour le plus grand plaisir des mille spectateurs qui assistèrent à mon spectacle.

Souvent le hasard, ou le destin, fait bien les choses. Un matin, le téléphone sonne : Pierre-Henry Deleau, vieux copain, me propose d'aller parler de Jean Cocteau. Nous nous connaissons depuis trente ans, et il y a toujours eu chez lui cette soif de découverte de jeunes réalisateurs, de jeunes talents du monde entier. Il m'a confié qu'il était en train de lancer un nouveau festival qui prévoit de diffuser les adaptations cinématographiques de grandes œuvres littéraires, projections qui seraient accompagnées de rencontres entre réalisateurs, comédiens, auteurs, et bien sûr le public.

— Comme, cette année, nous rendons hommage à Jean Cocteau à l'occasion du quarantième anniversaire de sa mort, je me suis dit que ce serait merveilleux si tu voulais bien participer à mon festival, pour présenter *La Belle et la Bête*, que nous allons projeter le soir au palais des Congrès de Tours.

Je lui donnai immédiatement mon accord. Je fus très aimablement accueilli, et l'une des assistantes m'offrit d'aller visiter le lieu du tournage du film.

— La propriétaire du Manoir de la Belle a accepté d'ouvrir ses portes à deux cents invités pour une visite guidée. Voudriez-vous en être ?

Comment refuser une telle invitation ? J'étais comme un gosse qu'on emmène pour la première fois dans un parc d'attractions.

Le manoir s'appelle Rochecorbon. Nous fîmes quelques kilomètres au sortir de Tours et, au détour d'une route de campagne, le miracle : ce lieu magique où toutes les scènes se rapportant à Belle ont été tournées, ce manoir merveilleux avait été laissé tel quel ! Depuis 1945, rien n'a bougé.

Les propriétaires qui avaient loué le lieu à Cocteau avaient tout juste remplacé les ardoises du toit. Ils cédèrent par la suite ce petit château à l'actuelle propriétaire et feu son mari, qui n'y touchèrent guère plus. On peut encore voir le clou planté au mur, sur lequel était suspendue la cible en paille !

Cette maison date du XVe siècle. On raconte que Louis XI venait y prendre les eaux dans une source d'eau chaude, et que Jeanne d'Arc, sur le chemin qui l'amenait à Tours, s'y arrêta pour se désaltérer.

Cocteau avait cherché en vain le château de ses rêves, sillonnant toute la région, et commençait à montrer des signes de découragement, attristé à l'idée d'avoir à reconstituer le décor en studio. Au détour d'un chemin, il avait alors vu un tout petit portail, modeste et grinçant. En le poussant, sans même imaginer ce qui l'attendait derrière, il découvrit exactement ce qu'il avait durement cherché. Tout était comme il le désirait : le porche, les écuries, les communs, l'escalier en bois. « J'ai enfin trouvé ma maison ! » s'était-il exclamé.

Le tournage de *La Belle et la Bête* nécessita un an de préparation. Il débuta le 27 août 1945 et s'acheva le 4 janvier 1946. Entre ces deux dates, une multitude de problèmes retarda considérablement son bon déroulement. Cocteau commença le film avec deux anthrax à la poitrine, dus à des coups de soleil, et pour cette raison était sous morphine ; Jean Marais souffrait d'un furoncle à la cuisse qui l'empêcha de monter à cheval ; Mila Parély, renversée par le sien, un étalon quelque peu fougueux, eut deux côtes cassées.

Malgré ces désagréments, l'équipe était soudée et pleine d'allant. Mila Parély, Nane Germon et Michel

Auclair étaient, paraît-il, adorables, gais et volontaires. Marcel André, avec un enthousiasme hors du commun, faisait le grand écart entre le tournage et la pièce qu'il jouait à Paris, *Vient de paraître* d'Édouard Bourdet, avec Pierre Fresnay. Tous les jours, c'était pour lui la même farandole : départ à cinq heures du soir de Tours pour Paris, arrivée tout juste à l'heure au théâtre de la Michodière, et retour le lendemain aux aurores au manoir de Rochecorbon ! René Clément, conseiller technique du film, finissait quant à lui de tourner parallèlement *La Bataille du rail* en Bretagne !

Ils eurent d'énormes problèmes avec leur voisinage, un aéroport militaire dont s'échappait à toute heure un aéroplane, particulièrement bruyant... Ils rencontrèrent le colonel, lui demandant de faire son possible pour limiter les vols au-dessus de la propriété. Il n'y eut malheureusement pas d'amélioration sensible.

Les conditions météorologiques semblaient elles aussi s'être liguées contre eux : le temps qui, dans cette belle région de la Loire, change vite, poussait toute l'équipe à tourner aussi rapidement que lui. De plus, la guerre venait à peine de s'achever et la situation de la France était loin d'être enviable. Les groupes électrogènes tombaient en panne sans arrêt, les arcs étaient de piètre qualité et, lorsque tout marchait miraculeusement, un avion déchirait le ciel, sabotant la prise !

Ce qui nécessitait jour après jour le plus de préparation était l'impressionnant maquillage de Jean Marais. Celui-ci était très complexe : il fallait près de trois heures de travail. On déposait tout d'abord sur son visage un masque, puis on lui collait les poils de la Bête un à un ! Jean Marais ne tarda pas à développer de l'eczéma à cause des colles qu'on étalait sur tous les pores de son visage.

Après avoir, vaille que vaille, réalisé toutes les prises autour du château, l'équipe partit pour Joinville, où elle reconstitua la mare dans laquelle la Bête lape. Nous étions alors au lendemain de la guerre, dans l'une des banlieues les plus touchées et les plus sordides. Le décorateur Christian Bérard, appuyé par Cocteau, était certain que moins l'endroit aurait de poésie, plus la scène en aurait... et il avait parfaitement raison. Cocteau disait de lui : « Il parle, il parle, il dessine, il corrige : il apporte sa riche bousculade. Il imprime au luxe le sens le plus grave. »

Les dernières scènes furent tournées au studio de Saint-Maurice. Cocteau et Henri Alekan, le plus grand chef opérateur du cinéma français, s'y disputèrent beaucoup. Alekan, comme tout bon professionnel, avait tendance à vouloir trop « lécher » la photographie, alors que Cocteau, le poète, souhaitait une photo plus brute, moins esthétisante, comme un tableau de Vermeer, arguant que « la vérité et la réalité se contredisent ».

Cocteau raconte qu'on lui a un jour présenté une photo de lui pendant le tournage : « On me montre la photographie d'un vieux monsieur triste, qui regarde dans le vague : c'était moi. » C'est de son propre aveu, et non sans humour, en voyant cette photo qu'il sentit qu'il avait vieilli.

Jean a écrit des choses très belles qui correspondent parfaitement, à mon sens, à cette œuvre sublime : « Ne pas me mêler de poésie, elle doit venir d'elle-même. » « J'essaie de construire une table. À vous ensuite d'y manger, de l'interroger, ou d'en faire du feu. » Et le délicieux : « J'ai adapté un conte de fées sans fées. »

LES MONSTRES SACRÉS

Le mensonge blanchit les dents.
Marie Duplessis.

Marie Duplessis

Du Moyen Âge à aujourd'hui, les historiens se sont penchés sur la vie secrète des femmes qui faisaient commerce de leur corps – les dames de cœur entretenues sont parfois des reines, ou des filles de la rue en quête d'une existence meilleure –, les intrigues, les trahisons et souvent l'influence profonde du sexe féminin sur les hommes d'argent ou de pouvoir.

La première de ces femmes était la fameuse Dame aux camélias, Alphonsine « Marie » Duplessis. Je crois, pour avoir étudié son parcours romanesque, que Marie est l'une des figures les plus représentatives de ces aventurières, courtisanes et demi-mondaines de luxe des XIXe et XXe siècles.

Tout ce que Paris comptait alors d'hommes aurait donné jusqu'à sa chemise pour avoir ne serait-ce qu'un seul de ses regards ou de ses sourires. Elle habitait rue d'Antin. Guettant le lever tardif de Madame, une foule de messieurs se pressaient dans le vestibule, se demandant qui aurait le privilège de sortir avec elle le soir même. Des vieux très riches et des jeunes très beaux attendaient ainsi le réveil et le bon vouloir de la reine de Paris... Il arrivait parfois que la porte s'ouvre sur la sublime Dame aux camélias, qui disait aux messieurs marris :

« Messieurs, ce soir, je reste seule. Je veux que Paris me sache libre. »

Elle passait sa nuit au bal Mabille, sur les bords de la Seine. À cinq heures du matin, elle se rendait aux abattoirs des Halles alors qu'on ouvrait les bêtes, dont elle buvait le sang encore chaud, suivant les conseils de santé assez singuliers qu'on lui avait donnés. Elle rentrait se coucher à neuf heures du matin et se levait à quatre heures de l'après-midi.

Lorsqu'elle avait ses petits ennuis de femme, elle arrivait systématiquement en retard à l'opéra. Tous ses soupirants guettaient avec impatience sa loge encore vide. Au deuxième acte, son charmant visage y apparaissait, et toutes les épouses présentes d'enfoncer leurs doigts gantés dans les côtes de leurs maris, afin qu'ils se concentrent plus sur la scène, et moins sur la loge. Elle posait ses camélias sur le rebord de sa loge et, s'ils étaient rouges, tous savaient qu'il était inutile de penser à l'approcher !

Chaque matin, ses domestiques jetaient les camélias fanés de la veille pour les remplacer, comme tous les jours, par des camélias frais. Tous les enfants du quartier couraient alors sous ses fenêtres pour ramasser ces fleurs encore belles, mais plus du goût de Mlle Duplessis, et repartaient les offrir à leurs mères ou à leurs sœurs.

À sa mort, on mit aux enchères ses effets personnels, afin de recouvrer ses dettes : elle dépensait trois fois ce qu'on lui donnait. Les femmes s'arrachèrent ses sous-vêtements, cherchant ainsi à savoir ce que Marie Duplessis avait de plus qu'elles !

Alexandre Dumas fils, lorsqu'elle mourut, était à Marseille, de retour d'Algérie, colonie française. À Paris, on lui annonça la disparition, quelques jours auparavant, de celle qu'il aimait passionnément. Il ne voulut pas y croire et, fou de douleur, demanda qu'on l'exhume. On s'exécuta, et il dut se rendre à l'évidence.

Son mari fit changer son corps d'emplacement, et c'est au cimetière de Montmartre que Marie Duplessis est enterrée. Encore aujourd'hui, sa sépulture est fleurie : par *La Dame aux camélias*, par *La Traviata*, son mythe continue à vivre à travers les siècles.

Ses filles spirituelles n'étaient pas une génération de comédiennes. Elles étaient elles aussi des courtisanes. Au début du siècle, trois femmes se disputaient la première place : Liane de Pougy, la Belle Otéro et Cléo de Mérode, que j'ai connue grâce à Jacques Chazot, alors qu'elle avait quatre-vingt-dix ans.

Elles rivalisaient d'apprêts, d'apparat, d'esprit et d'amants, parmi lesquels on comptait les plus grands monarques et les plus importants hommes d'État de l'époque. On dit que les deux dômes de l'hôtel Négresco de Nice sont des répliques de la superbe poitrine de la Belle Otéro, qui mourut dans la misère.

Ces femmes sublimes, qui avaient richesse et pouvoir, paradoxalement le peuple ne les haïssait pas. Au contraire, il se tenait au courant des dernières folies de ces muses des puissants, et s'inquiétait de qui aurait la robe et les bijoux les plus rares et les plus chers.

Un soir de première à l'Opéra, toutes trois se présentèrent dans leurs plus beaux atours. Liane de Pougy arriva la première : elle était couverte de rubis. La Belle Otéro, quant à elle, était constellée de perles, de diamants et d'émeraudes. Enfin, Cléo apparut, dans une robe d'une élégance divine, mais sans la moindre pierre précieuse, la moindre gemme : sa femme de chambre trottinait sur ses pas, et, dans un pot de chambre, arborait ostensiblement la montagne de joyaux de sa maîtresse !

C'est par cette classe et ces crâneries, ce goût du luxe et cette volonté de fer, que Marie Bell, Marlène Dietrich et Elvire Popesco me semblent être les dignes descendantes de ces grandes dames.

Elvire Popesco

Durant mon service militaire, j'ai vu Elvire Popesco dans la pièce d'André Roussin, *Nina*. Elle avait demandé que son visage soit éclairé dès son entrée sur scène par un projecteur entouré de tulle rosé, afin que sa mine paraisse resplendissante. Comme au music-hall, une personne était chargée du maniement de cette mini-poursuite. Les deux partenaires d'Elvire finirent par considérer d'un assez mauvais œil ce caprice qui les laissait un peu dans l'ombre de la star. Pour la centième, ils prirent leur revanche, une vengeance somme toute bon enfant, tant il est vrai que les compères admiraient énormément Elvire. Quelle ne fut pas la surprise de cette dernière en les voyant arriver tous deux sur scène, une lampe électrique sur leur visage !

Elvire avait un tempérament véritablement volcanique, et elle multiplia les aventures, toutes sans lendemain, exception faite de Louis Verneuil, auteur qu'elle adora et qui malheureusement, pour cause de faillite, se suicida. Elle rencontra cependant un homme différent de tous ceux, fragiles et légers, pour ne pas dire inconsistants, qu'elle avait connus jusque-là : le comte de Foy. Très élégant, riche et de bonne famille, il jouait aux courses. Ils furent mari et femme durant près de trente ans, jusqu'à la mort du comte.

Elle avait une liaison officielle avec Hubert de Mallet, jeune acteur qui n'avait pas réussi et qui avait commencé sa vie comme play-boy. Le comte de Foy était au courant de cette relation, et ne s'en mortifiait pas. L'amant, quant à lui, savait rester à sa place, sans action d'éclat, conscient des règles de bienséance qui, en de telles circonstances, donnaient la prévalence à l'époux légitime... Belle époque en vérité, où cocu et amant ne se sautaient pas mutuellement à la gorge ! Elvire admirait beaucoup le comte de Foy, qui la protégeait, l'aimait, et pas seulement parce qu'elle était belle et connue. De cet amour, il s'était efforcé d'apporter des preuves irréfutables. Il demeura toujours une infinie tendresse et une belle complicité, dans les pires comme dans les meilleurs moments.

La jalousie d'Elvire était légendaire. Bien qu'elle et le comte n'entretinssent plus de rapports intimes, et malgré ses aventures, elle n'acceptait pas que son époux eût des petites amies. Le comte était chauve et rond, avec beaucoup de charme. Il brillait par un esprit, une culture et un sens raffiné de l'humour qui faisaient fondre bien des dames de l'époque. Lorsqu'elle apprenait que le comte avait pour projet de se rendre au Cercle avec des amis, pour y jouer, boire et rencontrer de charmantes demoiselles, elle prenait tous ses pantalons et les plongeait dans la baignoire. Le comte était contraint de passer la soirée chez eux !

Lorsque le comte sut qu'il avait un cancer, Elvire jouait *La Mamma au* théâtre Marigny. Je répétais alors *L'Hôtel du libre-échange* de Feydeau. Je me rendais tous les jours au théâtre, et, par l'habilleuse de Mme Popesco, j'avais des nouvelles du comte, dont l'état de santé ne faisait qu'empirer. Un vendredi, elle me dit :

— Le comte est au plus mal, et Mme Popesco est très inquiète.

En effet, il rendit l'âme le lendemain, au petit matin. Elle veilla bien évidemment la dépouille de son époux, et l'on annonça qu'elle ne jouerait pas le samedi soir. Elle téléphona le soir même à la caisse.

— Oh ! madame Popesco, c'est un vrai malheur, toutes nos condoléances...

— Oui, c'est terrible, j'ai perdu mon compagnon, mon ami. Il n'a pas souffert, mais c'est horrible, je me sens si seule.

Elle termina cette discussion par une simple question :

— À combien on est ?

— Quatre-vingt mille francs, madame.

— Tu as bien dit que la représentation était reportée parce que mon époux était décédé ?

— Oui, madame, bien sûr.

— Bien, ma petite, alors ne rembourse pas : reporte les places à un autre jour, mais ne rembourse pas.

Le lendemain, elle téléphona de nouveau, à deux heures de l'après-midi. Chaque dimanche, comme c'est très souvent le cas, elle jouait en matinée.

— Allô, Germaine ?

- Oh, madame, quel malheur, comme je vous plains... Demain, vous allez pouvoir profiter du jour de relâche et revenir mardi...

— Oui, Germaine, c'est vrai... Comme je suis malheureuse, si tu savais...

Et c'est le début d'une nouvelle discussion, guère plus enjouée que celle de la veille.

— Et à combien on est aujourd'hui ? demanda Elvire.

— Cent mille, madame.

Et Elvire, tout à trac :

— J'arrive !

Malgré son chagrin réel et profond, il avait fallu à peine plus de vingt-quatre heures à la bête de théâtre, au monstre sacré qu'elle était, pour se réveiller !

Elvire savait que son amant était quelque peu volage, et dans son dos courait à droite et à gauche. Elle avait demandé à l'une de ses secrétaires qui vivait dans le Théâtre de Paris de surveiller les filles qui s'approchaient d'Hubert. Un jour, celle-ci lui dit :

— Madame Popesco, je crois que votre ami est amoureux d'une danseuse du corps de ballet de la comédie musicale... Elle est belle, blonde et intelligente. Je crois même qu'il l'a mise enceinte.

On mena une petite enquête et, effectivement, la jeune danseuse était enceinte de deux mois.

Elvire réunit alors tout le théâtre, caissières, machinistes, électriciens, autour d'un cocktail-surprise. Hubert, mis au courant au dernier moment, s'étonna de cette extravagance, bien qu'il ne s'agît pas, loin s'en faut, du premier caprice d'Elvire. Tout ce petit monde se retrouva donc, sans trop savoir pourquoi, massé devant le buffet disposé sur la scène du Théâtre de Paris. Elvire leva sa flûte de champagne et déclara avec le plus grand naturel :

— Mesdames, messieurs, je suis heureuse de vous avoir conviés pour vous faire part du mariage de M. Hubert de Mallet...

Puis, désignant la jeune femme enceinte de ses œuvres :

— ... et de mademoiselle !

Hubert et la danseuse étaient évidemment amoureux, aussi il ne s'agissait pas d'un scandale, mais bien de la preuve éclatante du raffinement et de l'élégance d'Elvire.

Il lui arrivait cependant d'être cruelle, comme tout bon monstre sacré qui se respecte. Je jouais alors au Marigny et, un soir, Elvire me proposa d'aller dîner au théâtre, chez Hubert. Étaient présents Elvire, M. de Mallet, Mme de Mallet et votre serviteur. J'étais fasciné par le fait que, durant près de trente ans, Elvire et

Hubert avaient été amants et qu'ils vivaient maintenant tous deux, chacun de leur côté, dans le même lieu.

Le dîner était fort agréable. Alors que Mme de Mallet se levait pour aller chercher le plat de résistance, Elvire en profita pour me glisser à l'oreille :

— Tu vois, elle est gentille... À présent, c'est ma bonne.

C'était sa vengeance. La vengeance d'un monstre sacré !

Elvire était victime d'un trac épouvantable avant chaque représentation. Et plus le succès grandissait, plus son trac augmentait. Elle était tout bonnement terrifiée à l'idée de ne pas être à la hauteur des attentes du public. À chaque début de spectacle, c'étaient des insomnies, des crises d'angoisse, et des allées et venues incessantes aux toilettes. Avant les représentations, on pouvait assister à l'étrange ballet de son habilleuse, qui tenait à la main un quart de soldat en étain. Elvire, avant d'entrer en scène, n'avait ainsi qu'à se baisser pour les trois dernières gouttes précédant son entrée en scène !

La peur lui faisait parfois mélanger ses répliques, mais elle rétablissait toujours la situation avec brio : son talent et son métier lui permettaient de retomber sur ses pattes. C'était une véritable bête de scène, au sens propre comme au figuré. Il était très difficile de jouer avec elle parce que, sur scène, il n'y avait qu'elle ! Par sa présence, elle broyait littéralement ses partenaires, qui devenaient tous des ombres au service de la diva.

Elle avait une science profonde de la rupture de ton, une technique que Sophie Desmarets et Maria Pacôme partagent. Ce pouvoir de démarrer sur les chapeaux de roues pour changer de registre en un quart de seconde n'est pas donné à tout le monde.

Elvire n'avait aucun scrupule quant à sa popularité. Je l'ai vue une fois entrer sur scène comme jamais depuis je

© photo12.com

Les Innocents, très beau film d'André Téchiné, avec Sandrine Bonnaire, qui me valut un césar pour le meilleur second rôle. Je jouais un homosexuel alcoolique. J'adore les compositions.

© D.R.

Bruno. Je l'ai connu très jeune, j'essaie de suivre. Depuis vingt-cinq ans il supporte ma folle vie, je lui dois mon désir d'exister.

© D.R.

Arletty et Pierre Fresnay, sans commentaire…

© A.Quinto.

Quand j'étais jeune, je voulais être le nouveau Pierre Brasseur. Il y a déjà deux Brasseur, Claude et Alexandre, qui tiennent haut le flambeau de la famille.

© D.R.

Louis Jouvet, le « patron ». Un de mes grands regrets : ne pas l'avoir rencontré.

© D.R.

Colette, comme moi, aimait les chiens… et les chats.

© D.R.

Jules Berry. J'ai voulu l'imiter. Son génie a éclaté au cinéma, sa présence était unique au théâtre. Dans la vie, c'était un joueur. Il s'amusait avec l'argent et les femmes. Un jour, Dalio m'a donné la définition idéale de l'acteur, en pensant à Berry : « Quand il entrait en scène, on ne voyait que lui. On ne le voyait jamais sortir. »

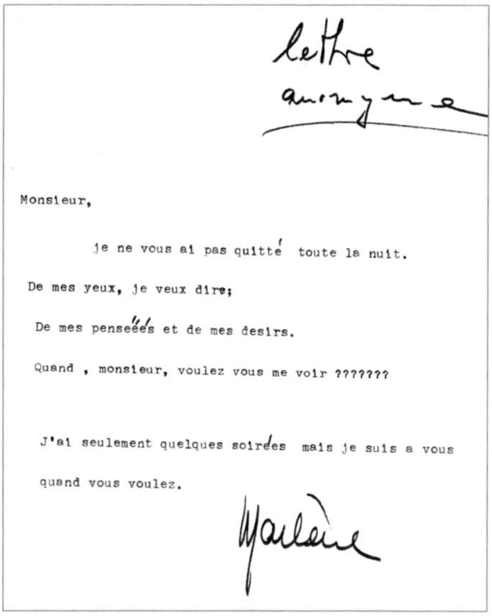

lettre anonyme

Monsieur,

je ne vous ai pas quitté toute la nuit.

De mes yeux, je veux dire;

De mes penseées et de mes desirs.

Quand , monsieur, voulez vous me voir ???????

J'ai seulement quelques soirées mais je suis a vous

quand vous voulez.

Marlène

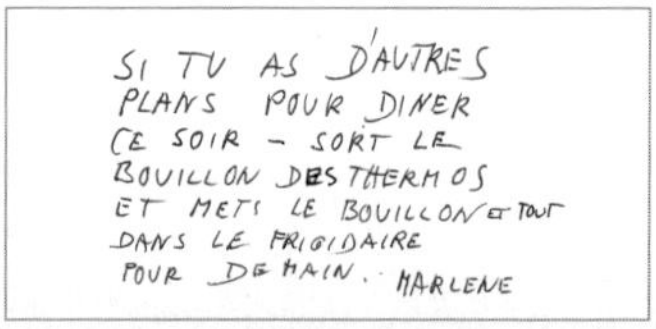

SI TU AS D'AUTRES
PLANS POUR DINER
CE SOIR - SORT LE
BOUILLON DES THERMOS
ET METS LE BOUILLON ET TOUT
DANS LE FRIGIDAIRE
POUR DEMAIN. MARLENE

© D.R.

Marlène, ma star préférée.

© Bernand

Micheline Presle fait partie des trois grâces, avec Danielle Darrieux et Michèle Morgan. J'ai joué avec elle cinq cents fois *La Puce à l'oreille,* et ce fut une partie de fou rire et de folie.

© Photo Pic

Elvire Popesco, la comtesse. Elle savait faire rire et pleurer.

© D.R.

Michèle Morgan a vraiment de beaux yeux, je le sais…

© D.R.

Danielle Darrieux, mon éternel amour.

© Bernand.

Marie Bell. Elle m'a tout appris au théâtre et m'a fait rire dans la vie.

© E.George.

Lino Ventura était mon père dans *Le Chemin des écoliers*. Depuis, il était devenu mon frère, un vrai ami.

© G.Beaume.

Jean Gabin. Tourner avec lui dans *L'Année sainte*, son dernier film : mon rêve se réalise.

© Richard de Grab.

Jean Cocteau, ma plus belle rencontre. Sa jeunesse, son esprit, son intelligence, sa modestie : tout éclaire aujourd'hui encore ma vie.

© D.R.

Ma marraine, Jeanne Moreau, et mon parrain, Jean Marais, inaugurent les Bouffes-Parisiens, mon théâtre.

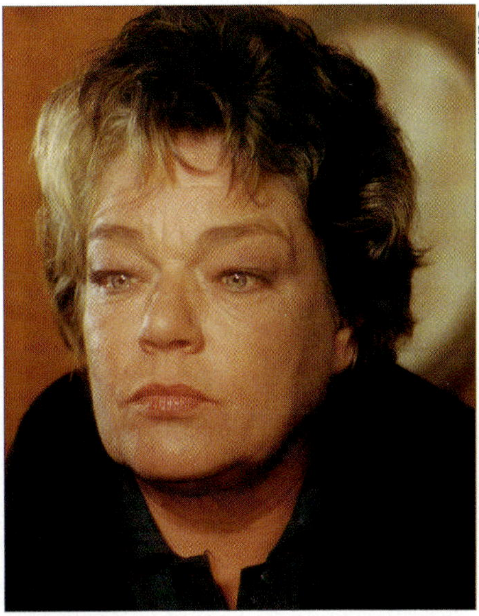

Le regard de Simone Signoret oscille entre le chat et la panthère.

Claudia Cardinale, ma sœur du soleil. Son sourire est sa crème de beauté.

Fabrice Luchini dans son premier film, *Le Genou de Claire*.

Jean-Louis Trintignant m'entraîne dans une comédie loufoque : *Le Maître nageur*.

La dernière photo de Romy. Comme elle était belle…

Un amour de pluie, avec Romy Schneider, devient un amour de soleil…

Mes copines dans ma loge au théâtre : Catherine et Romy, la blonde et la brune. Elles ne sont pas jumelles…

Églantine, mon premier film. Odile Versois et Jacques François, mes amis.

Déjeuner sur l'herbe pour le baptême d'Anthony Delon. Nathalie, Alain et Luchino Visconti.

Le mariage de notre héros national. Natty et Jean-Paul, et, derrière, Jean Rochefort, Jean-Pierre Marielle, Pierre Vernier et moi.

© D.R.

L'Oiseau rare, un beau souvenir. Micheline Presle, Jacqueline Maillan, Pierre Bertin, Barbara, Anny Duperey.

© D.R.

Églantine, mon premier film. Valentine Tessier, reine du théâtre de Giraudoux, devenait une grand-mère attendrissante. Les enfants ont grandi et Valentine reste dans mon cœur.

n'ai vu entrer quelqu'un. Acclamée par le public venu tout spécialement pour la voir ou la revoir jouer *La Mamma*, elle s'applaudissait elle-même en riant : « La voilà ! La voilà ! » Quand il lui arrivait de remarquer quatre places vides au deuxième rang d'orchestre, elle sortait de scène et demandait : « Pourquoi, il y a des morts ? »

Elvire n'aimait pas à proprement parler l'argent, elle aimait le dépenser. Elle faisait donc tout pour en gagner le plus possible, mais ne le gardait jamais trop longtemps. Elle était aussi généreuse que dépensière. Il y avait toujours chez elle une coupe en argent remplie de caviar. Elle avait une cave somptueuse, regorgeant de vins et de champagnes inouïs. Pour la cinq centième de *La Puce à l'oreille*, que j'avais jouée dans son théâtre, elle avait organisé une grande fête dans sa propriété de l'Oise, l'ancienne maison d'un des plus grands couturiers du début du XXe siècle, Paul Poiré. Celui-ci l'avait fait construire dans les années trente, peu avant sa ruine. C'était une immense maison quasi cubiste, avec une piscine souterraine, qu'Elvire avait habitée avec le comte de Foy. Le Tout-Paris avait été convié. On n'attendait plus qu'un invité mystère pour faire honneur au repas gargantuesque. Près de deux heures passèrent avant qu'apparaisse Antoine Pinay, alors ministre des Finances !

Ses excentricités, sa distinction, jusqu'à ses robes, presque toutes de couleur or, faisaient d'Elvire une vraie souveraine. Quel honneur lorsque je l'embrassais d'entendre systématiquement cette reine soupirer :

— Ah ! quel dommage... Quel dommage que je ne t'aie pas connu il y a quarante ans ! Je t'aurais mangé tout cru !

La dernière fois que je la vis, elle avait quatre-vingt-seize ans. Elle souffrait de la hanche, qu'elle avait refusé de faire opérer, et ne pouvait quasiment plus se déplacer seule. Son esprit, par contre, était intact. Deux dames polonaises s'occupaient d'elle. Elvire les appelaient « mes voleuses » ! Elles m'accueillirent à son rez-de-chaussée de l'avenue Foch, en blouse blanche, et me conduisirent au salon. Tout près d'Elvire, une petite table, et sur cette table le texte de *La Mamma*, toujours à portée de main. Elle me dit :

— Tu comprends, à mon âge, je révise... On ne sait jamais, si on m'appelle, il faut que je sois prête.

Elle n'avait pas besoin d'argent, mais se tenait prête à tout moment au cas où un producteur aurait eu l'idée de solliciter la quasi-centenaire qu'elle était pour monter à nouveau sa pièce fétiche !

Elvire s'est éteinte sans souffrir. Dès que je fus mis au courant de son décès, je m'empressai de lui apporter des roses. Sa fille la veillait. Elle ressemblait à sa mère, blonde, belle, bien que d'un certain âge (elle avait soixante-dix ans passés), et très aimable.

Accablé de tristesse, j'hésitais à voir sa dépouille mortelle. Je ne suis pas un grand amateur de cette coutume macabre qui consiste à observer le cadavre des êtres que l'on a aimés. Le premier que je dus affronter fut celui de l'aumônier général du Prytanée militaire, où j'ai passé une partie de mon enfance. Cette mort m'avait énormément impressionné. C'était un bon gros, gentil, qui ressemblait un peu à Jean XXIII. Je le revois mort, couché sur son lit, avec sa soutane aux petits boutons mauves, ses chaussettes de la même couleur et sa mentonnière, faite d'un mouchoir blanc noué d'une façon très burlesque sur sa tête, qui lui donnait l'air d'un Jeannot lapin. J'avais été très choqué par son visage crispé. Je ne comprenais pas comment un homme d'Église pouvait envisager de faire le grand voyage en arborant une telle grimace. « L'autre côté » ne devait donc pas être si drôle que ça... L'aspect de statue qu'il avait, ses mains blanches, son corps sans vie et l'odeur d'alcool qui régnait dans la pièce, tout cela me frappa profondément, et l'image de ce vieillard mort me hanta longtemps par la suite.

Quoi qu'il en soit, la fille d'Elvire sut me convaincre d'aller dire un dernier au revoir à sa mère que j'aimais tant. Elvire était allongée sur son lit, vêtue d'un déshabillé en dentelle et en satin. Elle était d'une beauté stupéfiante, paraissant avoir rajeuni d'une trentaine d'années, presque souriante, paisible comme si elle dormait. La mort est une chose si monstrueuse : la beauté et la sérénité d'Elvire semblaient vouloir nous consoler de sa perte.

— Vous l'avez vue ? me demanda sa fille.

— Oui... Comme votre mère est belle ! ne pus-je m'empêcher de répondre.

— Oui, elle est très belle. Maman était une femme très élégante. Elle nous a fait la politesse de partir en beauté.

Marlène Dietrich

J'étais très jeune lorsque j'ai rencontré Marlène Dietrich. J'avais à mes débuts un copain qui s'appelle Sacha Briquet, qui se vantait de la connaître et de la côtoyer. Je n'y croyais qu'à moitié, ce jeune homme me paraissant, comme beaucoup d'acteurs qui commencent leur carrière, légèrement mythomane... péché de jeunesse que de vouloir à tout prix se faire plus gros que le bœuf.

Un jour, il me dit que Marlène Dietrich m'avait vu dans un film et que, très intéressée par la Nouvelle Vague, elle serait ravie de me rencontrer. Prenant conscience que Sacha n'avait pas du tout affabulé, je fus très impressionné.

Je me rendis donc au 12 de l'avenue Montaigne, là où le monstre sacré habitait. Son appartement se trouvait au quatrième étage. Dans le salon, deux magnifiques Steinway à queue, tête-bêche, cadeaux qui lui avaient été offerts à l'issue d'un concert à Berlin-Est. On n'avait alors pas assez d'argent pour la payer en liquide, et c'est ainsi qu'on l'avait rémunérée.

Son salon donnait sur l'avenue Montaigne, avec une terrasse foisonnant de géraniums rouges, qu'elle adorait. Tout le long de la porte vitrée, des tréteaux portaient une table de bois blanc, sur laquelle étaient posées trois machines à écrire. Elle tenait à vérifier le moindre point de chacun de ses contrats, dans lesquels elle imposait ses exigences incroyables, voitures de maître avec vitres fumées et air conditionné, participation *sine qua non* de son habilleuse, de son chef d'orchestre, de son créateur de lumières. Tout était réglé au détail près, et elle lisait et relisait ses contrats afin d'être sûre que rien n'avait été oublié... Marlène était très dure envers les autres mais, avant tout, intransigeante envers elle-même.

Je remarquai, posée sur une petite table, une photographie d'elle, très belle et très sophistiquée. Elle portait une robe moulée sur ses superbes courbes comme une seconde peau, et étincelante de diamants. En dédicace, on pouvait lire de la main même de cette incroyable vamp : « Je sais aussi faire le pot-au-feu. » Nous devînmes vite amis.

Nous sortions ensemble, bavardions, et, assez souvent, elle me faisait de bons petits plats. Marlène avait trois spécialités culinaires : les écrevisses à la nage, le pot-au-feu, et la daube, dont elle avait tout spécialement appris la recette afin de faire plaisir à Jean Gabin, l'un des grands amours de sa vie, si ce n'est son grand amour.

Elle se levait tous les matins à six heures et demie, cirait elle-même son parquet avec de la paille de fer et de l'encaustique, et à huit heures elle était prête. Toujours en blanc, parfaitement coiffée, très légèrement maquillée.

Lorsqu'elle sortait pour quelque mondanité et que les photographes s'acharnaient à la photographier, elle les hélait :

— Pourquoi faites-vous deux cents photos ? N'en prenez qu'une... la plus mauvaise !

Marlène avait énormément d'humour et, même si elle avait conscience d'être un véritable monstre sacré, elle savait prendre du recul vis-à-vis de ce statut, avec toujours autant de finesse et d'esprit.

Au début de sa carrière, aucun producteur ne voulait d'elle. Joseph Sternberg s'était un jour indigné contre tous ceux qui prétendaient qu'il avait « fait » Marlène Dietrich dans *L'Ange bleu*. « Je ne l'ai pas faite, je n'ai fait que théâtraliser tout ce qu'elle avait de beau. »

C'est l'amour de cet homme qui sut révéler la beauté profonde de cette superbe fille qui, en l'espace de douze jours à peine, devint la coqueluche de toute l'Europe, avant de conquérir l'Amérique en une semaine, accédant à ce piédestal de star absolue dont elle ne descendit jamais.

J'ai déjà raconté dans mon premier livre, *Le Ruisseau des Singes*, comment j'avais invité Marlène, seule, un 31 décembre, à réveillonner chez mon amie Yvonne Bernardet.

Celle-ci reçut le lendemain un énorme bouquet de fleurs de sa part, la remerciant de cette soirée de réveillon.

Particulièrement enthousiasmée par cette rencontre, Yvonne me dit qu'elle aimerait organiser un dîner avec

Marlène Dietrich et Marie Bell. Je lui répondis que je n'étais pas Georges Cravenne, et que je ne lui garantissais pas de pouvoir réunir les deux « monstresses » à la fois. J'invitai cependant les deux grandes dames : réponse affirmative de part et d'autre.

Tout cela se passait peu après les événements de Mai 68. Le dîner fut excellent, les convives intelligents et discrets, deux qualités qu'il est rare de trouver ainsi associées. Marie Bell s'était cassé le fémur au cours d'une répétition de la pièce de Jean Cau, *Les Yeux crevés*, avec Alain Delon et Curd Jürgens. Elle était obligée de se déplacer avec une canne, et disait à qui voulait l'entendre que c'était Jürgens qui l'avait poussée dans les escaliers !

À la fin du dîner, « Bouboune » – surnom que j'avais donné à Yvonne, femme d'action, éditrice – présenta aux invités la maquette d'un livre regroupant toutes les inscriptions et les slogans étudiants de Mai 68, ainsi que des photographies magnifiques des manifestations et des altercations des jeunes avec les forces de l'ordre.

Dans cet album, il y avait une photo de Madeleine Renaud haranguant la foule sur la scène de son théâtre, l'actuel théâtre de l'Odéon, qui s'appelait alors le Théâtre de France. L'image était pathétique, dans le sens le plus noble du terme. Madeleine avait le même âge que Marlène et Marie, mais la dureté de la photo la vieillissait encore, lui donnant des airs de pythie échevelée tentant de sauver le théâtre de Jean-Louis Barrault. Les étudiants voulaient déloger tout ce beau monde, et Madeleine tentait d'apaiser les foules, criant aux jeunes en colère qu'elle et ses compagnons n'étaient pas contre eux mais avec eux – paroles qui, soit dit en passant, coûtèrent leurs places aux deux comédiens lorsque les événements connurent le déroulement que l'on sait. En effet, Malraux, furieux, les limogea en les accusant d'avoir encouragé les étudiants à envahir le Théâtre de France plutôt que de le protéger.

Sur cette photographie, Madeleine ne jouait plus la comédie, elle parlait avec son cœur : les masques étaient tombés, et c'est ce qui donnait force, dureté et vérité à ce témoignage.

On voyait très nettement ses mains expressives, qui par leurs rides profondes accusaient leur âge. Or, Marlène avait un petit problème de ce côté-là : à soixante-cinq ans passés, sa plastique féline était parfaite, en tous points, sauf ses mains. Elle racontait que c'était le froid et le gel de son Allemagne natale qui les avaient ainsi durement abîmées. On remarque d'ailleurs encore, en visionnant ses apparitions scéniques, qu'elle a toujours pris la précaution de se ganter ou de mettre, très gracieusement, ses mains derrière son dos durant ses tours de chant.

À la vue de la photo de Madeleine Renaud, Marie Bell, qui était un peu grise et qui la détestait (toutes deux avaient été rivales dès leurs débuts), ne put s'empêcher de dire :

— C'est terrible, cette photo ! Et ça confirme ce que j'ai toujours pensé : c'est aux mains des femmes qu'on voit leur âge.

Marie ne pouvait pas se douter du peu d'estime que Marlène avait pour ses propres mains. Elle n'avait lâché cette phrase que pour persifler sur Madeleine.

Mais Marlène prit cette remarque pour elle. De sa voix de fauve, calme et menaçante, elle eut alors cette phrase magistrale :

— Il est tard, nous devons rentrer : donnez-lui sa canne.

Sans commentaire.

Cocteau avait cette définition merveilleuse de Marlène Dietrich : « Son nom commence comme une caresse, et se termine comme un coup de cravache. »

Marlène fut un jour invitée à chanter à l'Espace Cardin par le grand couturier. Naturellement, elle demanda un cachet faramineux. Cardin accepta. Elle prétendit alors que son théâtre n'était pas un vrai théâtre, du fait de l'absence de rideau rouge, et qu'il était complètement inimaginable qu'elle chantât sans rideau rouge. Cardin fit faire un rideau de velours rouge. Elle imposa son habilleuse de Las Vegas, son chef d'orchestre de Londres, son éclairagiste, etc. Cardin lui passa tous ses caprices habituels en dépensant une véritable fortune. Elle fit trois représentations à guichets fermés : un triomphe.

Pierre Cardin, au cours de l'un de ses nombreux voyages, avait rencontré deux jeunes gens, un Coréen et un Chinois. L'un était prestidigitateur, l'autre contorsionniste. Il les avait chargés de la première partie du spectacle de Marlène. Celle-ci, grande dame, accepta de donner leur chance à ces deux jeunes artistes qui n'en étaient qu'à leurs débuts.

J'accompagnai Marlène le jour de la première. Une somptueuse voiture nous attendait, en bas de chez elle, avenue Montaigne, pour nous conduire jusqu'à l'Espace Cardin, à peine cent mètres plus loin !

Nous arrivâmes au théâtre, et je constatai que son maquillage laissait à désirer : le trait de l'œil n'était pas parfaitement droit, comme à son habitude.

— Tu t'es déjà maquillée ? demandai-je.

— Oui, me répondit-elle, ma fille m'a dit qu'on ne voyait pas grand-chose dans la loge des vedettes, le bunker, enfouie dans les dessous du théâtre, alors je me suis maquillée chez moi.

Je lui fis alors remarquer qu'il serait judicieux de jeter un dernier coup d'œil à son maquillage avec d'entrer en scène, de la façon la plus respectueuse qui soit. Elle avait beau être une amie, je craignais toujours de froisser le monstre sacré qu'elle était aussi, particulièrement à vif comme tous les gens de scène avant le début d'une représentation. Mais elle savait que je l'aimais comme amie et que je l'admirais comme artiste. Elle faisait toujours attention aux conseils délicats que je lui donnais.

Nous entrâmes dans la loge, en dessous de la scène, très vaste, mais ressemblant à un abri antiatomique. Je lui rappelai qu'il était inutile de se presser, du fait que les deux jeunes gens assuraient la première partie. La coiffeuse et la maquilleuse commencèrent leur ouvrage. Marlène était sublime, lovée dans un déshabillé de satin blanc. J'aperçus alors, nonchalamment posée sur le divan de la loge, la robe magique. Cette seconde peau étincelant de mille feux de diamants, que j'avais vue en photo la première fois que j'étais entré chez Marlène, cette robe de conte de fées qu'elle portait aussi simplement que si elle était nue, cette merveille était à trois pas de moi ! C'était sa tenue de scène ! Ça n'était pas une simple robe que l'on enfile avant d'affronter les feux de la rampe, elle était aussi légère et fine que du papier à cigarette, et l'habilleuse, avec d'infinies précautions, la cousait à même le corps de Marlène ! J'étais tout bonnement fasciné.

Elle se mit à boire du champagne, son péché mignon, me fit également trinquer, et trinquer encore. Je tâchais de réprimer un peu son ardeur.

— Écoute, Marlène, fais attention, tu vas rester plus d'une heure sur scène, tu vas chanter trente chansons, ne bois pas tant !

La salle était archicomble, et je crois que j'avais alors autant, si ce n'est plus, le trac qu'elle. Elle n'avait plus vingt ans, et je craignais les effets d'un petit verre de trop devant cette assistance impatiente de voir et d'entendre la diva.

Marlène décida d'aller saluer les jeunes artistes asiatiques avant leur numéro. Elle monta jusqu'à leurs loges, et, devant les jeunes gens, éberlués, qui en oubliaient de se maquiller, se présenta de la sorte :

— Je suis Marlène Dietrich, et je suis heureuse de passer avec vous.

C'était tout Marlène !

Durant toute la première partie, on entendit de sa loge les sifflements et les huées du public. Vous pensez bien que, malgré l'énorme talent de ces deux jeunes gens, le public ne venait que pour l'illustre Marlène Dietrich.

Arriva enfin la fin de leur calvaire. Une voix annonça dans les coulisses : « *Marlène on stage, five minutes.* »

Marlène avait bu une bouteille et demie de champagne, et elle était toujours aussi superbe. Je me rappelai alors les mots de Cocteau, qui résumait ainsi la différence entre les deux monstres sacrés rivaux : « Marlène Dietrich, c'est une sphinge. Greta Garbo, elle compte son linge. »

Elle me prit le bras, et nous nous dirigeâmes vers la scène. Marlène, comme à son habitude, avait tout vérifié, le moindre projecteur, le son. Elle avait elle-même balayé la scène !

Elle avait également l'habitude d'imposer sa scénographie : elle avait un réel talent de mise en scène. Elle avait ainsi exigé qu'une demi-douzaine de machinistes jettent des pétales de rose derrière elle, comme une traîne de fleurs, durant une chanson signée Gilbert Bécaud. Elle me demanda juste avant le spectacle :

— Est-ce que l'homme qui fait les pantalons (c'est ainsi qu'elle nommait très négligemment Pierre Cardin) a acheté les fleurs ?

Pierre Cardin avait fait venir de Rungis un plein camion de roses fraîches !

On annonça enfin l'Ange bleu.

— *And now, ladies and gentlemen... Miss Marlène Dietrich!*

Ovations et applaudissements à tout rompre, et la grande Marlène d'apparaître sur scène, au comble de la joie... et de l'ivresse aussi!

Je me rappellerai toute ma vie ce moment : elle se présenta à ses adorateurs, tentant par des déhanchés savants de trouver l'équilibre que l'alcool lui avait un peu ôté... et les gens dans la salle de répéter : « Quelle sensualité ! »

Elle attaqua la première chanson, avec sa voix magnifique, rauque et chaude. Tout se passa à merveille jusqu'à la dixième chanson, un flash brilla alors dans la salle. Il était stipulé dans son contrat, comme dans tous ses contrats de même type, qu'il était interdit de prendre des photos durant ses concerts, ce qui est parfaitement compréhensible : certains journalistes ne sont en effet pas tendres, et choisissent parfois sciemment les photos les moins gracieuses. Pierre Cardin avait interdit tout appareil photographique.

Aussitôt, elle fit baisser le rideau. Deux agents de sécurité se saisirent du photographe, et Pierre Cardin ne tarda pas à arriver sur les lieux du crime de lèse-majesté. La pellicule fut arrachée au prix d'une lutte assez violente. Une fois l'incident clos, je me précipitai sur la scène, derrière le rideau, où m'attendait un spectacle saisissant : Marlène, sous la rage et la colère, s'était transformée en véritable *Frau Goebbels*! Elle faisait les cent pas en jurant en allemand – sa langue maternelle qu'elle ne parlait jamais –, insultant le théâtre, Pierre Cardin, hurlant que les limites avaient été dépassées, et qu'il n'était pas question que le rideau se lève à nouveau!

J'ai passé de longues minutes à parlementer avec elle et, au bout d'une demi-heure, elle s'est laissé convaincre : après tout, c'était Paris qui l'acclamait et la désirait !

Le rideau s'est donc levé, elle s'est excusée et a expliqué l'incident au public, qui lui a fait une ovation monumentale. Tout rentra dans l'ordre, et elle reprit son tour de chant comme si rien ne s'était produit.

Elle ne voulait pas chanter le fameux « Lili Marlène ». « Pas de chant de guerre », disait-elle. Sous la pression admirative du public, elle finit malgré tout par le chanter : ce fut un triomphe absolu.

À la fin de son spectacle, de retour dans sa loge où des tonnes de bouquets, de télégrammes et de présents lui avaient été envoyés du monde entier, elle se changea et se démaquilla. Des dizaines de personnes se pressaient afin de la remercier : Marlène ne voulait rien entendre, elle ne souhaitait voir personne, pas même Michel Simon qui, tel un gros chat derrière la porte close, grognait pour pouvoir l'embrasser.

Tout ce beau monde finit par s'en aller, se disant qu'après tout cela n'était que partie remise. La baronne Marie-Hélène de Rothschild, femme délicieuse et fantastique mécène, avait en effet prévu avec l'accord de Marlène un dîner en son honneur, à la suite de son spectacle. Une liste de cent invités lui avait été soumise, et Marlène avait accepté.

Nous restâmes des heures dans la loge. Marlène, assez silencieuse, sirotait son champagne, en compagnie de son équipe et de votre serviteur. Je finis par lui rappeler son emploi du temps :

— Il ne faut plus trop tarder, Marlène, tu sais, tous tes amis doivent déjà t'attendre pour le dîner.

— Je n'y vais pas, répondit-elle laconiquement.

— Mais enfin, Marlène, tu ne peux pas faire ça, tout a déjà été organisé ! Cent convives, rends-toi compte !

Rien à faire.

— Non, je n'irai pas. Tous ces snobs m'ennuient, je suis trop fatiguée.

J'appelai donc, bien malgré moi, la baronne de Rothschild pour lui dire que Marlène était un peu souffrante, et qu'il serait plus sage pour elle de se ménager afin de pouvoir chanter le lendemain.

Marlène décida alors de s'inviter à L'Orangerie pour manger quelque chose. Il était malheureusement plus de deux heures du matin, et mon restaurant était fermé.

— Bon, qu'à cela ne tienne, dit-elle, on va chez moi, et je nous fais la cuisine.

— Marlène... tu viens de chanter trente chansons sur scène, il est pratiquement trois heures du matin, et tu veux encore faire la cuisine ?

— Pourquoi pas ?

Elle vissa sa casquette de marin sur sa tête, et me demanda de prendre les photographies posées sur le divan. C'était un paquet de photos d'elle, destinées à ses admirateurs. Nous sortîmes enfin, après avoir passé trois heures dans ce bunker. Dehors, une soixantaine de fans irréductibles l'attendaient. Durant plus d'une demi-heure, Marlène offrit à ces happy few tout son charme, toute sa générosité, distribuant les remerciements et les photos dédicacées avec une vraie gentillesse, un véritable amour pour ce public qui était tout pour elle.

Quand nous fûmes arrivés à son appartement de l'avenue Montaigne, elle prépara en un clin d'œil une grande omelette et une salade, avec un beau plateau de fromages. Il était quatre heures du matin, j'étais proche de la syncope, et elle était en pleine forme. Elle demanda alors à son chef d'orchestre de se mettre derrière l'un des deux Steinway. Il s'exécuta avec plaisir, et elle nous fit une hilarante imitation de Sylvie Vartan chantant « Comme un garçon ».

— C'est une chanson que Debout avait écrite pour moi et il l'a donnée à cette fille !...

La soirée s'est terminée à cinq heures du matin. Je suis rentré chez moi des étoiles plein les yeux, et j'ai sombré rapidement dans un sommeil bien mérité.

Le propriétaire du 12 avenue Montaigne a un jour décidé d'augmenter le loyer de façon tout à fait déraisonnable. Ne pouvant régler la somme, Marlène était menacée d'expulsion. Elle m'en parla, très offusquée, blessée dans son orgueil. La grande Marlène, qui avait toujours payé rubis sur l'ongle, très scrupuleuse quant aux échéances mensuelles, se voyait demander une fortune pour rester chez elle : c'était si absurde que cela ressemblait presque à du racket. J'appelai la mairie de Paris : nulle institution ne peut influer sur des affaires mettant aux prises deux particuliers ; cependant, la mairie et la préfecture parisiennes étaient tout à fait aptes à éviter une expulsion des plus grotesques. On finit par trouver un nouvel appartement, plus petit, derrière l'avenue Montaigne, qui donnait sur la rue.

À quatre-vingts ans, Marlène décida que personne ne la verrait plus, jamais. Elle était tombée dans une fosse d'orchestre en Australie. Diagnostic : fémur cassé. Elle rentra à Paris dans une chaise roulante. Quelque chose s'était à jamais brisé. Elle refusa de quitter son lit durant les dix dernières années de sa vie. Elle ne tolérait dans ses murs que Louis Bozon et sa concierge.

À la suite de la chute du mur de Berlin, elle accepta d'être interviewée. Maximilian Schell resta dans la cuisine, tandis qu'elle répondait à ses questions depuis son salon : il repartit sans même l'avoir vue. Elle avait touché un énorme cachet.

Bien avant la chute du Mur, elle avait voulu être enterrée en France. Elle avait alors adressé une lettre au général de Gaulle, lui demandant si elle pouvait, lorsque sa dernière heure aurait sonné, reposer en terre française. J'eus l'immense privilège de lire la réponse du grand homme, qui disait en substance qu'une si grande résistante, une si fidèle amie de la France, une si farouche ennemie du nazisme, n'avait à recevoir d'autorisation de personne pour être enterrée en France.

« Madame Dietrich, la France est votre pays ! »

Son attitude durant la Seconde Guerre mondiale avait été exemplaire. Hitler l'avait un jour invitée à venir le voir, et alors que bon nombre d'artistes, allemands comme français, auraient obéi sans hésiter, elle l'avait publiquement et brutalement éconduit. Je ne reviens pas sur sa participation active au soutien des forces alliées : tout le monde sait à quel point elle et son amant Jean Gabin s'engagèrent sur ce plan.

Pour son ultime demeure, elle avait jeté son dévolu sur un petit village de Normandie, région que Jean Gabin aimait particulièrement et qui fut le principal théâtre des opérations de la Libération. Elle avait opté pour cette bourgade car, à deux pas du cimetière, il y avait un très bon restaurant.

— Au moins, même si mes amis ne viennent pas pour moi, ils viendront bien pour manger !

À la suite de la chute du Mur, elle revint sur sa décision et choisit d'être enterrée à Berlin, au côté de sa mère.

À la toute fin de sa vie, après dix ans de réclusion volontaire, l'amertume et l'aigreur avaient fini par la rattraper. Sa fille publia une biographie assez sévère de Marlène, qui fit scandale par la façon dont les moindres détails de sa vie, même les moins avouables, y étaient dévoilés. Mais Marlène avait accepté cette biographie, soucieuse du bien-être matériel de sa fille.

Elle se refusait même au téléphone. Tant de fois j'ai essayé de l'appeler : aucune réponse à l'autre bout de la ligne. Pour moi, c'est comme si elle était morte à quatre-vingts ans. Morte physiquement à quatre-vingt-onze ans, morte au monde dix ans plus tôt.

Dans son testament, elle stipulait qu'elle désirait que cinq amis assistent à son enterrement : Gilbert Bécaud, Jean-Pierre Aumont, Jean-Jacques Debout, son imprésario Félix Marouani, et moi-même.

Sur son cercueil, trois drapeaux : français, américain et allemand.

La France a su honorer sa mémoire en offrant à Marlène Dietrich une place à Paris, qu'elle habita et qu'elle aima. J'ai été aimablement convié par Bertrand Delanoë à assister à l'inauguration de la nouvelle place Marlène-Dietrich, à la jonction de la rue Boissière, de la rue Hamelin et de la rue de Lubeck.

J'arrive avec trois malheureuses petites minutes de retard, et ne vois sur la place que deux policiers, occupés à ranger une barrière. Inquiet, je leur demande si l'inauguration a été reportée. « Pas du tout, me répondent-ils, elle vient de s'achever. » Estomaqué, je n'ai pu que répondre : « Eh bien, dites-moi, ça a été rapide ! — Oui, une minute trente, montre en main. »

Comme dans un film de Tati, une foule de sommités s'était réunie autour du maire qui avait aussitôt dévoilé la plaque de la place, avant de déserter les lieux.

Je décidai de me rendre au musée Galliera, où un buffet et un discours attendaient les convives. Ne me souvenant plus de son emplacement, je tombai sur le musée Guimet, où l'on put cependant me guider vers ma destination. Je retrouvai enfin mes amis, juste à temps pour le discours. Je vis soudain un colosse trancher dans la foule. Il me tendit la main en se présentant :

— Je suis le petit-fils de Marlène Dietrich.

Je me rappelai alors un petit garçon que j'avais vu un jour chez Marlène. Ce cher petit, frêle comme une plume, était à présent un homme robuste de quarante ans. Ce sont les enfants qui, en grandissant en âge et en sagesse, vous donnent la valeur du temps.

L'exposition concernant Marlène était véritablement sublime. Elle m'étonna par sa richesse et sa beauté, par la préciosité des vestiges de la vie de cette grande actrice qui y étaient présentés. Au cours de la visite, je ne pus m'empêcher de repenser aux discussions que nous avions eues, Marlène et moi, au sujet de ses effets personnels.

— Tu devrais donner telle robe à la Cinémathèque, tel costume à tel musée... lui disais-je.

Elle me répondait toujours par la même phrase :

— Je ne garde rien.

Je fis part de ces paroles à son petit-fils, qui me tira de l'erreur dans laquelle j'étais depuis des années.

— Mais pas du tout, Jean-Claude, bien au contraire. Marlène gardait tout ! Elle a laissé à sa mort deux énormes containers de fret remplis de toutes ses robes, tous ses manteaux, tous ses accessoires !

Depuis ses débuts en 1930, Marlène avait pris soin d'entreposer à ses frais tous les objets qu'elle avait utilisés sur les planches et devant les caméras.

Toutes ses robes étaient là, conçues par les plus grands couturiers, cousues par les mains les plus habiles de l'époque. La plupart avaient près de soixante-dix ans et semblaient tout juste sorties de leur papier de soie ! Parmi ses somptueux vêtements, je tombai en arrêt devant la robe magique de Marlène, cette seconde peau constellée de diamants qui, pour moi, restera à jamais associée à ma première rencontre avec la diva, ainsi que devant la cape d'hermine qui enveloppait le corps magique de cette impératrice étincelante.

Marie Bell

L'autre grande « monstresse » dont j'eus la chance d'être l'ami, c'est évidemment Marie Bell.

Durant mon service militaire, je profitai d'un jour de permission pour me rendre à Orange, afin d'assister à plusieurs *Britannicus.* J'étais très ému à l'idée de voir pour la seconde fois dans ma vie Jean Marais... si pétrifié de timidité que je n'osai même pas l'approcher à la fin de la pièce, de peur qu'il ne me reconnaisse pas.

Pour le jeune soldat que j'étais alors, le voyage à Orange était toute une aventure : prendre le train, réserver une chambre dans un hôtel inconnu, acheter sa place, tout cela en veillant bien à ne pas dilapider sa maigre solde ! Mes quelques sous me permirent d'avoir une place, mais si éloignée de la scène que je passai plus d'une heure, les yeux plissés, à admirer un Jean Marais réduit à quatre centimètres.

L'après-midi, j'ai profité d'un instant de distraction des agents de sécurité pour me faufiler près de la scène. Feignant de faire partie de l'équipe technique quand je croisais quelque regard soupçonneux, je pus assister à plusieurs répétitions. Pas trace de Jean Marais, mais, seule en scène, Marie Bell. Elle était toute petite, nez busqué, œil d'aigle et voix profonde. Elle ne déclamait pas le texte de Racine, elle ressemblait plus à mes lieutenants instructeurs qu'à une comédienne. Elle demandait avec majesté et une grande autorité ce qu'elle désirait : tels projecteurs de telles couleurs à tels endroits, l'emplacement des figurants, bien derrière elle, etc. Mais ses ordres n'avaient pas la dureté imbécile propre à certains gradés, on sentait que chacune de ses volontés était juste et fondée.

J'assistai donc le soir même à la représentation et, bien qu'elle aussi, de là où j'étais, parût minuscule, son talent éclaboussait jusqu'aux derniers rangs. Elle incarnait son personnage avec une rare justesse, campant une Agrippine à la fois possessive, femme de pouvoir intrigante, et profondément cruelle. Sa présence et son charisme me fascinèrent aussitôt. Surtout sa science consommée de la voix et de la diction, chaque vers de Racine qu'elle prononçait semblait en effet soudain naturel et spontané, c'était le contraire parfait de la scansion classique propre à la tragédie, où l'on chante de façon maniérée chaque pied de chaque hémistiche.

Le temps passa. J'étais déjà installé à Paris et, un soir, j'allai voir *La Bonne Soupe*, de Félicien Marceau. Je n'y allais pas pour Marie Bell mais pour Jeanne Moreau. Entre-temps, Marie Bell avait quitté la Comédie-Française pour fonder une troupe avec laquelle elle avait joué des tragédies, organisant des tournées internationales qui l'avaient amenée en URSS, aux États-Unis, au Royaume-Uni. Puis elle avait eu envie de revenir à Paris et d'y prouver qu'elle était une vraie comédienne, aussi talentueuse dans la tragédie que dans la comédie, dans les rôles traditionnels comme dans des pièces modernes. Elle avait elle-même convaincu Jeanne Moreau de jouer à ses côtés : leur association fut merveilleuse.

Pour la seconde fois, je fus ébloui par Marie Bell. Elle avait alors cinquante-neuf ans, et possédait encore un corps parfait. Son talent était époustouflant. Tout me poussait à essayer de rencontrer cet incroyable personnage. Je connaissais Édith Piaf, je connaissais Marlène Dietrich, mais je sentais qu'il y avait encore, en quelque sorte, de la place sur mon tableau de chasse pour un autre monstre sacré !

Marie n'avait peur de rien, elle était à l'aise partout. Je l'ai vue côtoyer les plus grands, des écrivains, des peintres, des princes. Quelle que soit l'importance ou le rang de l'autre, la reine, c'était elle, toujours. Elle savait quoi dire ou ne pas dire, elle jouait des silences comme d'une arme de charme. Elle savait aussi jouer de ses atouts : elle n'était pas très jolie mais avait un charme fou, une façon incomparable de bouger que lui avaient apportée des années de danse. Elle avait de l'élégance, de la grâce, et utilisait sa voix de façon merveilleuse. Elle avait des jambes magnifiques et s'habillait toujours de robes courtes. Elle avait de très belles épaules, qu'elle savait montrer quand il fallait. Elle n'aimait pas les rides, ses cheveux étaient toujours arrangés pour les masquer. Et tout cela avec un naturel confondant. Elle était un cocktail de candeur et de roublardise, si harmonieusement mêlées que c'en était un vrai plaisir. J'ai tant de souvenirs, d'anecdotes douces et amusantes avec Marie !

Ainsi, un jour, nous étions en tournée provinciale pour la pièce de Félicien Marceau, *Madame Princesse.* Après une représentation, une petite fille qui ressemblait à Louis XI, très vilaine mais très gentille, monta dans ma loge et me dit :

— Monsieur Brialy, mes parents et moi vous aimons beaucoup. Je suis la fille du préfet. Est-ce que cela vous ferait plaisir de dîner à la maison ?

— Je ne suis pas seul, dis-je pour me défiler. Je dîne avec Marie Bell tous les soirs.

— Mes parents adorent Marie Bell et cela serait bien qu'elle vienne aussi, me lança-t-elle alors.

— Allez le lui dire, cela serait élégant que vous l'invitiez.

Elle descendit et alla voir Marie Bell. Marie, de sa voix de tragédienne, hurla de sa loge :

— Chéri, le préfet me convie à souper, est-ce que tu veux venir ?

La situation était inversée !

Le préfet nous attendait dehors. C'était un homme élégant, cinquante-cinq ans, costume croisé, chauve, il était ouvert et sympathique.

— Je suis ravi que vous acceptiez cette invitation un peu cavalière...

Marie me glissa alors à l'oreille :

— Je monte avec le préfet, chéri. Tu nous suis.

Elle s'engouffra dans la voiture et la fille du préfet, « Louis XI », me déclara :

— J'attends une copine, nous irons avec vous.

Au bout d'un moment, je vis arriver une autre fille, le contraire de la première : « Louis XI » était maigrichonne, la copine ressemblait, elle, à Louis XVIII, une bonne grosse un peu pataude. Nous allâmes jusqu'à une villa tristounette, gardée par une armée de nains de jardin.

Le préfet et Marie nous attendaient devant la porte. Notre hôte nous pria d'entrer et nous tombâmes nez à nez avec une dame rondelette en robe pilou-pilou et charentaises, des bigoudis plein la tête, qui criait avec un nez bouché, gonflé comme une patate :

— Oh ! comme c'est gentil de me les avoir invités !

« Mon Dieu, où est-on arrivés ? » me demandai-je.

Nous entrâmes dans une salle de séjour pleine de meubles sans intérêt, recouverts de housses. Marie s'effondra dans une espèce de canapé énorme, un peu mou, les deux jambes à moitié en l'air. La grosse dame, très gentille mais nerveuse et excitée, courait dans tous les sens pour allumer les lampes les unes après les autres. Le préfet s'enquit de ce que nous voulions boire, et Marie répondit : du champagne. Il n'y en avait pas. Grand silence.

— Vous avez une bière ?

— Non, que l'été !

— Qu'avez-vous alors ?

— Du vin.

Il apporta une bouteille de la région, du vin blanc sucré, très sucré, et trois gâteaux secs dans une boîte en plastique. Ce n'était pas mauvais, mais un peu écœurant. Rien n'était préparé, pas de dîner à l'horizon, et je commençais à avoir une faim de loup. Je cherchais comment échapper à ce piège en me disant qu'à l'heure qu'il était, tous les restaurants devaient être fermés depuis longtemps ! La soirée s'annonçait désastreuse. Il nous restait une maigre chance de dénicher de quoi manger à condition de s'en aller tout de suite. Le temps de retrouver notre chemin, il fallait faire vite ! Je lançai un coup d'œil à Marie, qui d'emblée me comprit. La maison était laide, la bonne femme nous soûlait avec toutes ses questions sur Paris, il fallait faire quelque chose...

J'étais en train de chercher une solution quand soudain je vis Marie se lever, comme ça, tout d'un coup, et annoncer : « Il faut que je rentre, j'entends Françoise Sagan qui m'appelle au téléphone ! » Et hop, c'était parti. Grâce à Françoise, nous avons pu nous échapper. Le temps pour Marie de jeter dans une poubelle les cadeaux affreux que lui avaient fais les deux petits monstres, dessins abominables et sculptures infâmes de deux horribles chiens en pâte à modeler, et nous avons grimpés dans la voiture en direction de la ville pour aller souper.

Nous n'étions pas au bout de nos surprises. En pénétrant dans le restaurant, où nous étions entrés par la porte de derrière, celle de devant étant fermée à cause de l'heure tardive, nous tombâmes nez à nez avec deux paires de fesses nues ornées de quelques plumes ! En plein milieu de cette région tranquille, cela nous fit un choc ! En effet, le restaurant, nous l'ignorions, faisait également cabaret. Nous étions arrivés dans les coulisses, entre deux séances de strip-tease. Nous terminâmes rapidement cette soirée surréaliste en nous jetant sur une omelette inespérée.

Les visites étaient nombreuses dans sa loge, plus saugrenues les unes que les autres. Je me souviens d'un admirateur qui un jour insista pour entrer. Marie ne voulait voir personne. Son habilleuse, qui lui servait de cerbère, lui glissa alors à l'oreille cette phrase magnifique et criante de vérité :

— C'est un monsieur comme mademoiselle les aime bien, c'est un banquier !

Le visage de Marie changea du tout au tout. Elle demanda qu'on le fasse entrer bien vite. Et là, je vis s'avancer un petit monsieur chauve qui nous raconta qu'il revenait en France pour la première fois depuis la guerre, après une longue période passée en Amérique du Sud. J'imaginais évidemment le pire, ce type de séjour n'étant pas en général réservé au premier venu. Souvent les collaborateurs s'exilaient loin du pays et de la justice. Quelque vingt ans avaient passé et, arrivant à Paris, il tenait à ce que sa première visite soit pour Marie Bell. Il évoqua devant nous tout ce qu'elle avait joué au Français avant la guerre, énumérant les pièces les unes après les autres, citant des anecdotes précises, parfois même des dates, ce qui lui valait un coup d'œil furieux de Marie qui ne supportait pas qu'on lui parle de dates. Plus il s'exprimait, plus il s'agitait, plus il s'excitait. Je voyais bien que cette évocation du passé et de ses nombreuses aventures ne réjouissait pas Marie, qui avait en horreur qu'on lui rappelle le passé. Mais le type était tellement loquace, tellement emporté, qu'on ne pouvait rien faire. Au bout d'un moment, en plein milieu d'une phrase, il s'arrêta net et soupira :

— Je ne sais plus rien de votre vie, plus rien.

Elle lui demanda :

— Mais de quelle vie s'agit-il?
— De votre vie privée, bien sûr!
— Oh! mais c'est toujours la même!
Il eut l'air un peu surpris et reprit :
— Ah bon, alors toujours avec Victor Hugo?
Le lapsus nous cueillit tous les deux. Marie avait en effet eu une aventure avant la guerre avec Jean Hugo, l'arrière-petit-fils de Victor, qui était un décorateur et un grand peintre. Elle était assurément un peu âgée, mais de là à avoir eu une aventure avec Victor Hugo... Elle qui ne supportait pas qu'on la vieillisse, j'eus un instant peur de sa réaction, puis me lâchai totalement quand je l'entendis éclater de rire!

Au moment où nous étions arrivés en Suisse, Marie avait souhaité que notre chauffeur s'arrête quelques mètres avant la frontière. Quand il se fut exécuté, Marie m'enjoignit de descendre.
— Est-ce que tu sens? s'enquit-elle. Tu ne sens pas?
— Euh... Que devrais-je sentir? lui demandai-je, un peu décontenancé.
— La Suisse, ça sent la Suisse! Tu ne sens pas?
— Si, répondis-je alors, comme pour donner la réplique à ma partenaire. Ça sent bon la montagne, ça sent l'air pur, le chocolat!
Elle posa alors la main sur mon épaule et me dit, l'air radieux :
— Non. Ça sent le banquier!
Marie avait une véritable passion pour les banquiers, et pour tous les gens de pouvoir en général. Elle avait été la maîtresse d'Édouard Herriot, maire de Lyon et président du Conseil. Quand la Comédie-Française embêtait Marie, son amant n'avait qu'à intimer l'ordre à l'administrateur de retirer Mlle Bell du programme du mois. Et pendant ce mois, Marie l'accompagnait dans ses déplacements à l'étranger ou en province.

Elle avait coutume de me dire pour me faire rire : « J'ai eu, dans ma vie, deux amants merveilleux : Édouard Herriot et Greta Garbo. » Pour ne pas être en reste, je rétorquais : « Et moi, Ava Gardner et Noureïev ! »

Un jour, elle arbora une broche magnifique composée de saphirs, diamants et rubis, un drapeau français chic. Elle affirma que c'était le général de Gaulle qui la lui avait offerte pour services rendus au pays, elle avait fait de la résistance ambulancière (elle ne savait pas conduire), c'était soudain la Mata Hari du XXe siècle. Mais elle échappa au poteau d'exécution : Marie faisait du charme et on ne pouvait lui résister. Menteuse, mythomane, la mauvaise foi incarnée, elle s'envoyait des fleurs en tournée, faisait mine de s'étonner du nombre incroyable de ses admirateurs. Un autre jour, à Lausanne, elle reçut un ours en peluche géant, 1,80 mètre, superbe ! Je défis le paquet dans ma loge, aucune carte pour signer ce présent insolite. Je dus faire une enquête auprès des personnalités de l'endroit : personne. Sa maquilleuse m'avoua alors que c'était Marie qui en avait fait l'achat. L'ours fit la tournée dans le car, au côté du chauffeur, qui trouvait les actrices insolites, originales et enfantines.

Marie était très généreuse et, curieusement, elle ne laissa aucun souvenir à ses amis. Seule Cécile de Rothschild eut droit à une très belle statue en marbre, elle abandonna à son filleul ses trésors : tableaux de Picasso, dessins de Cocteau, et bijoux vrais et faux. Sa préférée, Françoise Sagan, son enfant chérie, fut couchée sur le testament : « J'aimerais, avait-elle écrit, qu'après ma mort mes cendres soient jetées au vent dans la propriété de Normandie, Equeville, de Françoise Sagan. » Marie avait horreur de la campagne, qui lui donnait le cafard. Elle aimait Equeville, le château de Françoise. Il y pleuvait souvent et, autour de la cheminée, les amis jouaient jour et nuit aux cartes et se moquaient du Tout-Paris avec cruauté et esprit. Marie ne fut pas incinérée, elle avait peur du feu...

Je te salue, Marie, tu étais unique.

Arletty

J'ai beau chercher, je ne trouve pas d'équivalent, de nos jours, à ce que fut Arletty. Pas seulement comme actrice, mais également en tant que personne. On pourrait évidemment évoquer Josiane Balasko, Muriel Robin, Jacqueline Maillan, Sophie Desmarets ou Maria Pacôme, qui est un cas elle aussi, ou encore Anémone, un personnage pour le moins extravagant. Souvent, les femmes comiques sont des lutteuses. Le rire est un art si difficile, si exigeant, qu'il nécessite une véritable force, un véritable acharnement. Chez Arletty, on trouvait cette force, mais alliée à une grâce, à un sens de la séduction féminine incomparables. Elle était très cultivée : elle a toujours lu énormément et, lorsqu'elle perdit l'usage de la vue, des amis vinrent chez elle lui faire la lecture.

Elle était issue d'un milieu très modeste. Sa mère était blanchisseuse – lingère, c'est plus joli, disait-elle –, son père, conducteur de tramways. Elle est née à Courbevoie, le 15 mai 1898 (un vrai Taureau !), et a passé une grande partie de sa jeunesse dans la rue. Elle affirmait avec beaucoup d'humour et de poésie que son premier miroir avait été la Seine. À seize ans, elle fut embauchée dans une usine d'obus, au cours de la guerre 1914-1918 ; et à la fin de la guerre, sa beauté et son charme la firent remarquer par Ripp, célèbre auteur de revues. Elle devint mannequin, en commençant par des petits engagements, avant d'être gagée par Mme Schiaparelli puis Mme Jeanne Lanvin. Ripp l'introduisit dans des revues aux Capucines et aux Bouffes-Parisiens. Son accent des faubourgs et sa singularité lui permirent bien vite de jouer au cinéma et de mener une carrière unique. Arletty fut l'une des rares artistes à entrer de son vivant dans la légende.

Henri Jeanson, qui admirait Jouvet et Arletty, avait apporté une attention toute particulière à l'écriture des dialogues d'*Hôtel du Nord* où les deux monstres sacrés se donnaient la réplique. Jean-Pierre Aumont et Annabella, les protagonistes, avaient des rôles conventionnels : des dialogues plats et un peu éteints. Il est vrai que les deux personnages étaient en or, et que Jouvet et Arletty en firent des merveilles. Sans oublier cette réplique, qui a fait le tour du monde et qui, encore aujourd'hui, reste présente à l'esprit de tous les Français, le fameux « Atmosphère, atmosphère, est-ce que j'ai une gueule d'atmosphère ? ».

Un soir, au cours d'un dîner, l'un de mes amis, intimidé, demanda à Arletty de lui dire, une énième fois, cette réplique sublime. Et Arletty, avec son incroyable élégance, de lui répondre majestueusement : « Je ne sais plus la dire, elle appartient au public. »

Cette réplique n'était pas dans le livre d'Eugène Dabit. Jeanson l'avait ajoutée au scénario et, dans un premier temps, Carné eut envie de la supprimer, pensant qu'elle ne voulait rien dire. Mais Jeanson insista et Arletty en fit une réplique culte, au même titre que le « Bizarre, bizarre, vous avez dit bizarre » de Jouvet ou le « T'as de beaux yeux, tu sais » du grand Gabin.

J'avais croisé Arletty sur le tournage d'un petit film auquel elle avait participé, principalement pour payer ses impôts, et j'avais eu cette chance unique qu'elle me prenne immédiatement en amitié. Elle devait avoir une soixantaine d'années, et jusqu'à la fin de sa vie nous restâmes amis.

Elle jouait *Les Monstres sacrés* de Cocteau, au théâtre des Ambassadeurs, au moment où le drame de son existence se produisit. L'un de ses yeux commençait à être fragile, rongé par un virus, et son médecin lui avait prescrit des gouttes. Un matin, au réveil, elle se trompa d'œil et mit les gouttes dans l'œil sain. Opérée par les plus grands spécialistes de l'époque, échappant à la mort au terme d'un coma, elle ne put jamais recouvrer l'usage de la vue.

Je n'ai jamais entendu Arletty se plaindre de son sort. Jamais elle ne se lamenta de sa cécité, acceptant cette épreuve de la vie avec une fierté et une distinction royales. Elle me parlait d'Ève Lavallière, qui eut le même accident.

Le bruit courait qu'elle était désargentée. Nous étions d'autant plus attentifs à ce problème que son handicap lui interdisait tout travail. Elle avait déménagé de son grand appartement pour un plus petit logement, au 14 de la rue de Rémusat : un modeste salon, une chambre, une cuisine et une salle de bains. Elle restait une grande partie de la journée sur son long canapé avec, à portée de main, un téléphone dont le cadran avait été tout spécialement conçu à son intention, où les numéros étaient suffisamment grands pour qu'elle puisse les lire à l'aide de sa loupe.

Chaque jour, elle se réveillait à quatre heures du matin, branchait immédiatement la radio pour écouter les nouvelles, passait de France Culture à France Inter dont les différentes émissions lui donnaient des idées de lecture, qu'elle soumettait aux amies fidèles qui venaient lui lire les ouvrages de son choix. Tous les matins, elle récitait des fables de La Fontaine. C'était comme des exercices de musculation de la mémoire, ces textes étaient pour elle comme la barre des danseuses.

Arletty avait un jugement sur tout, et toujours sans appel. Elle détestait les uniformes, sauf celui des pompiers, elle n'appréciait que les « rois fainéants », n'aimait pas plus Jeanne d'Arc que Napoléon ou de Gaulle. Elle était anarchiste, au même titre que son ami Prévert. Tous deux faisaient partie de cette classe d'individus libres et hors de tout système. Elle avait refusé la Légion d'honneur à Jack Lang avec qui nous avions déjeuné. Le jeune ministre lui avait fait très bonne impression (« Il est beau gosse, le ministre ! » avait-elle lâché en caressant son visage) et, lorsqu'il lui avait proposé cette décoration, elle avait aussitôt opposé un non poli mais catégorique.

C'est en politique que ses opinions étaient les plus tranchées. Elle avait été terriblement blessée à la Libération. Elle avait été emprisonnée, avait failli être tondue ; on l'avait humiliée en prétendant qu'elle avait couché avec un officier allemand, ce qui était tout à fait vrai, mais pour des raisons autres que celles que l'on avança alors. Tous deux s'étaient en effet connus vingt ans avant la Seconde Guerre. C'était un ancien amour qu'elle avait retrouvé. Évidemment, elle revit cet homme qui occupait un poste important à Paris, mais jamais Arlette ne dénonça personne. Au contraire, elle fit profiter ses camarades de ses relations privilégiées. Par exemple, grâce à son amant officier, elle aida Tristan Bernard, d'origine juive, à échapper à la Gestapo. Tristan avait eu à cette occasion un mot sublime, plein d'autodérision et de profonde amertume. Alors qu'on lui demandait s'il avait besoin de quelque chose, avant sa fuite, il répondit simplement : « Non. Peut-être un cache-nez. »

Arletty, face à l'adversité, ne perdait jamais sa force et son courage. Emprisonnée à Drancy, le gardien qui lui amenait sa pitance matinale lui lança :

— Alors, Léonie Bathiat, ça va ce matin ?

— Non... pas très résistante... dit-elle.

Au cours de son procès, elle se mura dans un mutisme total, écœurée par le traitement qu'on lui infligeait. Sa déchéance était en effet due en grande partie à des dénonciations de gens malintentionnés qui, bien plus qu'à cause de ses supposées positions politiques, cherchaient par jalousie à briser son immense popularité. Lorsque le président de la Cour lui demanda : « Mais enfin, madame, répondez : avez-vous eu, oui ou non, des relations avec cet officier nazi ? », Arletty, avec sa gouaille et son aplomb, lui répondit : « Je ne peux rien dire, monsieur le Président. Mon cœur est français, mais mon cul est international. »

Elle avait été éblouie par *Voyage au bout de la nuit* et avait rencontré Céline, qui était devenu un ami proche. Après la guerre, elle le soutint toujours, faisant fi du scandale qu'une amitié avec cet infréquentable ne manquait pas de susciter. Elle lui rendait très souvent visite, avant de perdre l'usage de la vue, et, dans la tanière de l'auteur maudit, passait de bons moments. Il était pour elle le plus grand auteur français du XXe siècle, et Céline de son côté ne l'admirait pas moins, tant comme personne que comme actrice.

Durant près de vingt ans, je suis allé la voir une fois par semaine dans son petit appartement, simple mais rempli de charme. Arletty avait une étagère qui lui servait de bibliothèque, quelques tableaux aux murs, une malle pleine de lettres et de vieux documents.

Nous allions déjeuner dans une brasserie près de chez elle. Elle adorait le bon bordeaux et les huîtres, et aimait manger avec les doigts. Il m'arrivait également de venir chez elle, un panier composé par le chef de L'Orangerie sous le bras. Je me sentais l'âme d'un Chaperon rouge.

Je veillais personnellement à ce que lui fût préparé tout ce qu'elle appréciait : du foie gras, du saumon fumé, des fromages, des salades de fruits, des tartes, et naturellement un peu de bordeaux, avec parfois en sus une bonne bouteille de champagne. Elle commentait toujours la qualité des produits que je lui apportais, tandis que nous savourions tous les deux ce charmant pique-nique. Elle faisait ensuite une sieste et, à dix-sept heures, on venait lui faire la lecture. Le soir, elle se contentait d'un petit potage frugal, avant de se coucher à vingt heures. Et dès quatre heures du matin, elle oscillait entre les émissions radiophoniques pour noctambules et un sommeil léger, jusqu'à ce que le jour se lève.

Je lui faisais toujours des remarques, au sujet d'une attitude assez fâcheuse dont elle ne voulut jamais se défaire. « Faites attention, Arlette, lui disais-je, vous êtes un peu trop imprudente. Vous laissez monter chez vous n'importe qui ! » En effet, on sonnait souvent à son interphone, et jamais, au grand jamais, même s'il s'agissait d'un inconnu, elle n'osait éconduire son hôte... surtout s'il s'agissait d'un jeune homme.

— J'ai appris que vous avez encore ouvert votre porte à un inconnu, Arlette, lui dis-je un jour. Vous vous mettez en danger, imaginez que vous tombiez sur quelqu'un de malintentionné !

Et elle me fit cette réplique délicieuse :

— Comment veux-tu que je résiste ? Je réponds à une voix charmante qui demande à me voir, je lui demande « Quel âge avez-vous ? – Vingt ans », et moi : « Qu'il monte ! »

Elle était ainsi, rayonnante, généreuse.

Malgré son patrimoine assez limité, c'était une femme de luxe. Elle aimait les belles et les bonnes choses. Ses amis fortunés lui envoyaient les meilleurs bordeaux, les meilleurs cafés (boisson qu'elle adorait, et pour laquelle

elle était très exigeante). Elle détestait par-dessus tout ce qui était « toc ». Elle était toujours impeccablement mise, vêtue de blanc. Alaïa, le grand couturier, idolâtrait Arletty, et très fréquemment il lui apportait un pantalon, un chemisier, des chaussures issus de ses collections.

Je me rappelle encore le ton enjoué que prenait sa voix quand je me présentais, cette volonté de ne pas se montrer diminuée ou tracassée à mes yeux. Je montais au quatrième étage, essuyais respectueusement mes semelles sur le paillasson où l'on lisait un énorme « A », et Arletty m'accueillait, allongée sur son canapé.

— Je fais la Récamier, disait-elle.

Elle voulait alors que je lui raconte les potins de Paris, les films qui se préparaient, les émissions que l'on avait vues ou auxquelles on avait participé, les gens que l'on avait rencontrés.

Je me souviens qu'un jour elle m'informa qu'on voulait détruire l'hôtel du Nord. Un promoteur avait acheté ce bâtiment, et avait décidé de profiter de son emplacement merveilleux pour y construire quelque chose de moins miteux que cet hôtel qui, certes, était légendaire, mais pour le moins décrépi. Scandale et protestations des habitants du quartier, des artistes, des journalistes, et de tout ce que le monde pouvait compter d'amoureux de Paris. On avait naturellement sollicité Arletty afin de faire pencher la balance. Elle était déjà un peu fatiguée, mais elle avait accepté pour le magazine *Jours de France* de poser avec moi face à l'hôtel du Nord, sur la fameuse passerelle. Je m'en souviendrai toute ma vie ! Le ciel était sombre, c'était un de ces cieux parisiens menaçants, d'une tristesse à peine supportable. Le photographe se lamentait sur la lumière terne et mélancolique. Moi, soucieux de la santé d'Arletty, je tâchais d'écourter la séance. La mort dans l'âme, le photographe s'apprêta à tirer son cliché. Et, à ce moment précis, un immense nuage se fendit en deux, et une brèche de soleil s'abattit sur la passerelle, comme un signe... Arletty, sentant la chaleur et la lumière, sourit aux cieux en disant : « Oh ! c'est Prévert qui nous dit bonjour ! »

Au cours des manifestations organisées contre la démolition de l'hôtel du Nord, ne pouvant se déplacer, elle avait fait de moi son chevalier servant, le héraut de cette cause qui lui tenait tant à cœur. Je me rendis donc devant l'hôtel, porteur de son message : là m'attendait une énorme foule, peu de presse française, surtout des Japonais, des Allemands, des Américains, bref, le monde entier se dressant contre la mort de l'hôtel du Nord.

Le soir, j'appelai le cabinet de Jacques Chirac, alors maire de Paris, afin de le prier, au nom d'Arletty, de faire tout ce qui était en son pouvoir pour sauver ce lieu magique. Dès le lendemain, son chef de cabinet me téléphona pour me dire qu'il avait fait part de ma requête au maire, qui en avait été sincèrement ému. Il allait faire en sorte d'inscrire au plus vite l'hôtel du Nord au registre des monuments nationaux, ce qui fut effectivement fait. La façade fut sauvée, ainsi que le café du rez-de-chaussée. Dans le reste du bâtiment, le promoteur put construire un nouvel ensemble, plus confortable.

Alors que j'étais en tournée, Arletty fit une mauvaise chute et se cassa le bras et le poignet. Elle avait quatre-vingt-treize ans. Elle fut immédiatement transportée dans une très bonne clinique, où elle fut remarquablement soignée. À mon retour, je perçus comme un changement. Elle s'était parfaitement remise de ses fractures, mais je sentais que tout allait moins bien. Elle commençait à perdre contact avec le monde, et s'en plaignait lorsqu'elle bénéficiait d'un moment de lucidité. Elle disait alors, plus lapidaire que jamais : « Il faut que je m'en aille, ça suffit, j'ai fait mon temps. »

J'allai jouer en province une pièce de Guitry. En traversant l'Auvergne, je m'extasiai sur le paysage vallonné et pensai à Arletty, dont la famille était originaire du Puy, et qui aimait ce pays. Soudain, une annonce à la radio brisa ma douce rêverie : Arletty était morte.

Ce qui restait d'elle fut éparpillé : ses lettres, sa correspondance avec Céline, des tableaux lui appartenant. J'ai eu la chance de sauver l'un de ses objets, dont elle m'avait fait cadeau : un exemplaire de *Des goûts et des couleurs* de Sacha Guitry, un peu rongé par les souris, avec une dédicace magnifique de l'auteur.

On a alors découvert, au grand étonnement de tous, qu'Arletty était loin d'être pauvre. Elle avait deux tableaux de valeur, l'un de Dunoyer de Segonzac, l'autre d'Utrillo, dans un coffre, et elle laissait à la banque une somme de près d'un million de francs. Ce furent ses nièces qui héritèrent. Au cours d'une vente de ses effets personnels, quelqu'un acheta son parapluie et me l'offrit. Je l'ai gardé depuis. C'est un parapluie de nylon, tout ce qu'il y a de plus ordinaire, avec en guise de pommeau une tête de cane, et qui n'a d'autre valeur qu'affective... mais, à mes yeux, quel trésor !

Je pense souvent à elle. Elle me manque énormément. Une discussion avec Arletty, c'était toujours une merveille. Elle n'était jamais à court d'histoires, inventait des formules et des expressions flamboyantes, assenait sans sourciller ses jugements sans appel...

Dépourvue de toute pitié pour celles et ceux qu'elle n'appréciait pas, elle portait un amour infini aux personnes qui lui étaient chères. Elle avait énormément de tendresse pour Michel Simon, Jacques Prévert, qui était son chouchou parmi tous, mais aussi Romy Schneider, sans oublier Barbara.

Je lui faisais parfois remarquer qu'elle était l'une des rares artistes à avoir eu la chance d'entrer de son vivant dans la légende, au même titre que Marlène Dietrich, Greta Garbo, Édith Piaf ou Marilyn Monroe. Ce qui l'a gardée en vie si longtemps, c'est sans doute, peut-être plus encore que sa joie de vivre et son sens du combat contre l'adversité, sa curiosité sans limites : elle s'intéressait à tout.

Elle adorait raconter une anecdote du tournage des *Enfants du paradis* :

— Le Jean-Louis était plus petit que moi... Vous souvenez-vous de cette scène où il m'embrasse ? Il était perché sur un petit cube pour être à ma hauteur. Et vous souvenez-vous de ce qu'il me disait ? « Paris est tout petit pour ceux qui s'aiment. »

Elle avait un sens aiguisé du secret. Elle ne parlait jamais de sa vie privée, restait muette sur ses histoires d'amour, sans pour autant faire de cachotteries. Elle n'abordait jamais le sujet, et moi, subjugué par ce charme que le mystère ne faisait qu'accroître, je n'osais la questionner, tremblant à l'idée de paraître discourtois à ses yeux.

Toute sa vie, elle garda son rire, ce rire magique de jeune fille. Chaque 1er janvier, je tenais à être le premier à lui souhaiter la bonne année, être le premier à entendre ce rire cristallin. J'appelais à huit heures du matin, sachant qu'elle était réveillée, et lui adressais mes meilleurs vœux de santé, d'amitié, d'amour, de longévité. Elle écoutait très respectueusement mon petit discours de circonstance, qu'elle concluait systématiquement par son vœu personnel le plus cher, qui ne changea jamais au cours des ans : « ... et que les cons meurent, et c'est pas demain ! »

« Et c'est pas demain », chère Arlette...

MES GRANDES AMITIÉS...

J'aime les hommes qui ont de l'avenir
et les femmes qui ont un passé.
Oscar WILDE.

Jeanne Moreau

Comment résister à la tentation de rajouter un bouquet de lauriers à ceux que j'ai déjà tressés, dans mon premier livre, sur le front de ma marraine de théâtre, Jeanne Moreau ?

Jeanne fait partie des femmes qui m'ont fasciné : Marie Bell, la Callas, Marlène Dietrich, Édith Piaf. Elle est la dernière de ces femmes extravagantes. Elle est le contraire de cette voix d'outre-tombe, rocailleuse, nasale, d'alcoolique ou enfumée que lui prête l'inimitable Laurent Gerra. Sa voix, c'est son âme, profonde, tendre, douce. Elle peut aussi être grave, légère, espiègle même, et soudain devenir cassante et distante ; sa voix est un violon à mille cordes.

Jeanne m'épate tous les jours, elle possède une espèce d'autorité évidente. Elle est petite, menue, et a ce regard de reine. Très intelligente, très cultivée, elle lit beaucoup, se renseigne. Curieuse, elle sait ce qui se passe dans le monde entier... Elle aime la jeunesse, déborde de volonté. Généreuse, elle prend la main des faibles.

Son instinct la guide vers la réussite. Elle a la fragilité d'une femme solitaire et méprise l'âge, elle parie sur l'avenir. Elle a oublié les ans. Non pas qu'elle fasse la coquette : elle ne joue jamais la jeune fille, elle est directe et a ce côté franc-parler qui bouscule parfois certaines personnes. Elle est toujours révoltée par l'injustice et garde la force et la passion de la jeunesse. Elle ne se laisse pas faire. Elle fut une des premières à signer pour l'avortement, avec Catherine Deneuve. Elle s'engage sur les problèmes de femme et pas seulement d'actrice, et devient terrible. Elle est très courtoise, jamais agressive. Elle a un sens inné de la diplomatie, de l'éducation... Mais quand elle n'est pas d'accord, ça se voit, quand elle n'est pas contente aussi. Elle ne se laisse pas impressionner.

Jeanne est devenue l'égérie de la Nouvelle Vague. Elle a apporté une sensualité, une liberté, bien avant 1968... Le film *Les Amants*, de Louis Malle, a été une petite révolution dans le cinéma. Certains ont voilé leur face, d'autres ont parlé de provocation : c'était tout simplement un film d'amour! Et puis ces rencontres, avec Losey, avec Antonioni, avec Truffaut bien sûr, et avec Louis Malle surtout – il a été l'homme qu'elle a le plus aimé dans sa vie.

Toujours active, toujours là où on ne l'attend pas, aux quatre coins du monde, de New York à New Delhi, elle remplit jusqu'aux antipodes ses fonctions d'ambassadrice du cinéma avec sa grâce inimitable. Elle qui ne correspondait pas aux canons de la beauté des années cinquante a réussi par son charme et son talent de comédienne à se hisser au rang d'icône, de sex-symbol de la Nouvelle Vague (notamment dans *Ascenseur pour l'écha-*

faud et *Les Amants*), au même titre qu'une Marilyn Monroe ou une Brigitte Bardot.

Son génie a véritablement explosé dans *L'Heure éblouissante*, au théâtre Antoine. Elle jouait aux côtés de Pierre Blanchar et de Suzanne Flon le rôle d'une jeune prostituée. Suzanne Flon tomba soudainement malade. La jeune Jeanne apprit le rôle et interpréta les deux personnages au cours des représentations qui suivirent. Par cette performance, cet incroyable tour de force que peu de comédiens sont à même de pouvoir réaliser, elle devint l'héroïne du Tout-Paris, la Jeanne d'Arc du théâtre, capable d'incarner une catin et une riche bourgeoise dans la même pièce. Suivirent *La Machine infernale*, *Pygmalion*, et tant d'autres chefs-d'œuvre dans lesquels elle brilla, confirmant ce talent que toute la profession, ainsi que le public, avaient définitivement consacré.

Elle a bien entendu rencontré des échecs, mais aucun n'a jamais pu ébranler ce caractère de battante, ce sens de la lutte, cette passion qui l'anime encore aujourd'hui.

Elle est l'une des rares comédiennes que je connaisse qui, au théâtre, regarde son public dans les yeux. Certains évitent ces regards inquisiteurs, d'autres comme Michel Serrault, par un jeu tout à fait exubérant, luttent contre leur angoisse. Jeanne, elle, comme un torero dans l'arène, fait face à la Bête. La scène est sa seconde maison, et même si parfois la peur la prend, elle la domine et sort toujours victorieuse.

Jeanne aime bien les gens qui ont le pouvoir, pour se servir d'eux et aider un projet retardé ou avorté, et elle obtient souvent un résultat. Elle possède l'arme la plus dangereuse, le charme. Elle a organisé au festival Premiers Plans un hommage à Bergman. Il lui a fallu beaucoup de coups de téléphone, de patience... Elle préside ce festival, dont je suis un des parrains avec Claude

Chabrol. Il est très réputé parce que y sont présentés des premiers films, courts et longs métrages, et qu'on y révèle des œuvres du monde entier. Un premier film, c'est comme une histoire d'amour, c'est toujours un morceau de son existence. Parfois c'est complètement raté, le metteur en scène veut raconter une histoire personnelle et qui n'intéresse personne. Parfois, au contraire, c'est la rencontre d'un sujet qui lui tient à cœur et qu'il exprime avec toute l'innocence, la pureté, la force, la violence de la jeunesse, et c'est toujours très passionnant. On a pu découvrir avec plaisir un film russe, un autre iranien, des réalisateurs inconnus mis en valeur et prometteurs.

Mes amis Bouvet Ladubay ont une très belle maison de vins, avec des caves somptueuses – on les visite en écoutant de la musique d'opéra et en admirant des sculptures modernes figées dans la roche. Cette belle entreprise existe depuis cent cinquante ans (elle est maintenant rattachée à une grande entreprise, Taittinger). C'était une maison de famille – comme souvent dans les industries de vins ou de champagne. Patrice Monmousseau l'a reprise il y a une trentaine d'années et en a fait une réussite. Ce géant bon vivant aime la vie, les femmes, le vin, et aussi les artistes. Il a installé un des musées les plus importants, une galerie d'art moderne qui est une des plus belles d'Europe, dans les salles voûtées. Tous les mois, des créateurs du monde entier viennent exposer leurs œuvres.

Je connais Patrice depuis plus de vingt-cinq ans et nous sommes devenus amis. Les collaborateurs sont généreux, gentils, et m'ont demandé de les aider pour deux choses. La première, c'est de monter ensemble les Journées nationales du livre et du vin, qui ont lieu trois jours par an à Saumur. Une cinquantaine d'écrivains célèbres débarquent par un train spécial pour faire la fête. C'est une manifestation nationale qui attire des milliers de gens. Des stands sont installés pour les signatures d'ouvrages et les rencontres avec un public attentif, chaleureux et jeune, des déjeuners très arrosés sont organisés dans les caves, où l'on s'amuse beaucoup, ou, mieux, des déjeuners sur l'herbe. Ce sont vraiment trois jours à la campagne très festifs et très conviviaux. Les wagons remplis de cochonnailles et de vins quittent la gare Montparnasse, le terminus est Candé, près du château où le duc et la duchesse de Windsor se sont mariés en exil. Ces Journées nationales du livre et du vin ont lieu au printemps.

La seconde chose qui nous unit est tout à fait charmante. M. Ladubay avait fait bâtir un théâtre de cent cinquante places pour ses ouvriers, afin de développer leur culture, ce qui est assez rare – un patron humaniste, généreux, intelligent. Il l'avait fait construire en 1890, et il était abandonné depuis quarante ans après avoir servi d'entrepôt pendant la guerre. C'était devenu une salle endormie. Ce lieu, rectangulaire, a beaucoup de charme. Avec un petit balcon accroché au premier étage, la scène est un prétexte au divertissement. Des fresques du début du siècle ornent les murs éclairés par des vasques. Patrice Monmousseau et ses amis ont décidé de rénover totalement ce théâtre, dont je suis le parrain avec Brigitte Fossey.

La maison Bouvet Ladubay organise traditionnellement un déjeuner avec le jury du festival Premiers Plans – Benoît Jacquot en était le président cette année. La belle Ornella Muti, légèrement découverte pour la saison, des producteurs, des musiciens avaient déjà fait leur choix dans les films qu'ils avaient vus pendant la semaine.

C'était en outre l'anniversaire de Jeanne Moreau. Au déjeuner offert en son honneur, j'ai retrouvé une vieille amie, Bibi Andersson, l'une des actrices favorites d'Ingmar Bergman avec sa sœur Harriet, et Gunnel Lindblom. Liv Ullmann n'était pas là parce que sa fille accouchait et qu'elle voulait rester auprès d'elle. Le repas a été très joyeux, grâce à Christophe Girard, représentant de la Culture à la Ville de Paris, qui a une maison de famille sur la Loire, et Jérôme Clément, le patron d'Arte, son voisin et celui de Chabrol.

L'après-midi, j'ai flâné sur les bords de la Loire pour rendre visite à des amis que je n'avais pas vus depuis longtemps et, le soir, je suis allé participer à la remise des prix. J'accompagnais Jeanne Moreau, qui prépare une école de cinéma à Angers. Elle a trouvé un lieu qui pourrait être assez grand, dont une partie est occupée par une maison de retraite. On peut y donner des cours, et Jeanne voudrait surtout que les étudiants puissent y loger, de manière à avoir des élèves accourus de l'Europe entière pour parler du cinéma, des acteurs, de la mise en scène.

Le cadeau fait par le festival au public a été le dernier film d'Ingmar Bergman, réalisé pour la télévision. Ingmar Bergman ne voulait pas qu'on le projette ailleurs qu'à la télévision suédoise, où il est passé le 9 décembre dernier. Sur l'insistance de Jeanne Moreau qui le connaît bien – elle a failli faire un film avec lui et ils sont amis – et sous l'influence des trois grâces qui étaient là, les trois interprètes de Bergman, il a accepté. Il faut dire que toutes les actrices de Bergman ont été ses maîtresses ou ses femmes, et elles ont toutes gardé des relations d'amitié entre elles et une dévotion pour lui. Il est un personnage assez cruel, terrible, égoïste, très intelligent et de génie – mais ce n'est pas facile de vivre avec les génies. Elles l'appellent tous les dimanches pour prendre des nouvelles. Il vit sur une île cachée, seul. Il partageait sa vie avec une femme plus jeune que lui, qui malheureusement est morte. Très bouleversé, il s'est recroquevillé et consacre son temps aux promenades, à la réflexion et à l'écriture – il refuse le monde. C'est magnifique de penser que cet homme de quatre-vingt-deux ans a réalisé un chef-d'œuvre. La jeunesse, l'invention, l'imagination, la tendresse, la cruauté, la façon dont il filme les visages – Liv Ullmann est d'une beauté extraordinaire ! Quel âge peut-elle avoir ? Cinquante ans, soixante ans ? Ça n'a pas d'importance – elle est d'une beauté, d'une sensibilité, d'une douceur...

Dans le film, ils sont quatre protagonistes. Il y a une jeune femme ravissante, avec un visage parfait, elle a l'air d'une petite Ophélie, sortie de l'eau, une petite sirène, avec du caractère et une violence incroyable ; et un grand-père, frère jumeau de Bergman, un homme bourru, misanthrope, qui vit retiré. Une de ses femmes décide d'aller lui rendre visite et lui téléphone, trente ans après. Lui n'y tient pas tellement, mais elle débarque. Il habite un chalet dans les bois complètement isolé. Une vieille gouvernante qu'on ne voit jamais s'occupe de lui. Il a la maladie de Parkinson, passe son temps dans son rocking-chair à observer la nature et écrit, c'est un poète. La scène des retrouvailles est très réussie : lui ronchon, désagréable ; elle le connaît par cœur et fait semblant de ne pas le remarquer, elle est heureuse simplement de le revoir. Le début du film, c'est l'installation progressive. Le vieux, apparemment insensible, revit. Il retrouve sa compagne, content qu'il y ait une présence, quelqu'un dans cette maison vide. Et en même temps... la vie du couple reprend avec ses différences, ses idées fixes. On discute, on boude, on se dispute.

C'est émouvant car tout est basé sur la tendresse. Ce vieux monsieur, remarié plusieurs fois, a un fils de soixante-cinq ans, violoncelliste raté, qui n'a jamais travaillé et vit de l'argent de son père. La mère est morte deux ans auparavant, cela a été un grand choc pour le père. Le fils habite un peu plus bas, seul avec sa fille. La mère de la petite est morte elle aussi, et sa photo revient comme une obsession ; elle avait l'air d'être quelqu'un d'austère, de triste. On découvre les rapports étranges entre le père (le fils du vieux) et la petite qui a dix-huit ans : il a reporté son amour pour sa femme sur sa fille. Leur histoire frôle l'inceste ; il a voulu la toucher, la caresser, peut-être la violer, elle s'est révoltée mais elle a peur de lui. Il est son professeur de violoncelle, et sur la musique ils se retrouvent, retrouvent leur complicité et leur amour. On conseille à cette petite, très douée : « Il faut que tu partes, que tu ailles au Conservatoire, donner des concerts, tu ne peux pas rester dans cette cabane perdue où ton père ne t'apportera plus rien, ne pourra pas développer ton talent. » Mais elle ne veut pas le quitter parce que, comme son père est fragile, elle redoute qu'il ne se suicide après son départ.

La situation posée, les personnages se croisent, se déchirent. Il y a à la fois des rapports d'amour, de violence et de force entre les parents et les enfants ; la domination, le sexe, la mort sont très présents, et Dieu... C'est vraiment un chef-d'œuvre absolu. Tout est beau, les images, les dialogues, la mise en scène fluctuante, légère. La technique, très élaborée, disparaît au profit des personnages. La caméra caresse les visages, s'envole comme un oiseau, c'est une symphonie. Le titre est *Saraband*, et les acteurs sont extraordinaires. Le vieux comme le fils – un homme qu'on sent usé, alcoolique, un peu fou. C'est un grand acteur de théâtre : il est fascinant. La petite... j'ai rarement vu une petite aussi jolie et aussi violente... Isabelle Adjani à dix-huit ans.

La projection a hypnotisé le public – beaucoup de jeunes. Je craignais de m'ennuyer, parfois je ne suis pas entré dans le monde abstrait du maître. Chez Bergman, les rapports de couple sont toujours très compliqués, très cérébraux... Je ne trouvais jamais beaucoup de sensualité – et c'est le contraire. Là, j'ai été envahi par la lumière, la nature et l'obsession de la vie qui s'en va, la fin du jour. On est tous partis – près de deux mille personnes – silencieux et bouleversés. C'était extraordinaire d'observer les gens qui quittaient la salle les larmes aux yeux et un léger sourire sur les lèvres. Un chef-d'œuvre absolu ! Jeanne était fière et très émue d'avoir convaincu son ami Ingmar, entouré de ces trois comédiennes suédoises – elles avaient l'air de surgir d'une pièce de Tchekhov. Elles avaient vu le film à la télévision (ça a été un événement national) et m'ont dit que sur un écran de télé c'était beau, mais qu'au cinéma tout prenait une grandeur fantastique.

La productrice nous a expliqué que c'est Bergman lui-même qui l'a appelée pour lui parler du film. Il avait pourtant juré de ne plus travailler, mais la solitude et surtout le désir de raconter encore une histoire, proche de lui, l'ont poussé à sortir de sa tanière. Elle a évidemment adoré le scénario. Les scénarios de Bergman sont vraiment des romans : tout est noté, à la fois les dialogues, la description des personnages, et les détails du décor. Liv Ullmann a accepté de jouer cette femme nostalgique, ce fut un cadeau. Bergman, homme secret, a prévenu la production : « Le décor est très simple : une table et deux chaises, et quatre acteurs. Mais comme ce sera mon dernier film, je vais être exigeant sur tout. » Ce qui signifie : « Je vais être intransigeant sur tout. » Et il paraît qu'il a été à la hauteur de sa réputation. Il est si méticuleux, si précis, si maniaque et pervers.

Le tournage a été assez dur, mais le résultat est tellement réussi et merveilleux que nous avons tous décidé de lui écrire. Jeanne la première lui a fait une lettre enthousiaste. Moi qui connais beaucoup de monde, il est une des rares personnalités que je n'ai jamais croisée sur mon chemin. Je lui ai envoyé un mot, d'abord pour lui dire toute l'admiration et l'éblouissement que j'ai eus à Angers et ensuite le supplier de laisser sortir le film au cinéma afin que d'autres que nous puissent en profiter. Au cinéma, on est de plus en plus souvent déçu, désarçonné par des films médiocres, mal joués, mal filmés, mal tournés, et, sous prétexte que la télé aide le cinéma – ce qui est juste et vital, il manque d'argent –, les gens bâclent souvent les scénarios et tournent vite, sans inspiration. Les premiers films sont presque toujours autobiographiques. Les amours, les amitiés, les séparations sont traitées avec naïveté. On s'ennuie, c'est bavard, plat, sans humour, c'est une composition française. En revanche, il y en a qui ont une sorte de génie, et qui prouvent après, comme Mathieu Kassovitz, qu'ils ont quelque chose dans la tête et dans le cœur. Ce soir-là, nous assistions à une grande leçon de cinéma, avec beaucoup de simplicité et de pureté. La jeunesse, enthousiaste, a reçu le message d'espoir de cet homme qui a déjà un pied sur l'autre rive. Il lui a parlé de la vie, de la mort, de la nature, des femmes, du couple, de la famille sans faire ni leçon ni morale.

Nous nous sommes retrouvés avec Jeanne, Bibi Andersson, Harriet et Gunnel Lindblom, très belle, une nouvelle Katharine Hepburn, des yeux bleu clair, un nez aquilin, une élégance naturelle...

J'ai écrit un billet doux à Liv Ullmann pour lui dire merci et la féliciter de ce charme et de ce travail qui a été sublimé par Bergman. Elle est dans la vie très séduisante, mais lorsqu'un metteur en scène porte un regard amoureux, plein de désir et d'admiration, sur une actrice, il la transcende. C'était très charmant de voir ces femmes rayonnantes, un peu les ambassadrices de Bergman, boire et rire en l'honneur du vieux loup solitaire et taciturne.

Jeanne Moreau l'a appelé le lendemain pour lui dire combien le film avait eu de succès, combien la qualité de la lumière et du son était parfaite, et qu'il ne fallait pas qu'il craigne de le montrer au cinéma. Au début il riait beaucoup, paraît-il, et au bout d'un quart d'heure il était ému d'entendre avec quelle sincérité et quelle émotion Jeanne parlait de son film au nom de nous tous et le suppliait de le laisser voir. Bien des gens font n'importe quoi pour exhiber leurs œuvres, sont prêts à toutes les bassesses, tous les compromis, et toujours ce sont des films sans intérêt. Et voilà un créateur parmi les plus grands vivant – Chaplin, Fellini, Renoir, Truffaut, Visconti, Rossellini, et aussi George Cukor, David Lean, tous ces génies ont disparu. Il reste encore, heureusement, des réalisateurs comme Coppola, Spielberg, Almodóvar, Kusturica ou Scola. Bergman, comme Charlie Chaplin ou Picasso, est dans son art au plus haut, et reste modeste et honnête, loin des fureurs de la richesse et du tapage médiatique. C'est très orgueilleux de dire : « Non, vous ne verrez pas mon film. » Ce film a été fait par un artiste, comme un artisan fabriquant un objet avec talent, brillance et beauté. Les compagnons du Tour de France, tant qu'ils n'avaient pas achevé un meuble, ne voulaient pas le montrer, et sans cesse sur le métier remettaient leur ouvrage. Ils attendaient le verdict de celui qui l'avait commandé et l'objet pouvait alors seulement être admiré.

Je ne peux m'empêcher de vous relater l'hommage que le festival de Cannes 2003 et tout le cinéma français firent à cette grande demoiselle, que j'ai la chance de compter parmi mes plus chères amies. Je garde une image d'elle miraculeuse : Vanessa Paradis est entrée sur scène pour chanter « J'ai la mémoire qui flanche ». Jeanne a d'abord écouté Vanessa qui était si jolie, une petite fée, pieds nus, traversant cette grande scène du Palais des Festivals... Et puis elle s'est levée, lui a pris les mains, Vanessa s'est agenouillée, et elles ont chanté ensemble. Et ça, c'était... ! Les gens étaient debout à l'acclamer.

Au cours de la cérémonie donnée en son honneur, elle a eu l'intelligence de s'entourer de douze jeunes actrices françaises, espoirs du cinéma hexagonal. Elles étaient tout à la fois intimidées et heureuses d'être, le temps d'une soirée, les frêles abeilles de cette reine magnifique qui allie si bien gentillesse et simplicité.

Simone Signoret

L'autre soir, je discutais avec l'un de mes garçons à L'Orangerie, un jeune homme sensible et discret, qui a la touchante habitude de déposer une fois par an des fleurs sur la tombe de Romy Schneider et de Barbara, le jour de leur anniversaire. Il m'a appris que la pierre tombale d'Édith Piaf, malgré les ans qui passent, est toujours aussi fleurie. « Par contre, m'a-t-il dit, il n'y avait pas une fleur sur celle de Montand et Signoret. »

En rentrant chez moi, le souvenir de Simone ne m'a pas quitté.

J'étais amoureux de cette comédienne. J'ai vu tous ses films, de *Manèges* à *La Vie devant soi*, en passant par *Casque d'or*, *Le Chat*, *La Veuve Couderc* avec Alain Delon, tous ces films qui ont marqué l'histoire du cinéma.

Ses yeux verts me subjuguaient. Ils pouvaient aussi bien refléter la douceur, la féminité, le charme, qu'une autorité si inflexible qu'elle faisait froid dans le dos. Simone était d'origine juive polonaise. Elle avait ce côté généreux et fantasque propre aux Slaves.

Elle avait commencé comme sténo-dactylo, avait connu l'amour pour la première fois dans les bras de Daniel Gélin, dans un petit hôtel de Saint-Germain-des-Prés, avait ensuite vécu avec Yves Allégret, avant, enfin, de connaître Yves Montand, qui devint jusqu'à son dernier soupir « son homme », comme elle le disait elle-même.

C'était « son homme » au sens le plus primaire, le plus animal du terme. Cette femme avait un homme comme une louve peut avoir un loup ou une lionne un lion. Sans rien perdre de son indépendance d'esprit et de son intelligence, elle lui appartenait corps et âme. Quand elle parlait de Montand, sa bouche, ses yeux, toute sa physionomie exprimaient l'amour. Sur le plan politique, c'est elle qui lui donna la main, lui ouvrant les yeux sur des réalités qu'il négligeait jusqu'alors : elle sut faire germer en lui une réflexion profonde et humaniste.

Tout me portait à croire qu'une relation amicale avec elle était impossible. Elle était très secrète et, surtout, elle avait son clan, dans lequel on n'était pas admis facilement. Jacques Prévert, Daniel Gélin, Costa-Gavras, Jorge Semprun, Yvan Levaï, François Périer, Bernard Kouchner, toutes ces personnes si différentes pouvaient s'enorgueillir d'avoir été choisies dans le cercle très fermé de ses amis.

Lors de la projection privée des *Cousins* de Chabrol, nombreux furent les invités. Les avant-premières de cette époque avaient vraiment de l'allure : on conviait des stars, des producteurs, des acteurs, des scénaristes afin de visionner le film, tout ce petit monde en parlait ensuite autour d'un buffet généreux. Malheureusement, cette tradition s'est perdue...

Chabrol me demanda de venir à la fin, pour « prendre la température » auprès des invités. C'est donc avec une certaine appréhension que je me rendis à cette soirée.

Même si je trouvais mes partenaires excellents dans le film, la mise en scène de Chabrol « épatante », comme disait Renoir, nous étions tous de parfaits inconnus, et les privilégiés de ce type de projection sont souvent impitoyables. À l'issue de la projection, alors que les invités buvaient un verre, je surpris des conversations très chaleureuses pour le film, des compliments sur les uns et les autres. Puis il y eut une apparition divine : Gérard Philipe. Lorsqu'il me vit, il vint à ma rencontre pour me complimenter sur ma prestation. C'était la récompense que j'avais toujours souhaitée, du fond de mon âme. Toutes les bonnes critiques, tous les trophées que je reçus par la suite ne me sont rien comparés à cet instant unique.

Encore tout émerveillé par cette rencontre, je tombai soudain nez à nez avec Simone Signoret et Yves Montand. Le regard de Simone me transperça le cœur. Douce, presque maternelle, elle s'approcha pour me remercier. Ses mots pouvaient paraître banals à une tierce personne, mais ils me bouleversèrent.

Après cette merveilleuse rencontre, j'eus envie de la revoir. J'allai l'applaudir au théâtre, dans *Les Sorcières de Salem*. Je jouais alors *Un dimanche à New York*. J'eus la chance un peu plus tard de dîner avec elle. C'est alors que se sont installées une sympathie et une confiance mutuelles.

Elle me trouvait gentil et drôle, je ne demandais pas mieux. Elle me témoignait toujours beaucoup de compréhension. Jamais elle ne me reprochait ma légèreté, jamais elle ne se permit de me faire la leçon sur des questions politiques ni ne me reprocha de ne pas être aussi engagé qu'elle. Elle me parlait naturellement de ce qui lui tenait à cœur, tel étudiant arrêté au Chili, tel journaliste tchèque déporté.

Très militante, elle avait un réseau qui la tenait constamment au courant des crimes commis dans les pays totalitaires. Elle se battait, avec les moyens qu'elle avait, pour dénoncer toutes ces atrocités, utilisait ses relations pour tenter d'alerter aussi bien l'opinion publique que les autorités démocratiques.

Elle avait été très proche du Parti communiste. Lorsque les crimes du régime soviétique furent exposés au grand jour, elle ne tarda pas à faire amende honorable, n'hésitant pas à reconnaître qu'elle s'était trompée. Elle était profondément sincère, tant dans ses choix politiques que dans sa façon de vivre et de travailler. C'est l'une des raisons pour lesquelles je la respectais et l'aimais.

Je l'aimais aussi parce qu'elle était amoureuse, amoureuse comme j'ai vu peu de femmes l'être. Tout ce que disait ou faisait Montand, qu'il dansât ou qu'il chantât, tout était parfait... tout, à part peut-être lorsqu'il jouait la comédie. Elle pouvait à ce sujet se montrer très dure envers lui, parce qu'elle savait qu'il avait un énorme potentiel, et parce qu'elle avait à cœur qu'il se donnât du mal pour le développer. Ce qu'il fit, comme on le sait, et avec quel succès !

Montand était un escroc du charme. C'était un merveilleux menteur, qui maniait la séduction et les belles paroles avec un art raffiné. Pris en tenailles entre sa réussite et ses opinions, il avait honte de gagner tant d'argent, de posséder un tel appartement, une belle maison à Auteuil, avec son petit théâtre où il répétait. Pour se donner bonne conscience, il avait fait de sa belle et grande piscine une piscine communale. Il avait une Ferrari, mais il la cachait, et conduisait sa 4 CV.

Là où il fit à mon sens une grossière erreur, ce fut lors de cette intervention télévisée, dans les années 1980, au cours de laquelle il demanda aux Français, face à la crise économique et à la récession, de se serrer la ceinture et de travailler plus dur encore. Faire la morale, c'est bien, mais il vaut mieux commencer par se l'appliquer à soi-même.

J'admirais aussi Simone Signoret, bien évidemment, pour son immense talent. Son tempérament d'actrice était, à mon avis, très proche de celui d'Anna Magnani. Elles avaient toutes les deux ce même amour de la vie et de leur métier, elles étaient des amoureuses totales, des félines passionnées qui se jetaient toutes griffes et tous crocs dehors sur quiconque s'approchait un peu trop de l'homme qu'elles aimaient. Simone, quand elle se montrait jalouse, était terrible... Elle en voulut longtemps à Jeanne Moreau, croyant qu'elle avait eu une aventure avec Montand, de même qu'à Romy Schneider, alors que rien ne s'était passé ni avec l'une ni avec l'autre.

À la suite de notre premier dîner, nous restâmes en contact, nous téléphonant régulièrement, et peu à peu se noua entre nous une très belle histoire d'amitié. Elle devint ce que j'appelle « mon gourou ». J'aimais son jugement qui, pour intransigeant et cruel qu'il pût paraître, était toujours lucide et vrai. Je l'invitais régulièrement aux filages de mes pièces, qu'on appelle aussi la « couturière ». Très gentiment, elle se déplaçait toujours, s'installait discrètement dans le fond de la salle, et restait silencieuse tout le long de la répétition. Nous allions ensuite boire un petit verre, et elle me confiait tout ce qu'elle avait ressenti.

Elle ne jouait ni à la maîtresse d'école, ni à la star prodiguant des conseils au petit jeune qui débute : comme une grande sœur, elle me donnait de précieuses recommandations, indiquant les moments où la mise en scène faiblissait, ceux où je gesticulais trop ou ne respirais pas assez, avalant mon texte ou le faisant trop traîner...

Je n'ai malheureusement jamais tourné à ses côtés. Cela a pourtant failli se faire... Un jour, par le plus grand des hasards, j'ai rencontré Maurice Pialat dans le métro. Devant son air bougon et mal luné, je n'ai pas osé m'approcher de lui; c'est lui qui, lorsqu'il me vit, vint vers moi. Il me confia alors qu'il avait un projet de film : « J'aimerais que vous fassiez le rôle du fils. Pour la mère, j'ai pensé demander à Simone Signoret. » J'étais doublement heureux de tourner avec Pialat et Signoret! Il m'envoya ensuite le scénario, une très belle histoire de rapports passionnels et violents entre une mère condamnée par le cancer et son fils qui ne supporte pas l'idée de la perdre. Quelque chose de très autobiographique pour Pialat. Malheureusement, après une longue réflexion et beaucoup d'hésitations, Simone Signoret refusa le rôle. Elle ne voulait pas que ses petits-enfants la voient diminuée au cinéma. « Ce n'est pas le souvenir que je veux qu'ils gardent de moi », finit-elle par nous dire. Le film se fit finalement sans nous, avec Monique Mélinand et Philippe Léotard. Il s'agissait de *La Gueule ouverte*, qui n'eut pas un grand succès commercial, mais qui est un beau film sombre.

Nous faillîmes également tourner avec Lelouch, qui avait un scénario tout à fait loufoque, l'histoire comique d'une grève de prostituées dans laquelle je devais camper un personnage de souteneur exploité par un supérieur hiérarchique, un « maquereau du chef »... Simone, quant à elle, devait jouer la dirigeante syndicale des péripatéticiennes! Malheureusement, le film ne vit jamais le jour. J'étais en train de préparer *Les Volets clos*, dont l'action se passe essentiellement dans une maison close, lorsque je reçus un coup de fil de Simone Signoret : « Écoute, j'ai lu par hasard ton scénario, que ma fille m'a prêté (j'avais demandé à Catherine Allégret de participer au film). J'aime beaucoup le personnage de la patronne du bordel, j'aimerais la jouer. » Hélas, j'avais demandé à Marie Bell d'incarner ce personnage, et elle avait déjà accepté. Moi qui n'avais pas osé, par respect, proposer ce rôle à Simone, je me mordis les doigts d'avoir été si timide.

En plus d'être une excellente comédienne, Simone était ce que les journalistes appellent « une bonne cliente ». Ses interventions médiatiques étaient toujours pleines de piment. Quand elle se rendait à une émission ou s'apprêtait à répondre aux questions des journalistes, elle disait qu'elle « allait faire les cuivres ». Ces passages de promotion, elle les appelait « le service après vente » !

Nous discutions un jour de *Paris Match*.

— Ne me parle pas de ce torchon ! me coupa-t-elle.

— C'est tout de même un bon journal, Simone, ils ont de très bons articles, des photographes formidables, argumentai-je.

Que n'avais-je pas fait là... Elle me foudroya de ses yeux aussi beaux que redoutables :

— Écoute, quand j'ai reçu mon oscar pour *Les Chemins de la haute ville*, j'ai eu cinq lignes dans *Match*. Quand Montand a couché avec Monroe, j'ai eu neuf pages. Alors ne me parle pas de cette presse-là !

Elle s'est confiée dans son livre, *La nostalgie n'est plus ce qu'elle était*, avec une plume belle et sensible. Elle y évoque Marilyn Monroe avec beaucoup d'élégance : elle dit ce qu'elle a à dire à ce sujet, mais le fait avec, au fond, de la tendresse et de la compassion pour Norma Jean, cette fille paumée qui, accidentellement, était devenue une star, et la maîtresse d'Yves Montand.

Lorsqu'elle tomba malade, j'allai la voir de plus en plus souvent, je lui envoyai des fleurs et des mots plus doux encore. Elle perdit progressivement la vue. La dernière fois que je la rencontrai, ce fut à la cérémonie des césars, au cours de laquelle elle remit le césar d'honneur à Orson Welles. Elle était vêtue comme souvent d'un tailleur strict, avec un beau chemisier blanc. Yves Montand lui tenait la main et la guidait. Elle craignait de ne pas pouvoir lire le nom du vainqueur : on l'avait écrit le plus gros possible.

Elle tourna une dernière fois pour la télévision avec Marcel Bluwal. Travailler, c'était son bonheur.

J'eus énormément de chagrin lors de sa disparition. Le Dr Léon Schwartzenberg, mon ami, compagnon de Marina Vlady, s'occupa de Simone jusqu'au bout. Montand tournait alors à Nice. Il avait profité d'un week-end pour venir la voir. Dès qu'il fut parti, comme si elle avait attendu ce dernier rendez-vous, elle rendit l'âme, un dimanche soir.

À chaque pièce que je joue, je ne peux m'empêcher de la chercher du regard, au fond de la salle : le fauteuil est vide. Elle me manque beaucoup.

Gérard Blain

L'absence est une torture. On cherche et on ne trouve pas, on appelle et on ne répond pas, on crie et c'est l'écho qui répond. Parfois, je fais machinalement le numéro de téléphone d'un copain et le répondeur est absent.

J'ai été profondément touché, et très égoïstement touché, par la mort de Gérard Blain, l'un de mes partenaires préférés, l'un de mes amis.

Gérard avait un caractère difficile, peut-être parce qu'il était né sous le signe du malheur. Toute sa révolte se lisait dans ses yeux, révolte qu'il tirait des souffrances qu'il avait endurées au cours de sa jeunesse. Son père était alcoolique, sa mère fragile : il fut mal aimé, abandonné à lui-même dès son plus jeune âge par ceux qui n'étaient qu'à peine ses parents.

Il avait commencé à travailler adolescent, et c'est l'année de ses quatorze ans qu'un drame atroce bouleversa définitivement sa vie. Lad à Maisons-Laffitte, il fut victime d'une agression. Il est toujours resté très secret sur ces sombres années mais, de ce presque viol, Gérard garda toute sa vie une terrible blessure qui jamais ne se referma. Il fit toujours montre d'une haine farouche envers les homosexuels, haine que je tentais de tempérer.

— Ça devient du racisme, lui disais-je. Tu n'as pas le droit de juger ainsi deux êtres qui s'aiment, sois indulgent, tends la main à ceux qui vivent leur passion dans l'ombre.

J'ai remarqué que l'on trouve, de façon assez inattendue, dans tous les films de Gérard le thème récurrent de l'homosexualité.

François Truffaut, lui aussi, prenait un peu de distance avec les homosexuels, mais pour des raisons bien différentes : il vouait un tel amour aux femmes que le contact masculin, ne serait-ce que pour une simple poignée de main, le dérangeait. Discret, il ne m'a jamais demandé avec qui je vivais. Sa pudeur l'en empêchait, et notre amitié était plus forte que n'importe quel jugement. Il savait que j'avais déjà fréquenté de jeunes et jolies femmes, et devait se rassurer avec humour en se disant : « Il n'est pas perdu pour tout le monde »...

Gérard Blain aimait le luxe, les belles voitures, les riches appartements, et c'est pour accéder à ce genre de choses qu'il entreprit la carrière d'acteur. En le voyant dans *Voici le temps des assassins*, de Julien Duvivier, je fus ému par sa prestation aux côtés de Jean Gabin et de Danièle Delorme. Je m'empressai aussitôt de le recommander à Claude Chabrol.

Quand Gérard m'a proposé de vivre chez lui, rue des Sablons, j'étais un peu embêté d'avoir à quitter le petit appartement que j'avais tant peiné à trouver. Il était assez modeste, mais c'était le premier endroit que je pouvais appeler « mon chez-moi ». Je connaissais le caractère de mon ami Gérard, et je lui avais dit très franchement que je n'étais pas sûr de pouvoir le supporter au jour le jour.

Malgré mes réticences, je finis par accepter. J'étais alors bien jeune et tout à la joie d'avoir acquis une notoriété qui, même si elle était encore loin de son zénith, brillait tant à mes yeux! J'informai la concierge de Gérard que j'allais vivre chez lui, et me gonflai, telle la grenouille de La Fontaine, en lui demandant de veiller scrupuleusement à me transmettre les nombreux pneumatiques et télégrammes que les plus grands réalisateurs, je n'en doutais pas un instant, ne tarderaient pas à me faire parvenir. La gardienne me toisa et m'avertit dans un soupir : « Il y en a eu deux avant vous, et elles sont parties. » Elle parlait d'Estella Blain et de Bernadette Lafont.

Parfois, Gérard me traînait voir sa voiture, qu'il chérissait comme un objet d'art. Elle était enfermée dans un garage, il ne s'en servait jamais, n'ayant pas assez d'argent pour subvenir à l'incroyable consommation d'essence. « On va lui dire bonjour? » disait-il. Et nous allions jusqu'au garage où il me mettait une peau de chamois dans les mains. Pendant que nous astiquions le bolide, une AC Bristol bleue, il me racontait la façon dont il le conduirait quand il en aurait les moyens.

Le matin, notre grand plaisir était de jouer aux 24 Heures du Mans. Gérard avait démonté le volant de sa voiture pour en installer un autre en bois, plus sport. Il conservait le volant de série à l'appartement. En me réveillant, j'allais mettre un disque sur le pick-up qu'il avait acheté et qui reproduisait un bruit infernal de course automobile. Je sautais ensuite dans son lit, on mettait les deux oreillers derrière nous, il prenait son casque, son volant, et c'était parti pour une demi-heure de fureur! Il pilotait le lit comme un malade, je poussais des hurlements de frayeur parce qu'il allait trop vite ou qu'il prenait les virages trop serrés. Chaque fois, on évitait l'accident de justesse, c'était un délire total ! Temps béni des gamineries innocentes...

Je l'ai véritablement aimé. J'aimais son mauvais caractère, son exigence, son humanisme. C'était un homme de cœur, généreux, d'une grande complexité. Il paraissait en perpétuel conflit avec lui-même, et cela rejaillissait sur les autres.

Lorsque j'ai tourné dans *Un homme de trop*, je l'ai recommandé à Costa-Gavras, qui m'a répondu : « Ah ! Blain... C'est difficile. Tu as raison, c'est un acteur magnifique, mais il a un caractère hargneux. Je ne peux pas le prendre. » Il a fallu que j'insiste, que je lui assure que Gérard resterait calme et sociable, et que j'en prenais la responsabilité.

Au début du film, Gérard se conduisit très civilement, avant de se mettre à égratigner une partie de l'équipe. Par exemple, il expliquait à Bruno Cremer comment il fallait jouer au dur. Il avait bien appris, disait-il, à John Wayne à tenir une winchester ! Bien vite, il fut fâché avec tout le monde, Costa-Gavras, Trintignant, Piccoli. Seul Charles Vanel semblait trouver grâce à ses yeux.

Juliette Gréco, qui était alors la compagne de Michel Piccoli, nous rendit un jour visite. Comme elle entrait dans la cantine, Gérard déclara haut et fort qu'il n'aimait pas les chanteuses qui se faisaient refaire le nez. Juliette, ravissante et d'une rare intelligence, ne releva pas. Son attitude finit par m'agacer. « Tu es vraiment une teigne, lui dis-je, excédé. Sois indulgent pour une fois ! J'ai promis à tout le monde que tu serais sympa, et tu as vu comment tu te comportes ? Qu'est-ce que tu cherches à la fin ? Pourquoi tu veux toujours blesser les autres ? On est dans les Cévennes, en train de tourner un film sur la Résistance, la fraternité et la trahison, tu peux bien faire l'effort pendant deux mois d'accepter les gens tels qu'ils sont. »

Il avait joué une pièce au théâtre Marigny, *Le Vélo devant la porte*, dans laquelle il donnait la réplique à Roger Hanin. Tous deux, pour des raisons personnelles, ne s'aimaient pas. Dans une scène, Roger Hanin devait faire glisser un revolver sur une table en direction de Gérard, en l'encourageant à s'en saisir et à s'en servir. Un dimanche, en matinée, Roger Hanin poussa l'arme un peu fort et elle tomba à terre. Gérard refusa catégoriquement l'humiliation de se baisser pour la ramasser. Imaginez donc, au beau milieu d'une pièce, deux comédiens se mesurant du regard, le rideau qui tombe et, alors que tous tentent d'apaiser les esprits, les insultes qui volent et le refus de continuer ! Il y eut un entracte imprévu...

Gérard pouvait être cruel, mais cela n'influait jamais sur ses qualités d'acteur. Son talent s'exprima également dans les très beaux films qu'il mit en scène, *Les Amis*, *Le Rebelle*, *Pierre et Djemila*, ou le dernier, *Jusqu'au bout de la nuit*. Il se considérait comme le disciple de Robert Bresson, qu'il appelait son « gourou » et auquel il rendait de temps en temps visite dans l'île Saint-Louis, afin de recueillir conseils et encouragements, tant professionnels que personnels.

L'alcoolisme, le cancer, la misère minèrent la dernière partie de sa vie. Je voulais l'aider, mais sa fierté et son honneur ne lui permettaient pas d'accepter une main tendue.

Il est mort le 18 décembre 2000. Loin de Paris, je n'ai pu assister à ses funérailles. Le ciel m'a aidé, je déteste tant accompagner les copains au cimetière.

Chantal de Beauregard, la fille du célèbre producteur Georges de Beauregard, m'a raconté qu'en allant fleurir la tombe de son père, au cimetière Montparnasse, elle était passée devant celle de Gérard. Pas de fleurs. Rien. Arrivée devant la dernière demeure de son père, Chantal n'a donc déposé que la moitié des fleurs qu'elle avait apportées, et s'est adressée ainsi à Georges : « Écoutez, papa, je vous demande pardon, je vous en prends la moitié, je vais la donner à notre ami Gérard qui n'a rien. »

J'ai dit que j'aimais Gérard. C'est vrai, j'avais un faible pour ce jeune homme blessé et révolté. Mais ce fut une amitié sans ambiguïté. Je le trouvais beau, charmant, et nous partagions une vraie complicité. Durant le tournage du *Beau Serge*, Bernadette Lafont, qu'il avait connue à Nîmes alors qu'elle n'avait que seize ans, rompit avec lui. Il la laissa seule au premier étage de la maison des grands-parents de Chabrol où nous logions, pour me rejoindre au second. Nous installâmes un deuxième lit dans ma chambre. Meurtri par cette rupture, il lui arrivait, la nuit, de venir pleurer de chagrin dans mes bras, comme un enfant.

Il me touchait par sa vérité, ce qui le rendait terriblement humain, plus humain que tant d'autres. Ce mélange d'innocence et de destruction dont il faisait parfois preuve, l'enfer et le paradis à la fois, sans masque ni concessions.

Les regrets ne ramènent jamais les morts. Gérard a laissé un grand vide dans mon cœur, autant pour ses défauts que pour ses qualités.

La mia famiglia italiana

En Italie, j'eus et j'ai des attaches amicales si fortes que certains de mes compagnons furent, et sont, ce que j'appelle ma famille italienne, *la mia famiglia italiana*.

Au cours du tournage de *La Notte brava* de Bolognini, je fis la connaissance d'un homme qui devint l'un de mes meilleurs amis, et qui est malheureusement mort il y a de cela sept ans. Il s'appelait Umberto Tirelli. Il venait du nord de l'Italie, d'une famille de vignerons. Sur une photographie que j'ai conservée, où on le voit enfant, on pressent déjà l'homme qu'il allait devenir : petit, rond, des yeux noirs très intenses, et animé d'une volonté à toute épreuve.

Ce gosse qui habitait la campagne rêvait de cinéma et de Rome. Son horizon fait de champs et d'usines ne l'intéressait pas : il aimait la nature et la terre, car il y était né, mais soupirait après les rues emplies de gens et l'effervescence de la capitale.

Se rendant bien vite compte que son physique ne lui faciliterait pas la tâche dans le métier d'acteur, il décida de devenir costumier. Sa timidité et ses complexes l'empêchaient tout autant de s'investir dans la carrière de réalisateur, de directeur de la photographie ou même de monteur. En revanche, il vouait une véritable passion à la mode, tout ce qui est tissu et élégance, haute couture et costumes d'époque.

Il monta à Rome, où il gagna sa vie en étant d'abord garçon de course dans un grand atelier de confection très réputé à l'époque. Il gravit peu à peu les échelons du métier : sa rapidité d'esprit et son intelligence lui permirent d'apprendre vite. Il rencontra un jeune garçon très réservé, contrairement à lui qui était devenu très extraverti et emporté, soucieux de montrer au monde entier qu'il existait. Celui-là s'appelait Piero Tosi, l'un des plus grands couturiers de cinéma. Ils devinrent amis.

Peu à peu se forma une sorte de clan, où l'on pouvait compter Bolognini, Piero Tosi, Tirelli, pour la confection, Zeffirelli, l'assistant de Luchino Visconti, Giorgio De Lullo, metteur en scène, et Romolo Valli, comédien.

Ces deux derniers étaient en quelque sorte les Jean-Louis Barrault du cinéma italien, deux êtres aux talents complémentaires, montant aussi bien des pièces classiques que modernes, Molière, Tchekhov, Pirandello, entre autres... Tous ces gens exceptionnels travaillaient ensemble, s'amusaient ensemble, et commençaient à gagner de l'argent.

Umberto, qui était un fils de la terre, connaissait la valeur de l'argent. Généreux, le cœur sur la main, il avait bien conscience qu'un minimum d'organisation était nécessaire. Il créa donc sa propre maison de confection de costumes. Très méticuleux et méthodique malgré son manque d'instruction scolaire, il avait appris en dix ans sur le tas ce que d'autres apprennent dans des écoles. Son charisme, son talent et son professionnalisme firent vite de lui une figure incontournable du cinéma italien. Il adorait tout autant les cancans, et ne perdait jamais une occasion de se renseigner sur la vie privée des sommités italiennes.

Respectueux envers ses ouvrières, il ne laissait pourtant rien passer dans ses ateliers : en véritable *duce*, il exigeait de son armée de petites mains une obéissance au doigt et à l'œil. Il se levait à cinq heures chaque matin, avalait un café avant d'arriver le premier à l'atelier, où il accueillait avec sévérité les retardataires. Sa maison prospéra et devint une référence.

Lors de ses fréquents passages à Paris, il ne partait jamais sans avoir fouiné aux Puces, revenant chez lui chargé de robes de style, de tissus et d'étoffes.

Il garda tous les costumes confectionnés par sa maison, du manteau de Louis II de Bavière brodé d'hermine aux robes de Romy Schneider, en passant par celles de Maria Callas dans *Médée*, et celles de Charlotte Rampling dans *Les Damnés*. Il restaura également un grand nombre de costumes d'époque. Tout était rangé et précieusement étiqueté. Grâce à lui, une fondation put ouvrir dans trois grandes villes d'Italie, Rome, Florence et Milan, des musées de la mode où l'on peut admirer ces véritables œuvres d'art.

Il réussit à s'infiltrer dans les milieux les plus chics de Rome, se voyant invité par des princesses, par les maires successifs de la ville, et, quel que soit l'endroit où il se trouvait, il restait égal à lui-même, à l'aise comme un poisson dans l'eau. Il savait nouer facilement des relations profondes, tout à fait désintéressées : il était l'ami de la famille Rothschild et celui d'Hubert de Givenchy. Nul ne pouvait s'empêcher de tomber amoureux de ce personnage hors du commun, toujours actif, gesticulant et hurlant la moindre de ses phrases, enveloppant cette suractivité continue de tout son humour et de toute sa générosité.

Umberto avait acheté une très jolie villa à Capri : c'était son paradis. Elle trône au sommet d'un somptueux jardin en espaliers, donnant sur une vue éblouissante de la mer. Il était fou de son jardin. Secondé par son jardinier, il plantait, soignait, greffait.

Il vouait une adoration à Visconti. Il avait réalisé un grand nombre de ses costumes. Tout ce qui sortait de la bouche ou du cerveau de Luchino était pour Umberto parole d'évangile ! Visconti, lui, était heureux d'avoir un tel admirateur avec lui.

Nous étions de vrais frères. J'aimais son tempérament de lutteur, son aplomb en toute circonstance. La générosité et la délicatesse étaient également deux de ses grandes et multiples qualités : à quelque dîner qu'on l'invitât, il se renseignait systématiquement sur les fleurs préférées de la maîtresse de maison, allant même jusqu'à mener de véritables enquêtes, et se présentait à sa porte les bras chargés de son bouquet favori.

Quand je passais par Rome, sa maison m'était toujours ouverte. Je m'installais dans la chambre d'amis, modeste au début. Mais je ne venais pas pour le confort : je venais pour l'amitié et la chaleur qui régnaient entre ses murs.

Rien ne pouvait entraver la flamme qui l'animait. Lorsqu'il se levait à l'aube, il ne se souciait guère des autres. En buvant son café, il faisait retentir *La Traviata* ou *Norma*. Quel plaisir de se réveiller chaque jour avec la Callas ! Mais quel cauchemar de se rendre compte, l'instant d'après, qu'il n'est que cinq heures du matin !

Il travaillait jusqu'à midi et demi, avalait un déjeuner très frugal, buvait son café, et allait se coucher. C'était impressionnant. Il prévenait tout le monde qu'il allait dormir, s'allongeait sur son lit et, dans la seconde qui suivait, un ronflement à tout rompre ébranlait les cloisons ! Une heure plus tard montre en main, il se réveillait, et reprenait le travail jusqu'à six heures du soir. Là, il allait dans sa chambre et, deux heures durant, ne raccrochait pas son téléphone, faisant le tour de Rome. Il appelait tous ses amis, s'informait de ce qui s'était passé la veille, qui couchait avec qui, quelles nouvelles, quelles naissances, quels décès...

Se posait alors la question de la soirée : à quoi allait-on l'employer ? Lucia Bose et moi-même étions chez lui des quasi-pensionnaires. Il mettait un point d'honneur à ce que ses hôtes ne s'ennuient jamais. Nous dînions le plus souvent chez lui. Alors qu'il avait travaillé toute la journée, il nous confectionnait des plats d'une délicatesse et d'une simplicité exemplaires. Il avait appris de sa grand-mère, de sa mère et de ses tantes à faire la cuisine, une cuisine typiquement italienne, à la fois paysanne et raffinée.

Une fois repus, nous sortions dans la fièvre de la nuit romaine.

Cet homme, qui respirait la santé et la vie, fut victime d'un cancer fulgurant qui se mit rapidement à ronger son foie. Il fut emporté en une année. Il n'avait que soixante-trois ans et était encore plein de projets de couture et de voyages.

Il fut soigné à Paris, où les plus grands médecins se pressèrent à son chevet, appelés pour la plupart par Marie-Hélène de Rothschild. Il habitait à l'hôtel Meurice, et, durant les derniers mois de sa vie, son vrai plaisir était d'aller acheter toutes sortes de choses. Dépenser était alors pour lui une façon de conjurer le sort et de se prouver qu'il était encore vivant. Il achetait, achetait, achetait encore, mais jamais pour lui : ce n'était que des cadeaux qu'il envoyait à ses proches et à ses amis. Il passait de longues heures chez Hermès, Cartier, Fauchon, entre autres... de préférence là où tout était plus chic et plus cher. C'était la revanche du petit paysan qui, après avoir travaillé dur toute sa vie, pouvait s'offrir tout le luxe du monde.

Son médecin me dit un jour qu'Umberto n'avait plus que deux ou trois mois à vivre, et me demanda s'il fallait l'en informer. Quel poids je ressentis alors sur mes épaules, quelle responsabilité que d'avoir à choisir pour un ami mourant la douloureuse vérité ou le confortable mensonge... Je connaissais mon Umberto. Derrière ses allures de hussard, il cachait une sensibilité à fleur de peau. Je décidai, gravement, de ne pas lui révéler le nombre de semaines qui lui restait à vivre. Il savait qu'il était quasiment condamné, mais il ne fallait pas lui donner d'échéance : ce compte à rebours l'aurait miné et aurait fait de ses derniers instants un véritable enfer. Face à la mort, je pris pour mon ami le parti de l'espoir.

Nous nous résolûmes toutefois conjointement, le médecin et moi, à prévenir l'ami d'Umberto, Dino. Il fut bouleversé, tout comme moi, par cette si courte échéance. Mais il refusa également de la lui avouer. Ce secret était d'autant plus dur à garder que souvent Umberto gémissait : « Si j'avais ne serait-ce que deux ou trois ans à vivre, ce serait parfait... J'ai encore tel projet, tel autre... » Sans connaître le temps qui lui était imparti, il devait sentir mieux que quiconque celui-ci, inexorablement, glisser entre ses doigts.

Ce fut très pénible pour Umberto et Dino. Durant des mois, ils vécurent ainsi, dans la peur du lendemain, l'épée de Damoclès au-dessus de leur tête, près de s'abattre à chaque instant.

Les cris passionnés d'Umberto, ses coups de gueule légendaires et ses tourbillons d'allégresse se firent de jour en jour plus sourds. Le médecin nous confia un jour, à Dino et moi, qu'à son stade tout pouvait aller très vite. Nous fîmes croire à Umberto qu'il fallait prendre quelque convalescence avant qu'on ne l'opère, et il rentra à Rome.

Lorsque je l'accompagnai à l'aéroport, il me fit un petit signe de la main, et je sus que c'était un adieu. J'étais fou de tristesse à l'idée que jamais plus je ne verrais mon frère italien, *il mio fratello italiano*.

Tous ses amis vinrent lui rendre visite. Tous voyaient qu'il quittait peu à peu notre monde. Il décéda un 26 décembre, lendemain de Noël. Tout cela se passa très vite, sans souffrance. Il s'était levé de son lit, avait annoncé qu'il allait faire sa toilette et, aussitôt après, avait rendu l'âme.

Chaque fois que je longe l'hôtel Meurice, je ne peux m'empêcher de penser à mon cher Umberto. Je le revois encore dans cette grande suite qu'il avait louée, où il recevait malgré sa maladie comme l'on reçoit dans un salon littéraire. Entouré de fleurs, il tentait encore de s'intéresser aux choses, mais ses intimes sentaient bien qu'il faisait semblant. La douleur le poussait à singer ce qu'il avait été, afin de ne pas attirer la pitié. Jamais il ne se plaignit, disant à peine du bout des lèvres qu'il était un peu fatigué, ou qu'il n'avait pas très bien dormi.

À la mort d'Umberto, Dino reprit sa maison de confection, avec l'aide de Piero Tosi. C'est lui qui m'accueille lors de mes passages à Rome. J'ai retrouvé avec lui le bonheur d'être en famille, choyé, gâté. Dino est un ange. Leur maison me paraît vide, vide de cet homme qui me manque énormément, et pourtant tout le personnel travaille encore davantage, comme pour faire plaisir au patron.

Umberto était si bien parvenu à me faire croire que nous étions éternels, que rien ne pouvait nous arrêter. Malheureusement, le sort nous joue de mauvais tours.

Déjeuner chez Michou

Je connais Michou depuis longtemps. Nous ne sommes pas intimes, mais j'aime sa folie – je suis toujours curieux des personnes à part, pas comme les autres, des « numéros », comme disait ma grand-mère. Michou est un cas.

Il y a deux Michou. D'un côté, celui que tout le monde connaît, le *showman*, patron de « Chez Michou », exubérant et extraverti à souhait, avec ses incroyables costumes bleus et ses lunettes extravagantes, tout aussi bleues...

Et, de l'autre, il y a l'homme intelligent, délicat, cultivé, l'homme d'une générosité qu'on ne peut que difficilement imaginer. Il est toujours à l'affût de l'amour des autres, soucieux qu'on le reconnaisse pour ce qu'il est vraiment, et pas pour le personnage qu'il s'est créé, un bouclier pour se protéger.

Suite à la terrible canicule qui s'est abattue sur notre pays cet été, et qui a emporté tant de nos anciens, on a beaucoup parlé du manque de solidarité des Français à l'égard de leurs aînés. Michou, lui, n'a pas attendu cette triste occasion pour s'en occuper. Il lui arrive souvent d'organiser de grands dîners pour des personnes âgées, qu'il gâte de plats succulents et de fêtes très distrayantes, comme il en a le secret. Et tout cela avec une discrétion qui laisse admiratif.

Son appartement lui ressemble, joyeux et plein de lumière, largement ouvert sur Montmartre, décoré des plus raffinés objets d'art et de toiles de maîtres, avec une vue incroyable sur la Butte. Le déjeuner auquel il m'invita fut somptueux, avec de nombreux autres amis, dont Nicoletta. Je profitai de cette occasion pour redire à Michou tout le bien que je pense de son spectacle, que j'ai revu il y a peu : comme toujours, les artistes sont très professionnels, les caricatures felliniennes succèdent aux imitations d'une rare sensibilité durant près de deux heures, sans jamais la moindre vulgarité. Le talent de tous les artistes de Michou ne fait aucun doute, et le public ne s'y trompe pas. Chez Michou est complet toute l'année !

Très récemment, ce cher ami a frôlé la mort. Il a eu un accident cardiaque, dont il a réchappé au terme d'un triple pontage. Et je crois que cet accident l'a particulièrement fragilisé. De plus, la mort, cet été, de son ami Édouard Carlier, le grand restaurateur, patron du Beauvilliers, l'a profondément touché.

Tout d'un coup, au beau milieu de ce déjeuner où le bonheur et la joie de vivre avaient été les premiers invités, il me dit :

— Tu me comprends, toi. Je n'attends plus rien de la vie.

Derrière ses lunettes, ses yeux s'embuaient. J'étais paniqué à l'idée qu'il fonde en larmes, et je tentai de lui redonner courage.

— Tu ne vas pas me faire une crise de larmes, écoute ! On est tous là. On peut tous mourir, demain. Ta boîte marche merveilleusement bien, tu n'as pas de souci d'argent, tu as récupéré ta santé, ton copain est très gentil, tu as des amis formidables, profite de la vie !

Michou contenait ses larmes, mais n'en était pas plus joyeux pour autant.

— J'ai envie que tu aies quelque chose de moi, me lança-t-il à brûle-pourpoint.

— Mais ton amitié, notre amitié de quarante ans, me suffit parfaitement ! lui répondis-je aussitôt.

Obstiné, Michou tenait absolument à me faire un cadeau.

Il entreprit un petit discours au nom de notre belle amitié, me disant à quel point je comptais pour lui, et m'offrit un ravissant portrait de petit garçon, peint en 1840. J'étais très touché de ce présent, et je m'empressai de lui promettre que je l'accrocherais au mur de ma chambre, aussitôt arrivé à Monthyon.

Ainsi, je peux dire que j'ai eu un enfant avec Michou !

Philippine de Rothschild

Philippine de Rothschild est une amie, non pas parce qu'elle est baronne, mais parce que j'eus la chance de jouer à ses côtés, avec Marie Bell, *Madame Princesse*, en 1965. Marie connaissait bien la famille Rothschild, et avait de la sympathie pour Philippine qui voulait être actrice, malgré tous les inconvénients que son nom pouvait lui valoir. Nombreuses sont les personnes incapables de comprendre que même des gens riches nourrissent ce feu sacré, totalement indépendant du milieu social dont on est issu.

Philippine eut un parcours très difficile, et principalement durant son enfance. Elle avait sept ou huit ans lorsque la Seconde Guerre mondiale éclata. Elle dut sa survie à un maître d'hôtel qui, l'enveloppant dans une couverture, la cacha dans une cave, tandis qu'on arrêtait sa mère. Son père avait réussi *in extremis* à s'échapper.

Très proche de la mère de Philippine, Elvire Popesco était parvenue à se procurer par des ruses dont elle seule était capable un *Ausweis*, laissez-passer qui lui permit de rendre visite à son amie incarcérée à Fresnes. Elle lui apporta ravitaillement, couvertures et vêtements. Trois jours plus tard, la pauvre prisonnière était déportée dans un camp de concentration où elle trouva la mort. Philippine était alors trop jeune pour comprendre l'atrocité des crimes contre l'humanité perpétrés par le régime nazi, pour qui la famille Rothschild, riche, puissante et juive, représentait un « exemple ».

Le père de Philippine, Philippe de Rothschild, était un personnage tout à fait charmant. C'était un artiste, dans tous les sens du terme. Il écrivait des pièces de théâtre, des poèmes, adorait les spectacles, la danse, l'opéra, investit des sommes importantes dans la production de films et de courts métrages. Il s'intéressait autant à l'art sous toutes ses formes qu'à sa vigne si réputée, acquise par son aïeul Nathaniel en 1853 pour la coquette somme d'un million cent vingt-cinq mille francs. Cent vingt ans plus tard, Mouton-Rothschild fut hissé au rang de « grand cru » par Jacques Chirac, alors ministre de l'Agriculture, sous la présidence de Georges Pompidou.

Bien qu'il aimât sa fille, Philippe ne lui accordait pas toute l'attention qu'une enfant aussi sensible que Philippine exigeait, marquée qu'elle était par la mort atroce de sa mère. Il convola en justes noces avec une dame anglaise, très belle et très élégante, qui prodigua à cette petite fille, meurtrie à bien des égards, tout l'amour qu'on peut attendre d'une vraie mère.

À dix-huit ans, Philippine entra au Conservatoire et se mit à enchaîner les rôles de soubrette, un comble pour la jeune baronne qu'elle était !

Pensionnaire, elle fut remerciée très vite. On ne trouvait pas d'emploi pour cette comédienne baronne qui ne pouvait pas jouer toute sa vie des soubrettes. Marie Bell, directrice du Gymnase, l'engagea pour jouer une femme du monde dans *Madame Princesse.*

Son talent éclata alors. Drôle et précise dans son jeu, elle était cependant loin d'être ponctuelle. À chaque retard, Marie lui rappelait sévèrement qu'au théâtre elle n'était pas une Rothschild, elle était Philippine Pascale, une actrice au même titre que les autres. En tant que telle, elle devait se mettre au pas si elle voulait véritablement travailler, progresser et réussir, et la ponctualité était la première des leçons à observer.

C'est donc sur les planches, sous la houlette de la grande professionnelle qu'était Marie, que je nouai avec Philippine des liens affectueux qui aujourd'hui encore ne se sont pas défaits.

Philippine est d'une fidélité et d'une générosité incroyables, elle est discrète et toujours attentive aux maux de notre société. Le plus beau rôle de sa carrière reste à mes yeux celui de la mère de Harold, dans *Harold et Maud*, avec Madeleine Renaud, qui jouait le personnage de Maud, sous la direction de Jean-Louis Barrault. Cette adaptation théâtrale de Jean-Claude Carrière eut un immense succès populaire et critique.

J'ai à ce propos une anecdote charmante. Philippine a horreur que je la raconte, mais je ne peux m'empêcher de vous la conter. Elle jouait avec Yves Gasc, sociétaire de la Comédie-Française, un homme dont la petite taille est inversement proportionnelle au talent, à la finesse et à la culture. Tous les soirs, au cœur de la pénombre dans laquelle on opérait le changement de décor entre le premier et le deuxième acte, Philippine, par jeu, posait sa main sur la braguette d'Yves, sûre et certaine du manque de réaction du comédien, en lui répétant une énième fois : « Tu verras, ça viendra. » Ce geste amical et coquin devint rapidement un rituel de chance entre les deux amis, qui devaient chaque soir étouffer leurs rires de potaches.

Pour la centième représentation, Yves décida de jouer un tour à Philippine : à sa place, aux côtés de sa partenaire de scène, dans le noir le plus complet, il installa le pompier de service ! Philippine fit comme tous les soirs. Or, le pompier était un charmant jeune homme, au tempérament assez vif : Philippine crut sentir une curieuse altération de celui qu'elle prenait pour Gasc. Entrant en scène, elle se mettait à croire aux miracles : « Yves serait-il ému grâce à moi ? » pensait-elle en servant ses répliques.

Ce n'est que bien plus tard qu'Yves Gasc lui révéla son forfait. Philippine put enfin comprendre pourquoi, depuis cette fameuse centième, le pompier de service ne la lâchait pas d'une semelle !

C'est la belle-mère de Philippine qui réorganisa le domaine de Mouton-Rothschild, lui redonnant l'éclat qu'il a aujourd'hui, grâce à la bienveillance du baron, amoureux de ses vignes. Elle fit redessiner les jardins, remit en ordre l'ensemble des bâtiments. Philippe avait eu, en 1930, l'idée de demander à de grands peintres (Chagall, Mathieu, Cocteau et d'autres) de créer les étiquettes de son vin.

Chaque année, les propriétaires organisent la fête de la Fleur. Cette année, pour célébrer le cent cinquantième anniversaire de la maison Baron Philippe, Philippine donna un dîner somptueux – deux mille personnes placées, assises et heureuses. Sur l'estrade, un ensemble de cordes jouait des airs magnifiques. Placido Domingo chanta l'air composé pour l'occasion avec superbe et générosité. Il eut un triomphe. Le menu était exquis, à l'image du dessert, une splendide pièce montée de plus de six mètres de haut où l'on pouvait voir la fameuse tête de bélier, emblème de Mouton-Rothschild.

Comme autant de Cendrillons, les convives repartirent sur le coup de minuit, des étoiles plein les yeux. Accompagné de deux cents autres, je montai à nouveau dans le Boeing magique, qui fort heureusement ne s'était pas changé en citrouille, direction Paris !

Jean Drucker

Mon bonheur fut entaché le 18 avril 2003 par le décès brutal de Jean Drucker, qui comptait parmi mes amis. Je ne comprends pas sa disparition. Comment peut-on mourir à soixante ans d'une crise d'asthme ? Jean était très modéré quant à l'alcool, il avait toujours fait attention à sa santé. Comment se fait-il que quelqu'un d'aussi attentif à son bien-être, de surcroît sportif comme il l'était, puisse se faire faucher de la sorte ? Je me pose mille questions, et n'obtiens qu'une réponse, celle pleine de bon sens de ma grand-mère : la vie tient à un fil.

Jean passait quelques jours de vacances bien méritées avec sa famille, pour Pâques, et mourut le vendredi saint.

Ouvert, libéral, Jean avait bien d'autres qualités. C'était quelqu'un que j'appréciais énormément, et qui me manquera. Il fut le seul, à l'époque où je voulais monter mon projet de biographie cinématographique d'Alphonsine Marie Duplessis, la Dame aux camélias, à me tendre la main en tant que producteur. Malheureusement, comme je vous l'ai dit, nous ne pûmes aboutir.

Ce genre d'enthousiasme pour un tel projet, venant d'un producteur, est excessivement rare. Venant de Jean, il n'était que plus précieux encore.

La vie est tellement fugace qu'il faut en profiter au maximum, et le plus vite possible. Je pense à Michel, qui était extrêmement lié à son frère. Les trois frères Drucker s'adoraient, et étaient tous trois complémentaires. Michel était le mal aimé : son père se montrait dur avec lui, car il a toujours été saltimbanque dans l'âme. Les études l'ennuyaient, et très jeune il s'est lancé dans la carrière qu'on lui connaît. Les deux autres frères furent brillants dans leurs études, et c'est pourtant le vilain petit canard qui aujourd'hui est le plus célèbre. Jean fut le créateur de M6, ainsi qu'un grand producteur, un personnage incontournable du paysage audiovisuel français, auquel souvent des collègues demandaient des conseils.

Nana Mouskouri

Très affecté par ce décès soudain, je partis presque aussitôt pour Athènes rejoindre Nana Mouskouri. Elle recevait au cours d'une grande cérémonie un prix pour toute sa carrière. On oublie parfois en France que cette femme, en quarante ans de carrière, a vendu pas moins de quatre cents millions de disques à travers le monde, plus encore qu'Elvis Presley ! Dans son pays natal, elle est adorée. Ce fut un véritable honneur pour moi lorsqu'elle me demanda de signer les paroles de deux chansons de son dernier album, « Où es-tu passé mon passé ? » et « Fille du soleil ».

Véritable star, elle a su rester simple. Elle adore le luxe, surtout pour ses amis. Elle ne peut supporter l'idée que, au cours d'un voyage, ceux qui l'accompagnent ne soient pas traités comme des princes. Elle veut toujours ce qu'il y a de mieux pour ses amis, ainsi que pour les déshérités. Elle est ambassadrice de l'Unicef, où elle a pris la suite d'Audrey Hepburn. Elle passe beaucoup de temps en Afrique, en Asie, rendant visite aux enfants les plus malheureux de la planète, et utilise une large partie de sa fortune à la création d'hôpitaux, de points d'eau et de dispensaires, tout cela avec son sourire doux et serein, et dans la plus grande discrétion : elle ne parle jamais de toutes ses bonnes œuvres.

Après trente-six ans de fiançailles, elle s'est enfin mariée avec son producteur français, André Chapelle. Elle tenait à ce que ce soit un autre Français qui lui remette son prix, et elle a choisi son ami acteur. Me voici donc à Athènes, participant à l'émission la plus populaire de Grèce, devant près de dix millions de téléspectateurs, couronnant la carrière internationale de Nana. C'était une de ces émissions hommages que l'on ne connaît que trop bien, en direct, trop longue (de vingt et une heures à deux heures du matin, un vrai marathon grec !), trop bavarde, un peu ennuyeuse et brouillonne. Au milieu de cette cacophonie, où des gamines applaudissaient leurs idoles jeunes et bruyantes, il y eut un silence empli de respect : ce fut lorsque Nana monta sur la scène pour recevoir son prix. Elle parla avec simplicité de sa carrière et du malheur du monde, et, au-dessus de ses paroles ailées, un ange passa.

Nous sommes allés dîner sur les hauteurs d'Athènes, où trône une petite chapelle médiévale dans laquelle a vécu un ermite. Elle a été totalement restaurée : immaculée, elle domine cette charmante colline. Les entrepreneurs ne perdirent pas le nord devant tant de beauté, et installèrent un restaurant en dessous, duquel on peut admirer toute la ville, avec une superbe vue du Parthénon.

Le lendemain, j'ai visité un musée de costumes qui jouxte le musée permanent de la Peinture, qui regroupe des œuvres du Moyen Âge jusqu'à nos jours. Au détour d'une galerie, la conservatrice me montra le très beau portrait d'un vieil homme, signé le Greco.

— Nous l'avons acheté il y a cinq ans.

— C'est merveilleux, lui dis-je, candide. Il a dû coûter une fortune à votre musée !

— Pas du tout, me répondit-elle à ma grande surprise. Nous avons demandé à chaque Grec la somme équivalant à un café. Tout le monde a donné et, avec la somme, nous avons pu l'acheter.

Le musée étant un musée d'art, il appartient en principe à tous les Grecs. Mais ce tableau en particulier leur appartient en propre. Je trouve cette idée magique !

J'avais eu une idée similaire lors du bicentenaire de la Révolution française. Réclamer à chaque Français dix francs et monter, grâce à cet argent, de beaux films pour la commémoration de cet événement républicain. Chacun aurait donné, puis reçu en échange un assignat de la Banque de France, qui aurait servi de billet d'entrée au cinéma. Sur l'affiche, on aurait lu : « 52 millions de Français présentent : la Révolution française ». L'on aurait sollicité les plus grands réalisateurs français pour réaliser six films sur l'événement, ce avec un budget total inégalé de cinq cent vingt millions de francs.

Jack Lang était très enthousiaste, la Cinémathèque emballée, autant que Costa-Gavras, Lelouch, Philippe de Broca, Rappeneau et d'autres. Malheureusement, l'organisation d'un tel projet était trop lourde et, ne pouvant m'y atteler complètement et seul, il ne vit jamais le jour. J'étais donc très heureux ce jour-là en Grèce de constater que d'autres, avec une idée tout aussi folle, avaient réussi là où j'avais échoué, preuve que l'idée était bonne !

Claudia Cardinale

Comme je l'ai déjà raconté, j'ai rencontré Claudia Cardinale quand elle est venue tourner *Les lions sont lâchés* d'Henri Verneuil, avec Lino Ventura, Danielle Darrieux et Michèle Morgan.

Elle était la beauté même. Autant Brigitte Bardot était jolie, élégante, ravissante, mais provocante, autant Claudia avait l'air d'être – ce qui n'était pas tout à fait la vérité – plus sage. C'était une petite fille de Tunis. Pour s'amuser, poussée par ses sœurs, elle avait participé à quinze ans au concours Miss Tunisie, qu'elle avait gagné. Le cadeau était un voyage au festival de Venise, où elle est allée avec sa maman et sa sœur. Là, elle a été remarquée par un metteur en scène, séduit par sa beauté, ses yeux sombres et son sourire... Il y avait quelque chose d'enfantin chez elle : elle était un fruit doré. Elle a été engagée et a commencé à tourner en Italie où, très vite, elle est devenue une vedette. Elle a rencontré un producteur qui a été son mentor, son Pygmalion. Il était très jaloux. Elle a eu un enfant, un garçon, et on lui a demandé de le cacher, parce qu'elle était trop jeune (elle l'a eu à dix-huit ans, je crois) et qu'on ne voulait pas que cela se sache : on aimait beaucoup que les stars soient « vierges et martyres », et surtout que ce soient des femmes libres, à prendre. Elle a dû élever ce petit garçon en cachette, ce qui a été très pénible.

Son producteur était un despote. Quand on a tourné *Les lions sont lâchés*, elle avait vingt ans et c'était son premier film en France. Elle était escortée de cinq personnes – secrétaire, chauffeur, habilleuse, maquilleuse, coiffeuse – qui la surveillaient. Elle ne pouvait pas aller dîner. Elle devait rentrer à l'hôtel, ne pas sortir, ne voir personne ; enfin, elle était prisonnière de ce producteur.

Peut-être en était-il amoureux? En tout cas il était surtout... italien : Claudia, elle, est d'origine sicilienne.

Elle est restée avec cet homme pendant vingt ans parce que c'était le producteur avec lequel elle avait signé une exclusivité. Elle était enchaînée à ce contrat, grâce auquel il lui faisait faire de grands films. Elle a tourné avec Fellini, Visconti, Bolognini et d'autres, mais elle a beaucoup souffert dans cette cage dorée. Elle aime follement la liberté. Elle a vécu cachée, soumise à un engagement mais blessée. Elle a pourtant rempli son contrat avec sérieux et rigueur : Claudia est une grande professionnelle.

Plus tard, elle a compris qu'on l'exploitait et elle s'est soudain révoltée avec force. Elle avait mûri.

Le destin lui présenta un jeune metteur en scène révolutionnaire, très intelligent, cultivé, brillant, avec énormément de charme. Elle est tombée amoureuse de ce garçon et a tout quitté, tout cassé, elle est partie en abandonnant tout. Ce fut un scandale en Italie où l'on n'aime pas que les femmes prennent leur indépendance. Elle devait sa carrière à son producteur, mais l'amour l'a emporté, et Claudia a enfin trouvé le bonheur. Avec Pasquale, elle a eu une petite fille et a joué dans des films d'auteurs intelligents et courageux.

J'ai un peu reporté sur Claudia mon amour pour Romy Schneider, malheureusement partie en 1982. J'ai pour elle la tendresse d'un frère. Nous nous sommes retrouvés pour tourner un film sur la Justice destiné à France 3. Souvent, nous sortons ensemble, on s'amuse beaucoup. Ce qui est formidable, c'est que cette femme qui est une star, qui a fait des films dans le monde entier, qui est belle, mystérieuse, ait gardé complètement les pieds sur terre. Elle n'a jamais ni jalousie ni méchanceté. Elle est belle naturellement. Je comprends très bien les actrices qui se font un peu arranger le cou ou les yeux parce que c'est leur métier, et il ne faut pas en avoir honte. Pour les hommes, c'est plus délicat, c'est beau un homme avec des rides. Mais quand les femmes ont été belles, on n'a pas envie de les voir s'abîmer. Simone Signoret était la beauté même dans *Casque d'or*. Quand on voit *La Vie devant soi*, on imagine ses souffrances, ses chagrins... Claudia, à soixante ans, reste jolie comme le jour, avec juste des petites griffes du temps, imperceptibles et joliment marquées. Elle est mince et élégante, habillée par son ami Armani. Quand je viens la chercher, elle m'attend devant la porte cochère comme une jeune fille qui va au bal, jamais capricieuse. Elle est bien partout, elle aime s'amuser, elle aime rire.

Elle va de temps en temps à Rome pour ses affaires, et aussi pour voir sa famille – sa mère, sa sœur et son fils sont là-bas. Elle a des projets, elle vient d'avoir un grand succès au théâtre à Rome avec un Pirandello, et elle est très équilibrée.

Claudia est une mère orientale : dès qu'il y a un ennui, elle s'inquiète, mais en même temps elle n'est pas du tout possessive. Elle comprend mieux que personne : elle a tellement souffert d'être enfermée qu'elle ne veut pas que ses enfants subissent la même chose. Elle les aide, discrètement. Ils savent très bien qu'au moindre problème ils peuvent l'appeler ou la voir, et ils sont très affectueux avec elle. La porte est toujours ouverte dans les deux sens.

Ce qui me plaît aussi avec Claudia, c'est qu'elle a des attentions délicates, ce qui est rare dans notre métier. Une fois par exemple où il se passait quelque chose d'important pour moi, elle a fait exprès l'aller-retour d'Italie pour être présente. Elle offre des marques d'amitié et de fidélité avec un naturel charmant. Moi aussi, j'essaie d'être à la hauteur de cette confiance. Elle a horreur des manifestations mondaines. « Si je suis avec toi, ça me va, on va s'amuser », dit-elle. On va voir un spectacle, on soupe et on rentre se coucher tôt. Elle se bat beaucoup pour le sida, pour le cancer, pour les enfants. Elle est très sollicitée pour des galas de charité, des hommages à Fellini, à Visconti. Elle n'arrête pas, entre ses films, de faire des choses pour les autres, et surtout en mémoire des grands metteurs en scène qui l'ont portée au plus haut.

Elle me fait toujours rire quand elle évoque le tournage du *Guépard.* Elle était très jeune encore, Visconti l'adorait. C'est vrai qu'elle a toujours su rester simple, et que son travail et sa vie ne font qu'un. La première scène qu'il lui a fait jouer ne comportait pas de dialogues. Elle devait courir au milieu de la foule – soulevée, révoltée, des soldats en fureur essayaient de calmer les civils. Elle était au milieu des figurants et Visconti criait avec son haut-parleur (en italien c'est magnifique) : « Ne m'abîmez pas la Cardinale, ne me l'abîmez pas, ne la touchez pas, ne la cassez pas ! » Le prince Visconti protégeait sa Sicilienne préférée...

Fabrice Luchini

Fabrice Luchini est un cas dans notre métier, parce qu'il est unique. J'ai de la faiblesse pour lui : il a fait ses débuts avec moi dans *Le Genou de Claire* de Rohmer. Il était tout jeune, arrivait de son salon de coiffure, et était déjà un peu allumé, très personnel. Il avait cet œil d'aigle et cette voix intelligente et claire. Il avait peut-être dix-huit ans et j'avais décelé tout de suite sa forte personnalité.

Dans le temps, on aimait les acteurs au cinéma comme Carette, Jules Berry, Saturnin Fabre, Jean Tissier ou Dalio, des seconds rôles qui apportaient aux personnages une cocasserie poétique. Ces fortes personnalités avaient du caractère. Saturnin Fabre se faisait payer en liquide et toujours avant sa prestation. Il traînait un gros réveil et à dix-neuf heures trente, fin du tournage, la sonnerie retentissait et il disait : « On rentre ! » Un jour, on lui demanda de jouer une pièce de Bernstein aux Variétés avec Gaby Morlay et Victor Francen, couple vedette. Une discussion interminable éclate entre le directeur et l'acteur pour la place du nom sur l'affiche. Saturnin désirait être avant le titre avec les protagonistes, le directeur répliquait que la pièce était basée sur le couple. Enfin, après un mois de palabres, l'affiche sortit avec : « Gaby Morlay et Victor Francen dans *Le Venin* de Henry Bernstein, malgré Saturnin Fabre ».

Louis Jouvet, qui n'avait pas un physique de jeune premier, accablé d'une voix saccadée à cause de l'asthme, était un héros unique du cinéma français. Arletty, très jolie sans jamais jouer sur la sexualité, a été une figure. Elle n'a jamais fait sa carrière sur la sensualité, ni sur le désir. Elle était toujours un peu androgyne, belle, inaccessible, pudique. Le seul baiser qu'elle ait donné au cinéma, c'est dans *Les Enfants du paradis* et c'est un baiser chaste et pur.

Arletty disait toujours : « Dans *Hôtel du Nord*, le Jouvet et moi, on a tourné huit jours, Jean-Pierre Aumont et Annabella sept semaines. On se souvient de qui ? » Ce n'est pas qu'ils fussent mauvais, mais ils avaient des personnages fades, conventionnels, des images passées d'amoureux romantiques. En face, il y avait deux caractères éblouissants, Arletty et Louis Jouvet, et le public a été vers eux plutôt que vers ces deux jeunes gens beaux comme des dieux mais ennuyeux. Jeanson connaissait et aimait Arletty et Jouvet, il leur a écrit des rôles sur mesure, à la hauteur de leurs caractères, et il s'est servi de leurs voix singulières.

J'ai découvert cette particularité avec Fabrice Luchini, qui possédait déjà cette liberté, cette insolence, cette drôlerie et cet humour, et puis cette connaissance de la vie, des gens et de la littérature. Mais je ne pouvais pas imaginer une seconde qu'il deviendrait ce phénomène du cinéma français, et du théâtre. Très fidèlement, il se le rappelle et l'évoque toujours avec plaisir.

L'ayant eu comme élève, comme Depardieu, Richard Berry et beaucoup d'autres, Jean-Laurent Cochet dit toujours de lui qu'il était attachant, parce qu'un peu seul, un peu perdu, et qu'il s'accrochait aux gens qui l'écoutaient ; il séduisait les filles en les baratinant, bavard jusqu'à soûler les interlocuteurs – ce n'est pas un méchant garçon, mais c'est surtout par son intelligence, par son humour, sa clarté et son charme qu'il fascine et les femmes et les hommes.

Il apporte au cinéma une lumière nouvelle et continue la tradition de tous ces gens qui ont fait le cinéma français et qui étaient des caractères.

Je l'ai vu dans des films où il était éblouissant, mais je l'ai trouvé un peu sage dans *Beaumarchais l'insolent* d'Édouard Molinaro. Peut-être avait-il peur du personnage ? Il était légèrement sur la défensive ; pourtant, il ressemble à Beaumarchais, cet homme révolté, amoureux de la langue française, amoureux fou du spectacle et des femmes... Fabrice a tendance à ramener tout autour de lui, à être le soleil. Il a raison, mais il sait être délicat et pudique. Il y a chez lui un mélange d'égoïsme et de tendresse. Il m'a paru souvent magnifique : juste, drôle, fou, méchant, cruel, tendre. Il a le don de marier les sentiments avec un savoir vraiment diabolique.

Mais là où il m'a soufflé, c'est dans *Knock*. Malheureusement, je n'ai pas vu Jouvet au théâtre. Je l'ai vu au cinéma où il y avait un peu de lourdeurs. La mise en scène était appuyée, et on sentait que Jouvet l'avait beaucoup joué. Il était assez âgé par rapport à la création ; à soixante ans, on sentait qu'il y était un peu désabusé. Il adorait ce rôle, qu'il reprenait dès qu'il avait un problème à l'Athénée : quand le théâtre prenait l'eau, il redonnait *Knock,* c'était son cheval de bataille ; grâce à ce succès inusable, il allait gagner de l'argent et reboucher un peu les trous des recettes malheureuses.

Il y a quelques années, je l'ai vu interpréter par Michel Serrault, au théâtre de la Porte Saint-Martin. Michel est un acteur de génie, il joue avec une folie et une invention extraordinaires. Je l'avais trouvé prisonnier du texte, de la mise en scène un peu conventionnelle, et du décor trop envahissant. J'avais l'impression qu'il était un peu étouffé dans ce rôle tellement marqué par Jouvet. Il fut pourtant merveilleux, laissant vagabonder son imagination, s'envolant pour donner au personnage une cruauté légère, une ironie profonde. Michel, avec son instinct diabolique, a eu raison de nous faire rire avec ce praticien inquiétant et troublant.

La comédie de Jules Romains était à l'époque scandaleuse parce qu'elle se moquait des médecins qui vous faisaient croire que vous étiez malade pour vous soigner, en fait des charlatans. Aujourd'hui, étant donné les progrès, tout cela est dépassé – et heureusement – et la plupart des médecins sont de grands professionnels et des gens généreux. Cela me semblait donc un peu démodé, un peu naïf. Il faut vraiment un excellent acteur, et de bons comédiens autour de lui, pour accepter cette fable. J'étais en même temps curieux de voir ce que Fabrice avait à en faire.

C'était archicomble, le gros succès de l'année. Il y a naturellement son public qui lui est fidèle, celui qui le suit depuis les débuts, qui a suivi tous les Céline, qui adore le conteur merveilleux, ainsi que son intelligence, sa gymnastique de la pensée, la façon dont il jette les mots et les rattrape comme un jongleur, sa générosité en scène, son œil impitoyable, qui voit tout, cette voix nasillarde et saccadée qui devient belle... Le public était métissé : des habitués, bien sûr, qui vont là comme on va à Pleyel, et en même temps ceux qui découvraient la pièce et qui s'amusaient beaucoup de ce personnage haut en couleur, un peu hâbleur, mythomane et sympathique. Et j'ai assisté au miracle : j'ai vu ce que Luchini pouvait faire de ce personnage, sans imiter du tout Jouvet. Il avait une vérité, une drôlerie dans le côté bouche fermée, l'œil surtout, un peu comme les grands comiques que sont Woody Allen ou Buster Keaton, une façon de ne pas rire et de ne pas sourire, d'être un peu froid et de dire des choses déterminées... Et en même temps il joue avec les autres, il n'est pas seul, il ne les méprise pas. Il a un sens du rythme inouï. C'est une pièce un peu longue, avec beaucoup de dialogues parfois désuets, et il enlève tout ça, toujours en gardant un naturel et une vérité incroyables.

Je suis sorti du spectacle ébloui. C'est tellement difficile ! C'est extraordinaire de retrouver un texte légèrement démodé et qui revient vif, moderne et d'actualité grâce à la performance d'un comédien. C'est rare aujourd'hui où tout le monde rêve d'être tout le monde, où les acteurs jouent tous naturel. Il y a de fortes personnalités comme Marielle, comme Rochefort, ou comme l'était Belmondo, des gens qui ont une présence physique, une voix, un regard, et une fantaisie joyeuse ou une gravité profonde.

Dalio m'avait donné la plus belle définition pour un acteur, en parlant de Jules Berry, mon idole. Je voulais lui ressembler, j'aimais son extravagance, sa poésie et sa folie. « Quand il entrait en scène, on ne voyait que lui. Mais on ne le voyait jamais sortir ; même absent, il laissait traîner sur scène sa présence comme une ombre et on attendait avec impatience son retour. » Quand on admire un comédien, on est heureux d'avoir rendez-vous avec un ami, de le saluer, de l'applaudir pour lui dire bonjour, « merci d'être là, on vous écoute, éblouissez-nous, étonnez-nous », on s'abandonne, on boit ses paroles, on croit à son histoire et, lorsqu'il sort, il nous manque. Luchini fait partie de cette race-là. Il agace beaucoup de gens parce qu'il aime faire son numéro ; dans les interviews, il prend possession des questions et des réponses. Il aime bien s'amuser et confondre le journaliste, trop maladroit ou, surtout à la télévision, inculte. Il essaie de le ridiculiser, de l'emmener sur un chemin d'où il ne peut plus ressortir. Il donne l'impression de dire : « Vous ne savez rien et moi je sais tout, je suis le seul et unique, et heureusement que je suis là pour sauver le théâtre français. » Tout ça est exact, mais en même temps, quand on le connaît bien – et je crois que je le connais bien –, son humilité et son orgueil se mêlent, il a une chaleur, une tendresse... Il est plein de projets, parle très vite (c'est vrai que sa pensée va très vite), s'inquiète de vous – « Tu n'es pas trop fatigué ? Tu ne manques de rien ? Est-ce que ça va ? Tu as quelqu'un qui t'aime ? » –, il devient touchant. L'image qu'il donne m'agace parfois, même si c'est une protection, une manière de se défendre et de ne pas tomber dans le piège de la caricature qu'il pourrait être à la ville comme à la scène. À la scène, il est un acteur fantastique. Dans la vie, il est un adolescent surpris, émerveillé de ce qui lui arrive, mais il n'y a que les intimes qui peuvent le savoir. J'aime bien les êtres qui ont un secret.

Il a des rapports étonnants avec l'argent. Quand il part en tournée, il s'octroie presque la recette de la salle, c'est bien normal, il est seul et c'est lui qui fait le succès. On sent quelqu'un qui en a manqué, qui a peur d'en manquer ; il profite aujourd'hui de cette position privilégiée, mais avec l'angoisse de ne pas avoir assez d'argent pour finir sa vie. On dit qu'il est économe... Il fait attention, n'aime ni le gaspillage ni la bêtise et fuit les courtisans. Ce qui est important est ce qu'il montre sur scène, et ce qu'il montre sur scène est éblouissant.

Il est le seul sur la place à justifier de cette situation particulière. Guillaume Depardieu avait de l'extravagance. Malheureusement, les chagrins et les soucis qu'il a traversés l'ont bousculé, dépassé et blessé. Je l'aime beaucoup malgré sa démesure. Je crois qu'il est entré dans une sorte de tunnel dont j'espère qu'il va sortir. Il mérite de continuer à travailler, il a besoin d'amour et de tendresse. Pour Élisabeth et Gérard, quelle épreuve d'avoir le sentiment qu'un enfant s'échappe, s'envole pour s'écraser... Par bonheur, Julie triomphe au cinéma et au théâtre, et porte le nom de Depardieu avec fierté.

... MES BELLES RENCONTRES

Colette

Colette a été projeté à la télévision. Nadine Trintignant a donné à sa fille un rôle de femme née sous le signe de la liberté. Marie était belle, rebelle et libre. Le destin l'a frappée avec violence. Sa mort a bouleversé la France et le silence digne de Jean-Louis m'a ému. Nadine, comme un animal blessé, a réagi avec force et amour.

J'étais très lié avec Colette de Jouvenel, Bel-Gazou pour Colette.

Je suis arrivé à Paris en novembre 1954, le mois où Colette est morte. J'ai pris ce mauvais coup du sort comme un rendez-vous manqué avec ce grand auteur qui était devenue une amie à travers la lecture de son œuvre. J'avais lu dès mon plus jeune âge tous ses romans. J'adorais sa façon gourmande de parler de l'amour, de la nourriture, de la nature, de tout ce qui est, au fond, la vie. Cette Bourguignonne qui avait les pieds ancrés dans la terre était également un poète à l'imagination débordante et, avant tout, une femme libre. Très jeune, elle avait compris que l'amour est partout, et qu'il n'y a pas de règles ni de frontières à respecter quand il s'agit du plaisir et de la joie de vivre. Et cela ne faisait pas d'elle pour autant une femme provocante : elle était essentiellement naturelle.

Elle habitait rue du Beaujolais, à deux pas de chez Cocteau. J'en entendais parler par Cocteau lui-même, et par Raymond Oliver, le chef du Grand Véfour. Le restaurant se trouvait en bas de chez elle, et elle y allait déjeuner très souvent. Encore aujourd'hui, on peut y voir sa place attitrée, face au jardin du Palais-Royal. Elle y venait déguster des plats très peu légers mais ô combien délicieux, comme quoi le goût de la vie que l'on ressent à chaque page de ses romans faisait partie intégrante de son existence.

Vers la fin de sa vie, malade, elle écrivait allongée. Si son corps semblait la quitter peu à peu, comme elle le dit elle-même au cours d'un portrait que Yannick Bellon lui consacra, son esprit resta toujours vif, ses yeux toujours curieux et avides de la vie. Elle a été couverte d'honneurs de son vivant, présidente du prix Goncourt, grand-croix de la Légion d'honneur, etc., elle a eu surtout l'amour du public, mais je crois que l'important pour elle, peut-être même l'essentiel, c'était de se lever chaque matin, de dessiner le contour de ses yeux de khôl, et de vaquer simplement à son quotidien de paysanne. De vivre, en somme. Elle avait perdu beaucoup d'amis et d'amies, dont Marguerite Moreno, morte en 1946, qui avait été comme une sœur pour elle. Elles avaient eu une correspondance merveilleuse. Marguerite était un peu plus âgée que Colette, plus lucide, très forte. Elles partageaient toutes deux un goût particulier pour les hommes plus jeunes, et aimaient à se raconter les aventures qu'elles vivaient en marge de leur grande et belle histoire d'amitié amoureuse.

Colette avait très tôt appris à se méfier des hommes, qui tentaient sans vergogne de profiter de sa jeunesse, de sa beauté et de sa naïveté de provinciale. Il faut dire qu'elle avait connu une triste expérience avec son premier amour, son premier mari, Willy. Celui-ci la força en effet à écrire des livres qu'il signait, une partie des droits d'auteur servait à assurer la vie du ménage, une autre, sans doute assez large, permettait à l'époux indigne d'assouvir le plus grand de ses vices, le jeu. Il n'était pas seulement joueur, c'était aussi un coureur-né, et la jeune Colette, trahie par cet homme qui prétendait l'aimer, ne tarda pas à tirer de cette aventure les conclusions qui s'imposaient.

Après leur rupture, elle se tourna vers le spectacle. Elle avait rêvé, plus jeune, de devenir actrice ou danseuse. Régimes alimentaires, cours de danse et de comédie, elle fit tout pour pouvoir entrer dans le métier. À l'époque, les danseuses étaient davantage des femmes aux gestes lascifs : la technique classique n'était que secondaire. Pratiquées souvent par d'illustres courtisanes, comme Liane de Pougy ou la Belle Otéro, ces poses sensuelles n'avaient d'autre utilité que d'exciter les messieurs comme il faut, engoncés dans leurs cols amidonnés et leurs costumes étriqués. Colette fut enivrée par ce monde où tout n'était que liberté, où lois et principes n'existaient plus : chacun couchait avec qui il voulait, s'il le voulait, on buvait, mangeait, s'amusait entre copains et copines dans une promiscuité grisante et, finalement, très moderne. Cette voluptueuse liberté, démocratisée depuis la libération des mœurs de 1968, était alors l'apanage du milieu du music-hall. Colette était passée de l'éducation stricte de sa mère, que pourtant elle adorait, à un mari jaloux et infidèle qui l'obligeait à travailler tandis qu'il allait courir les tripots et le guilledou : quelle renaissance ce fut alors pour elle de goûter à cette superbe ivresse !

Elle qui avait vécu toute son enfance à Saint-Sauveur, en Bourgogne, une vie tout à fait campagnarde et rurale rencontrait l'inconnu dans ce monde de la nuit, au milieu de cette foule bigarrée et sans cesse changeante de personnes plus extravagantes les unes que les autres.

Plus tard, elle s'essaya au théâtre, créant elle-même *Chéri*, mais sa prestation ne laissa pas un souvenir impérissable. Il faut dire qu'elle roulait les « r » avec une violence toute bourguignonne, et que sa voix était plutôt rauque. En revanche, son amour pour les acteurs et les actrices lui fit écrire de merveilleuses pièces, où l'on retrouve ce sens inné du dialogue qui brille dans ses romans.

Des fenêtres de chez Cocteau, qui habitait à l'entresol du 36 de la rue de Montpensier, je scrutais l'appartement où elle avait vécu. J'imaginais cette femme qui me fascinait appuyée sur la balustrade en pierre, nimbée de la lumière du soleil, un chapeau à large bord posé sur ses yeux crayonnés, son foulard autour du cou, elle qui toute son existence eut les courants d'air en sainte horreur...

Cette obsession, ce fantôme aimé, me poursuivit, jusqu'au jour où je me décidai à proposer à la seule chaîne de télévision existant alors de jouer *Chéri*. Nous étions en 1964. J'étais déjà vedette de cinéma, ce qui me permit de faire accepter ce projet avec quelque facilité. Il fallait simplement s'occuper des droits de la pièce, propriété des héritiers de Colette. Le principal ayant droit était Maurice Goudeket, qui avait épousé Colette en 1935. Trente ans les séparaient. Tout amoureux qu'il avait été de Colette, veillant à ses affaires et à son bien-être, il n'est pas insultant d'indiquer qu'il n'était pas complètement désintéressé. Il demanda donc une bonne somme d'argent pour l'adaptation. Qu'il obtint. Nous fixâmes un rendez-vous et je rencontrai un homme très affable, très courtois, qui me félicita de cette idée. Moi, toujours aussi peu confiant en mon physique, je lui demandai s'il me trouvait assez beau pour le rôle. J'avais vu la pièce jouée par Jean Marais, et cela pouvait difficilement atténuer mes complexes ! Maurice Goudeket me raconta que Colette avait écrit le texte pour un jeune amant, Bertrand de Jouvenel, qui, bien que beau, était loin d'être un malabar : mes frêles épaules allaient donc mieux au rôle, selon lui, que la large carrure de Jean Marais !

Il restait à trouver qui incarnerait le rôle de Léa, double fictionnel de Colette, femme d'une cinquantaine d'années, distinguée, encore belle, et experte en amour. J'ai tout de suite pensé à Edwige Feuillère, avec qui je rêvais de jouer. Celle-ci connaissait bien l'œuvre de Colette, elle avait tourné *Le Blé en herbe*. Je suis allé avec un peu d'appréhension au rendez-vous que nous nous étions fixé. Edwige m'avait toujours impressionné par son intelligence si vive et cette magie qui émanait de sa personne. Comme Colette, elle aussi était issue du monde rural, ses parents venaient de la campagne italienne, ce qui certainement joua beaucoup dans le fait qu'à aucun moment de sa carrière elle n'ait perdu la tête et ne se soit prise pour le personnage de « grande dame du cinéma » qu'on tentait de substituer à sa véritable personnalité. Malgré tout, ce titre dont la gratifiaient les journalistes, la profession et le public lui-même, était loin d'être usurpé : son élégance, cette voix de violoncelle, sa façon de dire les textes, jusqu'à sa manière de vivre, en cachant tout détail privé et intime, faisaient d'elle une véritable reine, une reine au talent merveilleux, auréolée de mystère. Pour toutes ces raisons, et d'autres encore, je n'étais pas peu fier de dîner avec elle, même si ça n'était pas la première fois que je rencontrais cette grande diva. Au milieu du repas, je lui dis :

— Voilà, Edwige, je rêve de monter *Chéri* de Colette à la télévision. Les producteurs sont d'accord, mais il nous faut une grande actrice pour le personnage de Léa. Je sais que vous aimez Colette, et vous me feriez un immense honneur et un énorme plaisir en acceptant ce rôle.

Elle me regarda et, avec son incomparable sourire, me dit :

— Jamais je ne jouerai *Chéri* !

— Pourquoi ? Le rôle ne vous plaît pas ?

— Si, mais je n'aimerais pas me trouver face à un miroir, à la fin de la pièce, en me traitant moi-même de vieille folle, et en pleurant sur mon âge.

Ce résumé qui suffisait seul à expliquer son refus était une authentique réponse de princesse : devant tant de grâce et de fierté, je ne me permis pas d'insister.

Nous parlâmes alors de Geneviève Page, qui avait repris *L'Aigle à deux têtes* au théâtre de l'Athénée, pièce qu'Edwige avait créée et qui, avec *La Dame aux camélias*, avait été un des sommets de sa carrière. Je lui fis part de mon émotion lorsque je passais devant une affiche de cette pièce et que, à la « place » de son nom, je lisais celui de Geneviève Page, actrice que du reste j'admirais. Edwige, sur un ton coquet, me répondit par une question : « Ah bon ? Moi, j'ai joué dans *L'Aigle à deux têtes* ? » me faisant ainsi comprendre, avec cette élégance qui était pour elle une seconde nature, qu'elle ne désirait pas entrer dans ce genre de discussion. En grande actrice, elle pensait que les pièces appartenaient à leurs auteurs, et qu'il est bien normal que les acteurs et les actrices se succèdent, sans plus d'importance que cela, au service de leurs merveilleux textes.

À la suite de cette entrevue, je pensai à Madeleine Robinson. Une grande comédienne, à la réputation assez difficile. On disait çà et là qu'elle était exigeante, égoïste, voire parfois méchante. Je la rencontrai et, sous ses apparences d'actrice mûre et toujours séduisante, je trouvai une panthère apprivoisée. Elle fut tout à fait gentille, chaleureuse à mon égard. Jamais nous n'eûmes d'accrochage, et j'eus même le privilège de lui remettre sa rosette de la Légion d'honneur.

Madeleine accepta le rôle sans hésiter. Nous tournâmes aux Buttes-Chaumont, elle fut naturellement admirable.

Madeleine avait choisi la Suisse pour vivre sa solitude. La mort de sa fille, atteinte du sida, fut pour elle une grande épreuve. Le nombre des amis diminua. Elle venait d'avoir quatre-vingt-huit ans, on lui retira le permis de conduire. C'était porter atteinte à sa liberté. Elle aimait avant tout son indépendance ; elle choisit de partir loin...

Dans *Chéri*, je retrouvai d'autres actrices que j'adorais, comme Denise Grey, qui jouait la mère de mon personnage, Mme Peloux, l'archétype de la mère abusive qui pousse son fils à être gigolo afin d'assurer ses vieux jours, Mary Marquet et sa voix de tragédienne, Madeleine Clervanne et mon copain Daniel Ceccaldi.

Ces quatre dames, chaque jour de tournage, organisaient leur « quatre heures ». Elles préparaient des petits paniers emplis de cakes et de tartines qu'elles dégustaient sur la pelouse du parc des Buttes-Chaumont. Cette ambiance, qui ressemblait tellement à celle de la pièce et qui se prolongeait alors que les caméras ne tournaient pas, était des plus charmantes.

Pendant les répétitions, je reçus un surprenant coup de téléphone.

— Bonjour, monsieur Brialy. Je suis Colette de Jouvenel, la fille de Colette, et je suis très surprise d'apprendre que *Chéri* va être porté au petit écran, sans même qu'on m'en ait un tant soit peu avertie. M. Goudeket n'a pas tous les droits, et j'ai mon mot à dire. Rassurez-vous, monsieur Brialy, je n'ai rien contre vous, et je suis même très heureuse que vous soyez à l'origine de cela, mais je trouve ces façons de faire quelque peu légères et pour le moins cavalières.

Renseignements pris, j'appris que le veuf de Colette s'était en effet arrogé un pouvoir et un droit qu'il ne détenait pas exclusivement, et je m'empressai de prendre rendez-vous avec Colette de Jouvenel. Je fis la connaissance d'une femme délicieuse mais irrémédiablement blessée par la vie. Elle ressemblait à sa mère, en plus ronde, avec la même vivacité, la même générosité et la même intelligence. Elle n'avait pas été très heureuse au cours de son enfance, durant laquelle elle avait été traînée comme un paquet par une Colette plus préoccupée par sa vie de femme que par sa responsabilité de mère. Élevée en grande partie à la campagne par des femmes, elle le fut également dans la peur des hommes.

Elle était surtout fatiguée par la guerre qui l'opposait à la femme avec qui Maurice Goudeket avait refait sa vie, Sandra, dont le premier mari fut le grand couturier Jacques Heim. Sandra, qui vivait dans l'ombre de l'auteur, haïssait Colette et vendait tout ce qui lui venait d'elle, les boules de sulfure, les tableaux, les lettres, les dessins. Colette de Jouvenel rachetait tout afin de préserver la mémoire de sa mère, car tel était l'enjeu de cette sinistre guerre.

Colette de Jouvenel et moi ne tardâmes pas à devenir amis. Elle m'invitait souvent dans cet appartement magique dont, plus jeune, je regardais les fenêtres en rêvant, et dans lequel j'entrais enfin, comme dans un rêve éveillé. Tout avait été si bien conservé par la fille, l'emplacement des meubles, des objets, des tableaux sauvés de la dispersion, la chaise longue barrée par la table de travail et son plaid écossais, qu'il semblait que sa mère fût partie, la veille, en voyage.

Autre projet, un peu plus tard : la réalisation pour la télévision de *La Vagabonde.* J'en parlai naturellement à

Colette de Jouvenel, qui aussitôt se proposa de collaborer à l'entreprise. Elle m'envoya ainsi des notes dans lesquelles elle me racontait des histoires qu'elle tenait de sa mère, des histoires de tournées du début du siècle. Colette faisait partie à l'époque d'une troupe constituée d'acrobates, de jongleurs, d'un pétomane, de chanteuses qu'on appelait alors « beuglantes », de clowns, de musiciens, etc. C'est l'existence misérable de ces troupes qu'elle conte dans *La Vagabonde* et dans *L'Envers du décor*, l'épopée de ces saltimbanques qui voyageaient en troisième classe, allant de ville en ville, jouant dans des théâtres délabrés, sacrifiant tout à leur art et au public.

Colette et sa troupe ne trouvaient presque jamais de places assises dans les trains et devaient bien souvent passer les dix longues heures de trajet sur leurs baluchons de fortune. Ils avaient cependant imaginé une astuce qui consistait à tous se vêtir de noir, les femmes arborant des crêpes sombres. Bon nombre de voyageurs, voyant cette troupe funèbre, laissaient leur place à ceux et celles qu'ils croyaient en deuil. Les imposteurs s'installaient paisiblement et, dès que le train s'ébranlait, ils riaient, buvaient du vin et mangeaient du saucisson dans l'allégresse la plus complète... Et tous les voyageurs de s'indigner de la conduite déplorable de ces individus en voyage pour un enterrement !

Colette de Jouvenel écrivait remarquablement : elle avait hérité de sa mère cette façon joyeuse et sensuelle de faire danser les mots. Ses phrases n'étaient jamais trop littéraires et ennuyeuses : elles vivaient, et à travers elles on sentait un vrai style. Je lui dis un jour : « Enfin, Colette, avec ce talent, tu devrais écrire ! Raconter tes souvenirs, toutes ces personnes extraordinaires que tu as connues dès le berceau ! » Elle me répondit simplement : « Quand on est la fille de Colette, on n'écrit pas. » Elle s'était astreinte à vivre discrètement, et à perpétuer la mémoire de cette femme qu'elle vénérait.

Elle m'avait confié que l'un de ses vœux les plus chers était d'utiliser, à la mort de Maurice Goudeket, l'appartement de sa mère afin d'en faire un « Musée Colette ».

Peu de temps après, je fus convié, ainsi que d'autres personnes, à déjeuner à la table du président d'alors, François Mitterrand. Étaient également présents : Guy Bedos, Jean-Loup Dabadie, Stéphane Audran, Julien Clerc, en tout et pour tout une dizaine d'invités : rien que de très intime, en définitive ! À notre arrivée, on nous installa dans un salon où l'on nous servit quelques rafraîchissements. Nous avions rendez-vous à midi et demi. Une heure plus tard, le président arriva enfin. François Mitterrand était systématiquement en retard à ses rendez-vous. Il s'excusa très poliment, et nous passâmes à table, dans la salle à manger de l'Élysée, jadis refaite dans un style moderne par Georges Pompidou.

François Mitterrand était un charmeur, avec les femmes bien évidemment, mais avec les hommes tout autant. Sa culture, son intelligence, sa finesse et son humour pince-sans-rire ravissaient tous ceux qui l'approchaient : le déjeuner fut naturellement des plus agréables.

Alors que nous passions au salon pour le café et les digestifs, je m'adressai au président :

— Monsieur le président, j'aimerais vous demander quelque chose.

— Bien sûr, je vous en prie.

— Voilà, je suis l'un des amis de Colette de Jouvenel, la fille de Colette, et elle souhaiterait faire de l'ancien appartement de sa mère un musée en son honneur.

Il me regarda alors paisiblement dans les yeux et me dit :

— Écoutez, je n'aime pas Colette en tant qu'auteur, mais vous avez parfaitement raison de m'en parler. C'est une très bonne idée.

Aussitôt, il fit appeler son fidèle ministre de la Culture, Jack Lang, et lui exposa l'idée, lui demandant de faire ce qui était en son pouvoir pour que ce projet aboutisse.

Avant que cela ne se concrétise, Colette de Jouvenel décéda d'un cancer, à seulement soixante-sept ans. Dans sa grande pudeur, elle avait caché sa maladie à tout le monde. Les Goudeket reprirent l'appartement, et Maurice mourut peu après. Sandra Goudeket était cultivée et élégante, mais snob. Elle avait des a priori sans appel, décidant du talent d'un tel, de la qualité d'un autre, ce qui me gênait d'autant plus que ces jugements de valeur venaient d'une personne dont le seul véritable talent était d'avoir épousé deux hommes riches.

À la suite de son époux, c'est son fils unique qui, à vingt-cinq ans, disparut dans un accident de voiture. Elle se retrouva ainsi seule dans l'appartement de Colette. Nous nous étions quelque peu rapprochés, surtout par le biais de connaissances communes, comme la famille Rothschild ou le baron de Redé, et c'est avec grand respect pour sa réelle douleur que je me permis de lui toucher quelques mots au sujet du fameux musée Colette. Sandra désirait en effet vendre son appartement, et je lui indiquai que l'État serait bien volontiers preneur. Je n'eus soudain plus une femme en face de moi, mais une bourgeoise hystérique qui jurait ses grands dieux qu'il était hors de question qu'elle vende cet appartement à un « État socialiste ». Aujourd'hui encore, je me demande quel rapport cette considération avait avec Colette.

Sandra loua l'appartement à un grand décorateur, Jacques Grange, qui, très naturellement, transforma complètement l'intérieur. Puis, ayant bientôt besoin d'argent, elle le vendit à son locataire et finit dans un hospice, seule, avec ses souvenirs, oubliée de tous.

À travers ce destin cruel, j'ai cru voir la vengeance de Colette, exercée depuis l'au-delà sur cette femme qui ne l'avait jamais aimée.

Cagnes-sur-Mer

C'est étrange, les rencontres de lieux. Je crois beaucoup que les maisons prennent l'empreinte des gens qui y ont habité longtemps, comme les théâtres.

Je ne connaissais Cagnes-sur-Mer que parce que Auguste Renoir y avait une maison, au milieu des oliviers et des orangers. Cagnes, c'était aussi Suzy Solidor, une chanteuse à la fois insolite et étrange, que l'on appelait « Surcouf » parce qu'elle avait un beau visage, semblable à une proue de navire, le cheveu blond coupé court. Elle chantait d'une voix profonde, qui tremblait un peu, Mac Orlan et le répertoire des marins et de l'océan. Cagnes, pour moi, c'était tout ça.

Mon père, colonel, a pris sa retraite à soixante-cinq ans. Ma mère voulait absolument s'installer dans le Midi, en souvenir de l'Algérie et pour la chaleur, la mer, les parfums. Elle aimait beaucoup son pays, le Puy-de-Dôme, mais c'était trop froid, et puis elle n'y avait plus de famille. Mon père aurait préféré l'Anjou où ses parents avaient habité, et où il avait vécu longtemps, mais ma mère avait peur de s'y ennuyer. Elle en avait gardé un mauvais souvenir. Pas à cause de mes grands-parents qui étaient merveilleux, mais à cause d'Angers qui pendant la guerre, en 1942-1943, était vraiment la ville française type, frileuse et peureuse. La délation y allait bon train, tout le monde était pour le maréchal Pétain, et dès la Libération tout le monde s'est rallié à de

Gaulle... L'exemple même de la petite ville hypocrite et un peu lâche, et surtout tristounette.

Mes parents ont donc opté pour le Midi, mais ils ne savaient pas où, et j'ai commencé à chercher avec eux. J'aimais beaucoup Nice que je trouvais vivante, pas Cannes ou Menton qui étaient pour moi des villes endormies. J'étais allé à Villefranche deux ou trois fois, Cocteau y avait travaillé à une chapelle de pêcheurs. C'est une très jolie baie, et j'avais déniché un appartement ensoleillé sur le port. Mais mon père rêvait d'un jardin. Ma mère ne voulait pas entendre parler de vieille bâtisse, elle rêvait d'une maison neuve, moderne. Ils ont donc décidé de faire construire une villa, à Cagnes, mais pas dans le vieux Cagnes, où il n'y avait plus de place. Ils ont acheté un terrain sur une colline et ont fait bâtir une maison – la maison de leurs rêves... Pour moi, elle était un peu lourde, pas très pratique, c'est curieux comme les gens essaient de reconstituer finalement l'univers dans lequel ils ont vécu toute leur vie... Ma mère avait toujours habité des villas de fonction qui se ressemblaient toutes : trois pièces quand on était lieutenant, quatre pièces quand on était capitaine, cinq pièces quand on était commandant... Tous les appartements de mes parents étaient fonctionnels.

Dans cette maison il y avait un grand balcon, un vaste salon-salle à manger, une cuisine confortable et trois chambres. Et surtout un jardin très agréable. Mon père se levait tôt et cultivait ses salades, ses radis et des fleurs pour faire plaisir à ma mère. Le jardin était le royaume de mon père, il y passait le plus clair de son temps et était fier de ses légumes. Autour de la villa se sont construites d'autres maisons bourgeoises sympathiques. L'endroit était calme et la vue ravissante sur les arbres. Quand mon père est mort, ma mère a vendu. Elle ne voulait pas rester dans un endroit où elle avait été heureuse avec mon père pendant quinze ans. Et puis la maison était trop grande, trop difficile à entretenir... donc elle a choisi de s'installer dans un appartement.

J'avais le souvenir de Cagnes-sur-Mer comme d'un endroit privilégié, pour les artistes, pour les peintres. Le vieux Cagnes est vraiment très beau. Il y a un dédale de rues pavées, des maisons anciennes, protégées mais fatiguées. Cela garde un charme à la fois désuet et fleuri. Nombre de brocanteurs, d'antiquaires, de petits restaurants cernent la place et sa fontaine. J'aimais beaucoup faire un tour dans la propriété de Renoir, Les Collettes, lieu magique, fixé pour l'éternité par le pinceau de Monsieur Auguste. Quand mes parents m'ont dit qu'ils avaient choisi Cagnes, j'étais très heureux pour eux. Je déteste la Côte d'Azur, devenue un rempart de béton – j'admire sa beauté en général, son élégance, mais je n'apprécie pas la mentalité des habitants. Ils essaient de profiter des touristes, la vie est deux fois plus chère qu'à Paris.

Il y a à Cannes une école d'acteurs où, une fois par an, un cinéaste vient parler de son art. C'est un peu une *master class*, une idée que va développer Jeanne Moreau à Angers. Moi, je n'aime pas beaucoup les classes, j'étais un élève médiocre, qui peut mieux faire, et je crois que je n'aurais pas la patience d'enseigner. La technique m'est étrangère. C'est mon instinct qui m'a guidé quand j'ai fait mes films. Mais j'aime les acteurs, on peut discuter d'un scénario, de la manière de l'adapter et de le rendre plus clair pour le partager avec le public. Ils m'ont invité il y a cinq ou six ans, et je suis allé les rencontrer. La tradition veut que le metteur en scène ou le scénariste reçu fasse un court métrage avec les élèves. Sur les trente élèves, il sélectionne ceux qui lui paraissent les plus aptes, les plus doués. J'avais fait la sélection de dix filles et dix garçons et il fallait que je trouve un sujet. Je n'ai pas cherché bien longtemps. Je me suis dit : « Nous sommes à Cannes, près de Cagnes, nous allons donc rendre hommage à Auguste Renoir, et à Jean Renoir. » Mon premier film, *Églantine*, en était l'exemple.

J'ai demandé la permission de tourner dans la propriété d'Auguste Renoir, et très aimablement le maire et le conservateur – puisque c'est un musée – m'ont autorisé à utiliser le jardin et la petite cuisine, qui est restée intacte. J'ai inventé une histoire très simple : c'était l'anniversaire d'une des filles et les copains et les copines se réunissaient dans la maison des parents. Les couples destinés à être heureux se brisaient, ceux qui étaient destinés à être loin l'un de l'autre se rapprochaient... enfin c'était une espèce de marivaudage charmant qui était surtout prétexte à montrer le visage de ces filles et de ces garçons jeunes, avec chacun leur tempérament. Il y avait celui qui était très bruyant, celui qui dansait, celui qui chantait, celui qui la ramenait un peu, celui qui était tendre et timide, et même chose pour les filles. Ce mélange était simple, et ce fut une véritable partie de campagne.

Nous avons passé une semaine aux Collettes chez le peintre. Il aimait se promener au milieu des oliviers, il avait choisi le Midi pour ses rhumatismes. Il avait habité Manosque, Grasse, et puis un jour ce village de Cagnes. Renoir s'installa dans le bureau de poste, qui était un grand bâtiment, la poste proprement dite, avec l'appartement du receveur, le logement du propriétaire et un dernier corps de logis ouvrant sur un champ d'orangers. On m'a offert un livre charmant qui évoque ce séjour [1].

Toute la maisonnée Renoir vit à l'heure méditerranéenne, en cuisine pas question de bannir l'huile d'olive et l'ail comme le font les Parisiens. [...] Dans l'entourage du peintre, des

1. Raoul Mille, *Ma Riviera*, tome 2, éd. Gilletta-nice-matin, Nice, 2003.

hommes du peuple, des paysans, des employés et Baptistin le cocher. Ferdinand, Baptistin, on se croirait chez Alphonse Daudet [...]. Mais l'occupation la plus triste de Baptistin était de pousser Renoir dans son fauteuil roulant, la paralysie avait gagné les jambes...

Quand il faisait beau soleil, Baptistin attelait le cheval à sa victoria et amenait Renoir dans les collines pour peindre sur le vif. Un endroit l'enchantait particulièrement avec ses oliviers énormes, sa petite ferme noyée dans le paysage.[...]

Mais le peintre apprend que la propriété risque d'être achetée par un horticulteur dont le premier souci serait de couper les arbres pour planter à la place des œillets. Un crime que Renoir ne peut laisser se perpétrer. Il entre en contact avec la propriétaire, Mme Armand, et achète Les Collettes. Un coup de cœur plus qu'un acte réfléchi, l'endroit est isolé, la ferme inhabitable. [...] Mais la rencontre du peintre et des Collettes est d'un autre ordre : une attraction indicible. Peut-être Renoir pressent-il que ce sera la dernière étape, un jardin édénique où la lumière, les couleurs attendent son pinceau depuis toujours...

Renoir s'installe aux Collettes dès 1905. À cette époque le peintre est connu dans le monde entier, des expositions de ses œuvres ont lieu à Londres, Budapest, Vienne, Stockholm, Berlin, Moscou. Aux Collettes Renoir se soucie peu de cette gloire, il prend conscience des lieux, jouit de l'odeur de l'herbe et du parfum des fleurs : « Cela me repose la cervelle de peindre des fleurs. Je n'y apporte pas la même tension d'esprit que lorsque je suis en face d'un modèle. Quand je peins des fleurs, je pose des tons, j'essaie des couleurs hardiment sans souci de perdre une toile. Je n'oserais pas le faire avec une figure dans la crainte de tout gâter. »

C'est amusant parce que, lorsqu'on tournait, j'ai repensé à tout cela. Je retrouvais l'âme de Renoir, je suivais ses pas.

Nohant

Autre rencontre de lieux : nous avons tourné presque toute *La Dame aux camélias* dans la propriété de George Sand à Nohant. Dans la cuisine – sur la table en bois, on voit encore l'endroit où on cassait les noix, celui où George Sand faisait ses confitures – il y avait une cuisinière et à côté des petits carreaux en faïence que l'on appelait « le potager », avec des fenêtres qui donnaient sur le jardin. À gauche, le verger et les fleurs. Elle avait fait planter deux arbres à la naissance de ses deux enfants. Un escalier somptueux, à révolution, conduisait aux étages. En bas se trouvaient la salle à manger, le bureau de travail de George Sand. Les chambres étaient au premier, desservies par un grand couloir. George Sand choisit un salon au rez-de-chaussée pour sa chambre : âgée, elle ne pouvait plus monter l'escalier. Il y avait la chambre de ceux qu'elle recevait, Chopin ou Liszt, qui communiquait souvent avec la sienne, la chambre de son fils, Maurice, des chambres d'amis. Et puis ce grand couloir avec des petites tomettes dont les murs étaient gris, avec au bout une petite boîte aux lettres où Alexandre Dumas ou Tourgueniev mettaient leur courrier pour qu'il soit porté à La Châtre et parte avec la diligence pour Paris. Cette boîte aux lettres que tant de grands écrivains ont utilisée ressemblait à une orpheline. On ressentait une atmosphère chargée de fantômes. L'air y était léger, ça respirait l'amour, thème principal des locataires. Bien sûr il y a eu des chagrins, des maladies, des morts, mais on sent que l'intelligence, l'esprit, le désir étaient partout, dans les chambres, et aussi dans le salon, dans la bibliothèque, dans le bureau de George Sand, dans la salle à manger...

Dans la salle à manger la table était mise, comme au temps des voyageurs, le lustre de Venise rapporté d'un voyage faisait briller ses girandoles. Le conservateur avait dressé le couvert avec des assiettes et des verres du service de George Sand, avec les noms des visiteurs : Alexandre Dumas, Tourgueniev, Chopin, Liszt, etc. On s'y croyait. Le dîner avait lieu tôt, à six heures et demie, puis on se rendait dans le petit théâtre de marionnettes où était donné le spectacle; sinon, ils s'installaient au salon pour écouter Chopin ou Liszt au piano. Et puis chacun lisait un poème, jouait aux devinettes, aux dames ou aux cartes.

J'ai la nostalgie de cette époque, du goût de la conversation. On commentait évidemment, comme aujourd'hui, les faits politiques, les discours, les lois, les attentats, les révoltes, l'injustice, le chômage déjà, la famine, enfin tous les problèmes qui nous préoccupent encore aujourd'hui, mais les nouvelles allaient au ralenti, les mauvaises nouvelles traînaient sur le chemin.

Le château de Nohant est resté intact. Aurore, la petite-fille de George Sand, est morte à quatre-vingt-quinze ans. Elle a vécu modestement dans ce lieu de pèlerinage. Jusqu'en 1975 où la maison est devenue un musée, rien n'a bougé. Des travaux ont été effectués, les plus urgents et les plus nécessaires à sa protection. Le toit a été refait et le chauffage installé pour chasser l'humidité, les raccords de peinture pour cacher la misère du temps. Beaucoup de choses ont été vendues par la petite-fille parce qu'elle n'avait pas beaucoup d'argent – des meubles, de l'argenterie –, mais ce qui est formidable, c'est que la maison ait gardé son authenticité. On partage son existence au quotidien. George se levait et se couchait avec le soleil, et les journées paraissaient peut-être un peu longues... Mais tous participaient aux travaux des champs : ils ramassaient des fruits, pique-niquaient, allaient pêcher sur la rivière. Il y avait un côté bonne santé et écologie. À Paris, George

Sand sortait beaucoup – théâtre, opéra, salons littéraires – et travaillait beaucoup, mais, quand elle a vécu complètement à Nohant, elle a installé une sorte de rythme qui était celui de la nature, la pendule marquant les heures. J'adore ceux qui, comme Colette plus tard, vivent au temps des saisons. Cela leur donne une lucidité, une distance, un équilibre qui ressemble à la « sagesse ».

C'est ce que je ressens, de façon plus modeste, quand je vais à la campagne le dimanche. Je retrouve mes chiens, la beauté de la nature créée par ceux qui étaient là avant moi. Ils ont planté des arbres, fait un jardin de curé, avec des arbres fruitiers. Au printemps c'est le jaillissement des bourgeons. L'hiver, la terre se referme, elle se durcit comme des mains de vieux qui se craquellent. On se dit : c'est fini, c'est la mort, mais contrairement à nous le jardin ressuscite, la terre redevient grasse, on voit pousser des petites fleurs, les arbres se couvrent de feuilles... C'est extraordinaire, les saisons.

J'ai toujours eu ce goût pour la campagne. Évidemment, quand j'étais petit, je rêvais de conquérir Paris. Mais j'ai constamment eu les pieds sur terre : j'ai acheté ma maison quand j'avais vingt-six ans, en 1960. Ce petit château est une folie. J'ai beaucoup travaillé pour lui et mon plaisir est de recevoir des amis le dimanche pour déjeuner. Mon plus grand bonheur, c'est de mettre la table le dimanche. J'ai la manie des nappes, de la vaisselle, des verres, je suis fou d'argenterie, j'ai le goût du luxe discret. J'apprécie mon privilège et, souvent, quand je traverse les banlieues avec ces cages à lapins, j'ai un peu honte du cadeau que la vie m'a fait. Je comprends que les gens aient envie même d'un pavillon tout simple, d'une maison à eux, avec un petit jardinet où ils puissent être tranquilles, pas les uns sur les autres.

Françoise Sagan

Avec Jean Cocteau, Françoise Sagan est la personne qui m'a impressionné le plus par son intelligence, son humour, sa simplicité et sa générosité. Je l'ai rencontrée une nuit dans la boîte de Régine. C'est Jacques Chazot qui a fait les présentations. Depuis longtemps, j'admirais l'auteur de *Bonjour tristesse*, cette femme mince, aux yeux de lynx, la mèche blonde tombant sur un large front, une voix saccadée qui bredouille des mots parfois incompréhensibles mais bien choisis. Il suffit de la lire pour être émerveillé par la simplicité du style, la justesse du ton, une façon singulière de raconter sa vie et son gibier : le monde.

Pudique, élégante sans préciosité, le sourire glisse sur ses lèvres minces, ses fous rires d'enfant prise en faute mais fière de l'être.

J'ai passé avec Françoise la générale la plus angoissante de mon existence. Nous avions monté une comédie, *L'Excès contraire*, au théâtre des Bouffes-Parisiens avec en vedette Dominique Lavanant, et comme metteur en scène Michel Blanc. Les répétitions étaient des vacances. Alexandre Trauner, le grand décorateur des *Enfants du paradis* et d'autres magnifiques films, avait accepté de faire les décors : un château anglais du XIXe siècle. La répétition générale est une épreuve difficile, presque obligatoire, devant le Tout-Paris, mélange d'amis, de journalistes et surtout d'un public impitoyable puisqu'il est invité. En France, on n'aime pas beaucoup les femmes courageuses. Françoise flirte avec le danger, défie toutes les lois morales et chante sur tous les tons la liberté.

Elle me demanda la permission de se réfugier dans ma loge pour mieux écouter ses comédiens, les réactions de la salle. Toute menue, nerveuse, un rouge à lèvres effacé, elle s'accroupit, seule dans un coin de ma tanière. Je lui fis monter du champagne, mais elle préférait la bière, la vodka, le café ou le whisky. Je lui proposai de rester avec elle, n'aimant pas être avec le public. Elle accepta, et nous voilà bloqués tous les deux, elle tremblante et moi m'efforçant d'être olympien.

Les trois coups sont frappés, le rideau s'envole, quelques rires par-ci par-là et l'auteur se détend. Je lui pris la main. Ça avait l'air de marcher. Puis, dans un silence lourd, étouffant, je lui murmurai : « C'est beau, le silence, ça prouve qu'ils écoutent. » Et, après quelques rires parsemés : « Les copains », dit-elle.

À l'entracte, l'attente semblait interminable. Quelqu'un vint de la salle. « Ça marche, ils ont l'air contents... » Alors la seconde partie, pire que la première. Françoise se lève, s'assied, fume, boit, reste muette, un pâle sourire pour me faire signe qu'on est ensemble. Le rideau de velours s'effondre sur le plateau en emportant nos illusions. On sent bien tout de suite le succès ou l'échec. Ce soir-là, c'était pire, la tiédeur, l'indifférence. Et le défilé après la cérémonie · avec celles qui vous sautent au cou en pensant au souper qu'elles vont aller avaler, ceux qui parlent de la beauté du décor ou de la richesse des costumes, enfin celui qui hurle dans les coulisses : « Je ne sais pas pourquoi ils n'aiment pas, moi, j'adore ! » Françoise, titubant de fatigue et d'un peu d'alcool, s'était enfouie dans ses pensées, blessée sans doute, mais généreuse. Elle s'inquiétait pour moi. Elle plaignait les acteurs et espérait que la critique la fusillerait seule au peloton d'exécution.

La pièce fut acceptée par le public, le vrai, celui qui paie sa place et qui a envie qu'on lui raconte de belles histoires pas ordinaires avec esprit et une langue étincelante. Françoise sortit d'un sac en papier un cahier calligraphié, écrit de sa main, c'était l'original de *L'Excès contraire.* Et, sur le verso, l'original de son roman sur Sarah Bernhardt. Ce fut le plus beau cadeau que j'aie reçu au théâtre d'un auteur mondialement connu et qui me faisait l'honneur de partager avec moi les émotions de la création.

Françoise Sagan parfois plisse les yeux. On croit qu'elle dort, non, mieux, elle écoute, elle range ses souvenirs dans ses tiroirs secrets. La mélancolie donne le bras à l'esprit et ils se promènent gaiement sur les chemins de l'amour et de l'humour. Bonjour la vie !

Sarah Biasini

J'ai beaucoup de tendresse pour cette jeune femme, que je ne connais pas encore très bien. Sa maman, Romy, m'avait dit quelques jours avant de mourir : « Mon papa — elle avait l'habitude de m'appeler comme ça — , n'aie plus peur, maintenant je suis forte, j'ai plein de projets et je veux vivre pour ma fille. » Pour Sarah, qui avait cinq ans. Malheureusement, Romy est morte, son cœur s'est arrêté à quarante-deux ans, laissant une petite fille qui a été élevée par ses grands-parents et son père.

Lors d'un hommage qui lui a été rendu, il y a quelques années, les amis ont témoigné. Sarah avait dix-huit ans et nous a posé des questions sur sa maman, sur le plan professionnel bien sûr, puisque sur le plan affectif son père et ses grands-parents lui ont dit tout ce qu'ils avaient à lui dire.

Tous les enfants qui ont eu des parents célèbres, je crois, sont à la fois fiers d'eux et les rejettent, parce qu'ils ne veulent pas être écrasés par leur gloire ou leur célébrité. On peut imaginer qu'il est plus difficile d'être la fille de Marlène Jobert ou de Johnny Hallyday et de Nathalie Baye – ces jeunes femmes doivent prouver plus que les autres leur talent, et souvent elles réussissent.

Courageuses, humbles, elles travaillent et sortent de l'ombre.

Je crois que Claude Brasseur en a souffert aussi. Être le fils de Pierre Brasseur et vouloir faire du théâtre n'était pas facile, d'autant plus qu'au départ Pierre n'a rien fait pour aider Claude. Il a commencé comme assistant, a été journaliste et a fait beaucoup de métiers pour finalement arriver à ce qu'il voulait, et je pense que Pierre était content de cela.

Sarah est comme Romy, très fière. Il y a quelque chose de très fort dans son caractère. Elle a hérité de sa mère la beauté, elle est travailleuse. Je l'avais invitée à déjeuner il y a deux ou trois mois, et elle a refusé car elle devait préparer son film. Elle montait à cheval, faisait de l'escrime... elle voulait être prête pour le tournage du film où elle incarne Mlle de Maupin, un beau personnage romanesque, qui se battait comme un garçon et aimait comme une fille.

Pierre Arditi, qui a fait des essais avec elle, m'a dit qu'il avait été très impressionné par sa présence lumineuse. Elle a reçu de sa maman ce charme, qui est incontrôlable et que jamais on ne pourra apprendre dans les cours d'art dramatique.

Souvent des gens viennent me voir en me disant qu'ils veulent faire du théâtre, et je me demande s'ils se sont regardés dans la glace. Ce n'est pas une question de beauté ou de laideur, mais de présence. Michel Simon n'était pas beau, mais il avait ce regard de fauve, cette voix qui faisaient qu'on le remarquait. Aujourd'hui, on fait l'éloge de ces acteurs et actrices qui sont « comme tout le monde ». Moi, justement, je crois que les acteurs ne peuvent pas être comme tout le monde. Il faut emmener les gens dans le domaine du rêve, même s'il est quotidien... et ça ne veut pas dire pour cela que quelqu'un comme Suzanne Flon, qui semble très réservée, ne soit pas une grande actrice. Elle a l'air effacé, mais quand elle parle!... Elle a une voix de violoncelle, belle, chaude, douce : on l'écoute, et puis on la regarde. Elle peut être inquiétante, charmeuse... elle a quelque chose de magique.

Jean-Louis Trintignant

J'ai été bouleversé par le spectacle de Jean-Louis Trintignant, les *Poèmes à Lou* d'Apollinaire. J'ai rarement vu au théâtre quelqu'un avoir une telle présence. Il y avait chez les spectateurs une qualité de silence extraordinaire...

Jean-Louis Trintignant a débuté très jeune, comme moi. Je l'avais vu dans *Les Papiers d'Aspern*, au théâtre des Mathurins, une très jolie pièce avec Lucienne Bogaert où il était formidable. Il faisait partie de ces gens un peu à part dans ma vie. Nous avons énormément ri ensemble, mais en même temps il avait toujours une vie qui dépassait la mienne. Il a bien sûr été le fiancé de Brigitte Bardot – une histoire passionnelle vécue dans un grand secret – et quand je l'ai rencontré, au début de sa carrière, on parlait déjà de lui. Il avait cette belle voix, grave et profonde, ce sourire, ce charme. Il plaisait aux dames et aux filles : c'était un séducteur alors qu'il ne faisait aucun effort... Il était don juan malgré lui. Il a eu beaucoup de conquêtes, et puis il est tombé amoureux, pendant le tournage de *Et Dieu créa la femme* de Roger Vadim, de ce monstre de beauté qu'était Brigitte Bardot. C'était une situation terrible, parce que Jean-Louis était très ami avec la famille Marquant. Christian et Serge étaient un peu comme ses frères, et Vadim, même pièce rapportée, faisait partie de la famille. Quand la passion vous mange, vous ronge et vous dévore, c'est comme un torrent, tout disparaît devant vous. Il n'y a plus de raison, il n'y a que la passion. Jean-Louis a été fougueusement amoureux de Brigitte.

Quand je l'ai connu, il était marié avec Stéphane Audran. Il était timide, et en même temps drôle : il avait cette espèce d'humour fermé, pince-sans-rire. Il était très gentil en apparence, mais pouvait envoyer des piques assez cruelles – et toujours justes – sur ses contemporains, et cela m'amusait, j'appréciait ce genre d'esprit. J'aurais souhaité être son ami. Jean-Louis était secret et gardait comme un loup sa solitude. Pendant la période Brigitte Bardot, je ne l'ai presque pas vu. Nous nous croisions parfois, et j'étais toujours content de le rencontrer car je l'aimais comme acteur. Je trouvais qu'il était à part. Pour moi, la plus belle qualité d'un grand acteur, c'est son mystère. Et lui en avait un. Il portait en lui quelque chose d'insondable, d'incompréhensible... Il y avait derrière tout cela une vérité qui ne regardait que lui et qui me troublait. Il avait en outre beaucoup de charme. Il était beau, romantique, sa voix profonde et douce ajoutant au charme.

Le temps a passé, et j'ai vu apparaître un acteur qui avait du caractère : il a refusé des rôles par conviction. C'est rare, un comédien qui dit non, et lui l'a fait, non pas en fonction de sa carrière mais en fonction de ses engagements, avec une volonté forte et violente. Il a par exemple refusé malheureusement de tourner *Les Amants* de Louis Malle, et d'autres grands rôles. Il a cette rigueur, cette droiture, cette élégance et cette force. Parfois il s'est trompé.

Puis nous nous sommes croisés sur des films, nous avons tourné ensemble *Château en Suède* de Vadim, par exemple, avec Monica Vitti, et un jour il m'a demandé de travailler avec lui comme metteur en scène. Nous avons donc tourné *Le Maître nageur* qui pour moi est un film atypique, totalement déjanté. C'est à cette occasion que je me suis aperçu que Jean-Louis était un peu fou – fou comme le sont les poètes, les inventeurs, les chercheurs... les gens qui dépassent la normale. Ce garçon qui d'apparence était romantique avait, sous des dehors très graves, un côté Groucho Marx. Il avait une imagination, une folie délirante et drôle, surréaliste. Nous nous sommes beaucoup amusés en faisant ce film, qui a eu un certain succès. Le tournage était délicieux parce que Jean-Louis est très doux, très calme. Il disait d'un ton égal : « Ce serait bien que tu entres habillé dans la piscine et que tu serves à boire... » Nous avons passé huit semaines de bonheur. Cette expérience m'a rapproché de lui, alors que nous étions en apparence si différents. Je me suis rendu compte que c'était quelqu'un qui avait besoin de fantaisie comme on a besoin d'oxygène, et qu'il préférait les gens qui le faisaient rire.

Il a ensuite vécu avec Nadine Trintignant, et ils ont eu Marie, dont il était fou. Ça a été son cadeau du ciel. Elle était jolie et avait son caractère, fermé et secret. Sous des allures fragiles, délicates, comme un saxe, avec son petit nez, ses grands yeux sombres, sa finesse, elle avait une force incroyable. J'adorais l'amour qui les liait, leur complicité, belle, pure. J'étais jaloux de cette relation extraordinaire... Puis, on le sait, il a eu une petite fille qui est morte, ce qui a été un très grand bouleversement. Et la vie a continué.

Je sais qu'il a eu une sorte d'amitié amoureuse avec Romy Schneider qui, elle, était très éprise. Elle a ressenti un grand chagrin de ne pouvoir continuer cette relation, commencée dans *Le Train* de Pierre Granier-Deferre. Jean-Louis, Romy et moi avons tourné ensemble dans *La Banquière*, longtemps après cette histoire, et cela a été très difficile pour Romy de le retrouver. Elle était très troublée à l'idée de le revoir et Jean-Louis était, comme toujours, impassible. Rien ne bougeait sur son visage, mais j'imagine que lui aussi était troublé.

La dernière fois que je l'ai vu, il jouait avec Marie la très jolie pièce de son gendre, Samuel Benchetrit, au théâtre Hébertot, *Comédie sur un quai de gare*. Cette pièce était merveilleuse : elle avait une petite musique tchekhovienne. Tout se passait entre une femme et deux hommes, sur un quai de gare. Les silences, les regards, l'humour, la tendresse : tout était très fort, comme le décor, les lumières, la mise en scène. Après la pièce, je voulais dîner avec Jean-Louis, mais il était fatigué. C'est un homme très sauvage, il faut essayer de l'attraper... Je n'aime pas bousculer les gens, j'ai donc dîné avec Marie et Samuel, que j'ai complimentés comme il se doit. Marie m'a juste dit : « Tu sais comme est papa... » C'était extraordinaire, elle parlait de lui comme d'un père, bien sûr, mais aussi comme d'un fils, d'un ami, d'un frère, d'un confident, d'un amant... il avait pour elle toutes les couleurs des hommes. Cette soirée a été un grand moment de bonheur, beau, pur et simple.

Et le drame s'est produit, dont je ne parlerai pas, tout le monde l'a trop fait. J'ai beaucoup pensé à Nadine, bien sûr, et à Jean-Louis parce que je connaissais leurs rapports, si violents et si forts. Sa dignité dans la douleur, son silence, cette façon de ne rien partager avec personne qu'avec sa femme m'ont infiniment touché. C'est un homme brisé. On a vu des photos de lui, le visage creusé, l'œil absent, un peu comme ce que disait un grand acteur, Victor Francen : « J'ai déjà un pied sur l'autre rive. »

Mais il est aussi très ancré dans la vie, dans la terre – il vit dans le Midi, en pleine campagne, et ne veut pas être prisonnier des systèmes. Il ne supporte pas les foules et les villes. Il habite une belle maison de pierre, comme une forteresse imprenable.

J'ai été très heureux de le voir revenir au théâtre avec les *Poèmes à Lou*. Ces poèmes s'étaient un peu évaporés de mon esprit, et j'ai retrouvé cette langue à la fois belle, brillante, forte, et ardente comme celle d'un jeune homme amoureux et inspiré... Apollinaire était à cette époque en pleine guerre, dans les tranchées, et la mort rôdait – il est d'ailleurs mort en 1915 après avoir reçu un éclat d'obus dans la tête. Cela donnait une résonance fantastique à cette soirée. Je n'avais pas entendu depuis longtemps un silence aussi pur, aussi beau, aussi intense dans la salle. Les spectateurs étaient suspendus à sa voix, et tout cela avec une grâce, une pureté exemplaires. Sa voix est profonde, jamais monotone, avec des couleurs différentes, un timbre posé, grave, doux, tel un murmure, un chuchotement.

Dans ce monde faux, de vulgarité, de provocation, où la culture s'en va à vau-l'eau, où la bassesse, la laideur et la bêtise l'emportent, on voit là tout à coup comme une petite eau de source qui coule sur des cailloux. On est troublé, touché. On a l'impression subitement d'être en haut du mont Blanc, où la neige est si pure, l'air si beau. On a la sensation d'être ailleurs, et cela fait un bien fou. Sous ces mots graves, cette mélancolie, ce désespoir à fleur de peau, il y avait tout de même la vie, et j'ai été content de voir qu'à la fin, quand le public applaudissait, un pâle sourire est venu sur ses lèvres. Je crois qu'il a été heureux, ne serait-ce que trois secondes, pendant lesquelles il s'est senti libéré de ce lourd souvenir qui ne le quittera jamais.

Jean-Paul Belmondo

La vie me paraît parfois si étrange, nous passons sans cesse des rires aux larmes, du bonheur à la tragédie, et le pire des drames précède parfois une des joies pures et simples de l'existence. Voyez Jean-Paul Belmondo :

victime d'une attaque cérébrale, il convole en justes noces seize mois plus tard, jeune marié à soixante-neuf ans !

J'ai passé une soirée avec ce très cher ami. Huit jours auparavant, nous nous étions vus, et il m'avait annoncé la nouvelle de son mariage avec Natty. Voilà une belle histoire. Ils se connaissaient depuis déjà quinze ans et partageaient leur existence entre voyage et rire. Survient alors le drame, en Corse, pendant les vacances. Elle a veillé sur lui à chaque minute avec courage, patience et amour. Les six mois de récupération, extrêmement durs, les rapprochent plus encore, et de toutes ces épreuves, ces indicibles malheurs, naît ce merveilleux projet de mariage, couronnement de leur histoire d'amour.

Ils souhaitaient se marier à la mairie du 6e arrondissement de Paris, un dimanche, le 29 décembre, au moment précis où, entre Noël et le Nouvel An, nombre de braves gens décident de profiter d'un pont bien mérité. Ce n'était pas commode. Je me chargeai donc, au nom de Jean-Paul, de contacter le maire, auprès duquel je m'assurai de la présence de deux fonctionnaires assermentés afin que les fiancés soient dûment unis.

Natty jubilait comme une petite fille à l'idée que son rêve allait se réaliser. Et Jean-Paul, ému, rayonnait. Je leur demandai alors s'ils avaient une idée de l'endroit où se déroulerait le repas de noces, et Natty de répondre aussitôt : « À la Tour d'Argent ! » Jean-Paul a le bonheur d'être à la fois riche et généreux, mais à cette réponse si spontanée, si naturelle de sa promise, il n'a pu s'empêcher de me lancer un coup d'œil où pointaient l'amusement et la surprise. En parfait gentleman et en homme amoureux, il consentit silencieusement au vœu de Natty, se disant certainement que ce que femme veut, Dieu le veut.

Finalement, c'est à l'hôtel Bristol qu'eut lieu le déjeuner. Nous étions une cinquantaine, la famille, les amis d'autrefois et d'aujourd'hui, les vieux mousquetaires pleins de verve et turbulents comme des potaches : Jean-Pierre Marielle, l'œil brillant, pince-sans-rire, un comédien que j'adore, à la fois inattendu et original comme l'était Jules Berry, avec un sens inouï du dérisoire et de la folie ; Michel Drucker, le fidèle compagnon ; Philippe de Broca, avec lequel Jean-Paul partage de joyeux souvenirs de films ; Claude Lelouch, la caméra cachée ; Pierre Vernier, le copain du Conservatoire ; Jean Rochefort, gentleman-farmer à l'œil coquin, accompagné de sa femme qui ne cesse de regarder son époux pour pouffer de rire à chacun de ses bons mots... leur mariage leur va si bien ! Et puis Alain, le frère de Jean-Paul, véritable sosie de Paul Belmondo, ce grand sculpteur qu'ils eurent pour père ; et les petits-enfants, beaux comme des anges ; et Natty, rayonnante de bonheur.

Jean-Paul était superbe, une lumière d'émotion faisait resplendir ses yeux clairs. Tout cela ressemblait à une fête de famille, simple et tranquille comme une noce à la campagne.

Alberto Sordi

Alberto Sordi était pour l'Italie ce que Michel Serrault représente en France : une grande figure, qui touchait le public par sa proximité. Alberto ressemblait au Romain type, arrivant à être tour à tour très drôle et très émouvant. Dans tous ses films, on peut sentir ce subtil mélange de comique grotesque et de profonde vérité.

Alberto Sordi avait débuté avec Fellini, dans *Le Courrier du cœur* et *Les Vitelloni*. Son talent d'invention était à l'opposé de celui de Louis de Funès, pas d'extravagance ni d'exagération, peu de grimaces. Par la subtilité de son jeu comique, il se distinguait des autres acteurs italiens de l'époque qui, il faut le dire, même quand il s'agissait de grands comédiens, avaient tendance à en faire beaucoup.

Il réalisa de très beaux films, dont les sujets étaient au cœur des préoccupations de son public : la famille, la paternité, l'abandon des enfants, les histoires des couples...

Il avait gagné de l'argent très vite et très jeune, et était devenu avec l'âge immensément riche, et immensément avare. Il n'offrait même pas un café ! Double crime pour un Italien. Parti de rien, il avait peur de manquer.

Il ne se maria jamais. Il eut bien des aventures, mais vécut toute sa vie dans sa superbe maison, entouré des seules femmes de sa vie : sa mère et ses sœurs. Les invités étaient rares dans la demeure de cette famille unie.

Sordi fut sans doute l'acteur le plus populaire d'Italie. C'était une star, sur l'épaule de laquelle n'importe quel compatriote pouvait taper pour engager la discussion. Malgré sa richesse et son avarice, Alberto Sordi ne s'était jamais coupé du peuple dont il était issu. Comme tout bon Italien qui se respecte, il se rendait chaque jour au bar-tabac pour remplir sa grille de loto, boire son café et parler foot.

Alberto savait qui j'étais, mais cet homme replié sur lui-même, distrait sans être méchant, m'appelait dans de grandes effusions Jean-Paul, Jean-Pierre, Jean-Louis...

J'eus la chance de le rencontrer plusieurs fois au festival de Cannes et à Paris. Il me donna l'impression d'une personne mystérieuse, très renfermée. Je ne pense pas qu'il ait eu de vrais amis... Peu devait lui importer, lui qui semblait tout miser sur sa famille.

Rome fêta, et de façon très officielle, son quatre-vingtième anniversaire. Rien à voir avec les timides hommages que l'on peut rendre de temps à autre en France à des artistes que beaucoup ont déjà oubliés malgré leur talent. La ville entière l'honora comme un chef d'État ou un héros national.

Cet homme qui était le charme, la vivacité et la drôlerie fut victime d'une hémiplégie. Pendant deux ans, il resta cloué dans sa chaise roulante, se cachant du public devant lequel il ne voulait pas paraître diminué. On annonça son décès : l'Italie tout entière prit le deuil. Ses obsèques furent quasi nationales, suivies par des milliers de personnes. Une coutume italienne à la fois belle et étrange, presque surréaliste, veut que le public applaudisse le cercueil des artistes défunts lorsqu'il sort de l'église : Visconti y eut droit, Anna Magnani, Fellini, De Sica, entre autres... Albert Sordi n'y coupa pas. Ce fut une tempête d'applaudissements qui cueillit sa dernière sortie. On oubliait ses déclarations politiques parfois à la limite du fascisme, on oubliait son avarice, pour ne penser qu'à ses qualités, son talent, sa générosité d'acteur, sa drôlerie. J'ai toujours pensé que les gens avares perdaient la moitié des bonnes choses, mais Alberto eut une belle et bonne vie, assombrie uniquement par ses deux dernières années passées en ce bas monde.

J'adore l'Italie. Pour ses paysages, pour sa gastronomie, pour ses œuvres d'art, ses cinéastes et ses comédiens exceptionnels que j'eus le privilège de connaître et avec lesquels, pour certains, j'eus la chance de tourner. Parmi toutes ces personnes, Anna Magnani a une place de choix dans mon cœur.

J'ai rencontré Anna Magnani grâce à Pasolini. Le premier film italien dans lequel j'ai tourné était un film de Bolognini dont le scénario avait été écrit par Pasolini, comme je l'ai déjà raconté dans *Le Ruisseau des Singes.*

Pasolini était un personnage très attachant, très intelligent. Il était petit, trapu, avec un nez de boxeur et des yeux brûlants. Il avait une vie très particulière. Il aimait fréquenter les voyous, les petites frappes qui traînaient dans les terrains vagues ou les gares de Rome. J'étais fasciné par son intelligence et son humour. Nous dînions souvent ensemble. En ce temps (nous étions en 1959), il y avait une très forte collaboration cinématographique entre l'Italie et la France, dont les cinémas respectifs tenaient alors en Europe le haut du pavé culturel. Mais il y avait une différence profonde entre les artistes français et les artistes italiens. En France, réalisateurs, comédiens et acteurs donnaient l'impression d'une caste, complètement imperméable aux autres couches sociales : on ne tapait pas sur l'épaule de René Clément, on ne dînait pas facilement avec Jean Duvivier. En Italie, c'était le contraire : au cœur de Rome, il y avait une trattoria très réputée pour sa cuisine, où tous les grands artistes italiens se retrouvaient pour manger, à l'instar de gens d'origines sociales et professionnelles tout à fait différentes. On pouvait voir à la même table Visconti et Fellini mangeant un plat d'*antipasta*, Antonioni, Rossellini et De Sica à une autre savourant une bouteille de chianti, et d'autres gens, parfaitement anonymes.

C'est dans ce restaurant que Pasolini me présenta à Anna Magnani, que je brûlais de connaître. Encore une fois, c'était en même temps la comédienne et le personnage qui me fascinaient... ses yeux noirs étincelants, habités, ces yeux qui avec sa bouche mangeaient son visage, ses dents prêtes à mordre et son rire rauque de louve : elle était Rome.

Lorsque je la connus, elle avait une quarantaine d'années. Elle était au faîte de sa beauté, débordant de cette volupté tout italienne. Elle parlait merveilleusement le français, ce qui facilita les présentations, et la naissance de notre amitié.

Chaque fois que j'allais à Rome, je lui téléphonais. Nous nous rencontrions, mangions et riions ensemble.

Lorsqu'elle passait à Paris, c'était elle qui me téléphonait de son petit pied-à-terre de la rue de Bassano. Nous allions à L'Orangerie, ou bien nous partions dîner à la campagne, où elle restait de longues heures avec mes chiens. Anna adorait les animaux.

Elle avait un fils, très beau, mais malheureusement poliomyélitique. Elle s'en occupait avec l'attention exclusive et passionnée de la louve qu'elle était.

Elle ne parlait jamais de sa vie privée. Bien plus tard, je fis la connaissance de Rossellini, lorsqu'il tournait son *Louis XIV* à Paris. Je compris alors les succès amoureux qu'on lui prêtait. Il est vrai qu'en le voyant en photo on ne pouvait pas croire un seul instant qu'un homme trapu, chauve, puisse être le Casanova décrit par tant d'artistes et de journalistes. Ce n'est qu'en le regardant évoluer que le mystère s'éclaircissait.

Cet homme avait un charme véritablement irrésistible qui effaçait ses rondeurs. Il avait fait de l'humour et de la finesse d'esprit des armes imparables auxquelles bien peu des plus belles femmes du monde surent résister. Il savait allier la magnificence d'un empereur romain et l'espièglerie d'un petit garçon : elles craquaient toutes.

Avec *Rome ville ouverte*, il apparaissait comme le père du néoréalisme italien, et était l'idole de la Nouvelle Vague. Il était resté un éternel étudiant, n'ayant apparemment jamais besoin de rien, et roulait grand carrosse, sans le moindre sou vaillant.

Durant près de six ans, Anna et lui furent mari et femme. Six ans de folle passion, avant l'arrivée dans la vie de Roberto d'Ingrid Bergman. Star internationale, Ingrid s'était rebellée contre le système hollywoodien, qui voulait lui décolorer les cheveux, lui faire refaire son nez, un peu trop long selon les canons de l'époque. Elle avait refusé en bloc toutes ces tentatives d'attenter à son intégrité, à sa personnalité. Elle sut imposer son naturel, sa grande taille et son charme suédois.

Elle était au sommet de sa gloire lorsqu'elle vit *Rome ville ouverte* au cours d'une projection privée. Profondément bouleversée par ce film, elle écrivit à Rossellini, l'adjurant de lui proposer n'importe quel rôle, l'essentiel étant qu'elle joue pour lui. Elle était tombée éperdument amoureuse de Roberto avant même de le rencontrer, rien qu'en regardant l'un de ses films !

Rossellini, en recevant cette lettre, fut on ne peut plus flatté de ce que l'une des plus grandes stars du cinéma le prie de tourner sous sa direction. En parfait gentleman, il fit donc le voyage jusqu'à Londres pour la rencontrer.

Deuxième choc, mais cette fois réciproque. Ingrid Bergman quitta son mari, qu'elle avait épousé quinze ans auparavant, et qui lui avait donné une fille. Ce fut un véritable scandale dans l'Amérique puritaine de l'époque. Les moralistes lancèrent des attaques tous azimuts, avec une violence redoublée, contre cette femme de mauvaise vie qui ne se maquillait pas convenablement, cette étrangère qui volait le travail des actrices américaines, cette aventurière qui, par-dessus le marché, couchait avec n'importe qui, s'encanaillait avec un macho rital, et délaissait son mari effondré et sa pauvre fille.

La presse se déchaîna, mettant en péril sa carrière. Avec ce type de réclame, les maisons de production hésitaient à l'engager.

Au cœur de cette tempête, Ingrid, courageuse et fière, ne perdit pas le cap italien. Contre vents et marées, Roberto et elle se marièrent et eurent des enfants magnifiques.

Lorsque Anna Magnani se rendit compte de la naissance de l'idylle entre Roberto et Ingrid, elle se mit tout naturellement à détester la belle Suédoise. Leur séparation fut orageuse. Impossible de parler de Rossellini en face d'Anna sans déclencher ses foudres.

Elle eut bien sûr des aventures par la suite, mais je pense que jamais elle ne se remit de cette rupture. Roberto Rossellini avait pour toujours marqué son existence.

En 1973, on diagnostiqua chez elle un cancer du foie. Les métastases avaient déjà commencé à essaimer, elle sut qu'elle était condamnée. Elle demanda à Roberto de venir la voir à l'hôpital. Il accepta aussitôt, et resta près de deux heures dans sa chambre. Elle semblait apaisée, heureuse de lui parler, souriant même. C'était comme si elle avait voulu, avant de rendre l'âme, lui pardonner, et se faire pardonner.

Elle eut des obsèques quasi nationales. Près de cinq mille personnes applaudirent son cercueil sortant de l'église. Rome avait perdu sa sœur jumelle. Dans *Roma* de Fellini, un superbe plan illustre bien cette incarnation de Rome par Anna. La nuit est tombée, Anna rentre chez elle. Elle habitait alors l'un de ces merveilleux palais de l'aristocratie ruinée qui, pour subsister, en loue de vastes appartements. L'antre d'Anna était tout à fait bohème, jonché de livres et sans objets rares, avec une énorme cuisine : elle adorait recevoir, bien manger et bien boire. On voit donc Anna s'apprêter à pousser la lourde porte ornementée du palais romain et Fellini l'interpelle : « Alors, Anna Magnani, pour toi, c'est quoi, Rome ? » Et Anna de se retourner : « *Va f'anculo !* » C'était tellement romain, et tellement Anna !

Elle était issue d'un milieu modeste. La vie du peuple romain coulait dans ses veines, avec ses jurons, ses emportements, ses passions et ses hâbleries. Elle revendiquait cette voix populaire qu'elle portait très haut dans ses films, ce tempérament de feu. Malgré les films alimentaires qu'elle tourna (nul n'y échappe), elle eut toujours la chance que son art et son talent soient reconnus et sollicités par les plus grands réalisateurs :

Renoir, De Sica, Visconti, Lumet et bien d'autres encore.

Rossellini décéda d'une crise cardiaque à Cannes. Il était alors séparé d'Ingrid Bergman. Il avait écrit dans une lettre qu'il voulait qu'on respecte la promesse qu'il avait faite à Anna, être inhumé auprès d'elle. Il rejoignit donc celle qui l'avait aimé toute sa vie.

Mon dîner avec la reine d'Angleterre

J'avais déjà été reçu trois ou quatre fois à l'Élysée par François Mitterrand, une fois par Valéry Giscard d'Estaing, une fois ou deux par Georges Pompidou, mais jamais encore par Jacques Chirac. Le président de la République m'a convié au dîner qu'il a donné en l'honneur de la reine d'Angleterre. J'ai été très flatté qu'il m'invite, et j'ai retrouvé mes quatre ans. Pour moi, la reine d'Angleterre c'est comme Blanche-Neige, j'ai l'impression d'être revenu en enfance et de réaliser un rêve de midinette. La reine d'Angleterre, comme tout le monde, je la vois dans les magazines, à la télévision. Je sais simplement que c'est une dame qui a beaucoup d'humour, un caractère bien trempé, avec toutes les avalanches qu'elle a vécues, les rapports parfois difficiles qu'avait Churchill avec la royauté, les problèmes constants de sa famille... C'est un personnage qui me fascine peut-être parce que, de l'extérieur, on a l'impression de voir quelqu'un de froid, de dur, d'intransigeant. La couronne est toujours lourde à porter, l'étiquette, le protocole rigide, la presse à l'affût de la moindre erreur.

Il y a quelques années, je fus invité à l'ambassade de France à Londres par Daniel Bernard, qui y était alors en poste. Le conseiller culturel avait organisé une semaine rétrospective de ma carrière en choisissant une dizaine de films.

Il m'a raconté une histoire très drôle. À une soirée ultra chic honorée par la reine actuelle, il conversait familièrement avec Queen Mum, qui adorait le champagne, la France et notre ambassadeur. Elle venait de fêter ses cent ans. Tout le monde, le beau monde, était debout dans les salons, des heures et des heures durant. Notre chevalier servant propose à l'aïeule de s'asseoir, étant donné son grand âge. Elle lui répond par un sourire, lui dit « merci » en français – elle adorait parler notre langue – et chuchote : « Je n'ai pas le droit tant que la reine n'est pas assise. » Elle accepte finalement le fauteuil tendu. La reine passe devant les groupes d'invités, chacune y va de sa révérence. Elle aperçoit sa noble mère confortablement installée, lui adresse un signe affectueux, et la vieille dame de dire à notre ambassadeur : « Elle m'a pardonné. Je crois qu'elle m'aime bien ! »

Je me suis donc habillé en dimanche, avec mon smoking, et je suis allé au palais.

On nous a conduits dans un grand salon. Je reconnaissais certains des invités, d'autres non. Il y avait beaucoup d'ambassadeurs, les ministres du gouvernement, quelques amis comme Philippine de Rothschild, Gabriel et Frédéric Mitterrand, Maurice Druon. À vingt heures, on nous a annoncé que nous allions être présentés à la reine. Sur les deux cent cinquante invités, cent avaient été choisis par le protocole. J'ai croisé nos Anglaises célèbres, Charlotte Rampling, Jane Birkin et Kristin Scott-Thomas, toutes trois très belles, élégantes comme des Françaises. Je suis arrivé en même temps que Claire Chazal, pour laquelle j'ai un faible, jolie sans fadeur, l'œil coquin et le sourire romantique, dans une robe somptueuse ornée d'une traîne de princesse, accompagnée de son fiancé, Philippe Torreton, qui en smoking ressemblait à un lord. C'était étrange, parce que tout le monde se posait des questions : Fait-on le baisemain ?

Fait-on la révérence, pour les dames ? Dit-on Majesté ou Madame ? J'avais l'impression d'être à un concours du Conservatoire. C'était drôle et assez impressionnant, car il y avait bien sûr un service de sécurité très sévère, beaucoup de gardes de corps... il fallait montrer patte blanche.

La salle des fêtes de l'Élysée ressemble à un gros gâteau d'anniversaire. Elle est pompeusement Napoléon III, couverte d'or, de dorures et de tapisseries rouges, très belle, une salle de bal sous l'Empire. La table était en U. La reine, le président de la République, Mme Chirac et le duc d'Édimbourg présidaient, avec à leurs côtés M. Raffarin et son épouse, l'ambassadeur de Grande-Bretagne et sa femme. Les autres étaient sur les tables perpendiculaires. J'étais amusé de voir les gens regarder comment ils étaient en cour à l'Élysée. Ils allaient faire un petit tour pour examiner les cartons et découvrir s'ils étaient bien placés et à côté de qui ils étaient assis !... Sans jamais se permettre de changer l'ordre établi. J'avais un peu envie de mettre la pagaille, mais j'ai retenu ma fibre révolutionnaire.

C'est le président de la République qui a ouvert la soirée par un discours chaleureux et délicat, saluant le duc d'Édimbourg également, la famille royale et les enfants. La reine, dans un français absolument parfait, a répondu au président en disant qu'elle était heureuse d'être là, pour fêter l'Entente cordiale, que les Anglais et les Français étaient très différents les uns des autres, mais qu'elle aimait les Français pour leurs défauts comme les Français aiment les Anglais pour les leurs, et que, s'il n'y avait pas cette petite nuance, il n'y aurait pas autant de passion entre nous, et qu'elle souhaitait à l'Europe une vie longue et pacifique. Tout cela avec beaucoup d'humour, beaucoup de légèreté, un discours politique plein de finesse, affectueux et tendre.

Puis le dîner a été servi, somptueux. Je suis gourmand, mais le foie gras n'est pas mon mets préféré. Je n'en avais jamais mangé un pareil, avec des petites truffes. Il y avait ensuite des cailles farcies aux cèpes et aux girolles, qui avaient été entièrement désossées et reconstituées... Deux cent cinquante invités : quel art, quelle patience pour les cuisiniers, de vrais artistes ! Une salade fraîche aux noix, et un dessert fondant. Du champagne, un mouton-rothschild, un château-d'Yquem, le petit Jésus en culotte de velours... C'était le luxe. J'étais fier d'être là, privilégié, et j'étais ravi pour la France qui entretenait la haute tradition de l'hospitalité.

Le dîner s'est terminé en une heure. Rapide, le service était précis, sans précipitation. Un véritable ballet. Puis la reine a donné le signal et tout le monde s'est levé. Elle a regagné le salon. On voyait les gens qui intriguaient pour être devant elle, évidemment le président l'accompagnait. La reine fut très heureuse de saluer le fils du général de Gaulle, l'amiral Philippe de Gaulle. On avait l'impression de deux amis qui se retrouvaient et l'amiral, qui est le sosie du général, impressionnant par la taille, timide comme un communiant, répondait à Sa Majesté avec courtoisie.

À minuit, comme les princesses dans les contes de fées, on est venu la prévenir que sa voiture était là. Elle était dans le parc, pas devant le perron. Il pleuvait un peu, alors deux chambellans, avec de grands parapluies, ont escorté la reine, tout en blanc, avec sa longue robe brodée et son diadème, et le prince, dans la Daimler énorme. Ils avaient enlevé le capuchon de moteur Daimler pour le remplacer par les armes de la reine, un lion en or. Je n'avais jamais vu une automobile pareille. Elle était énorme, et, quand la porte s'est ouverte, j'ai remarqué qu'elle était surélevée, avec des coussins en cuir ivoire. La reine s'est installée à hauteur de ceinture, comme sur un trône. Lorsqu'elle s'est assise, deux projecteurs se sont allumés, qui sont venus l'éclairer. On l'aurait dite dans un aquarium. Le président et Mme Chirac les avaient accompagnés, et, comme il y avait un peu de vent, la robe rouge de Mme Chirac volait... on se serait cru dans un film! Et la reine est partie dans la nuit rejoindre l'ambassade de Grande-Bretagne, ou l'hôtel Crillon.

Moi qui suis un homme de spectacle, curieux, qui aime les paillettes, là, vraiment, j'ai assisté à un beau spectacle, digne de la République, nuit brillante pour une reine, ce qui est tout de même plaisant.

Le SDF de l'île Saint-Louis

Chaque fois que je garais ma petite voiture devant le marché de la belle église de l'île Saint-Louis, un homme allongé, enveloppé de couvertures l'hiver, m'aidait à me ranger. C'était un SDF d'une trentaine d'années, mal rasé, un visage agréable et deux yeux profonds et sombres qui avaient du mal à sourire. Aimable et courtois, il me guidait patiemment. C'est ainsi que nous avons fait connaissance.

Lorsqu'il ne me voyait pas, il s'inquiétait et allait dormir sur un banc face à ma porte cochère, quai Bourbon. Je l'interrogeais pour savoir si au restaurant on lui avait offert à manger et à boire, il m'affirmait qu'on le gâtait. Discrètement, je n'osais pas le questionner sur son existence, il restait pour moi une énigme.

Au début de l'année, je n'ai pas retrouvé mon ami de la rue, je me suis dit qu'il en avait eu assez de l'île et qu'il était parti sous les ponts.

Puis, un soir, j'aperçus un papier accroché sur la porte de chêne de l'église, nous annonçant le décès de Jean-François, âgé de trente-sept ans. C'était bien mon voyageur sans bagages...

Je décidai d'aller à la messe célébrée à sa mémoire en compagnie de quatre garçons de L'Orangerie. L'église était pleine d'habitants de l'île, commerçants, artistes, ou simplement voisins, l'autel était couvert de fleurs blanches et huit prêtres officiaient pour honorer ce pauvre garçon rejeté par la société. La solidarité avait été spontanée et généreuse. Une dame chic avait payé le cercueil, une autre avait offert un tombeau dans le cimetière de sa campagne. Jouxtant l'église, il y a un séminaire qui prépare les adolescents à la mission de prêtre, d'où le nombre impressionnant de serviteurs de Dieu. Le curé de la paroisse fit un sermon chaleureux et amical, rappelant la charité chrétienne, et j'assistai aux obsèques d'un grand de ce monde oublié de certains, aimé par d'autres.

Quel signe singulier nous envoyait le ciel ? Sur les bancs de bois de la nef, je reconnaissais des amis de l'île et à côté de moi une petite sœur frêle, le voile blanc serré sur ses cheveux gris, l'œil perçant et doux. C'était sœur Emmanuelle, la bonne fée des paumés, courbée sur son prie-dieu. Une demoiselle, pleine de bonne volonté, l'accompagnait. Cette gentille personne la guettait et, au moindre mouvement de la chère sœur, cherchait à l'aider pour s'asseoir ou se relever. Elle se faisait rabrouer fermement par sœur Emmanuelle qui, malgré ses quatre-vingt-quinze ans, voulait rester indépendante et fière. Soudain, son portable se mit à sonner, la sœur chercha son téléphone dans sa large robe grise, pleine de plis et de poches. Enfin, elle répondit en chuchotant, gênée d'avoir été dérangée dans ses prières. Je lui glissai à l'oreille : « C'est le Bon Dieu qui vous appelle. Il ne peut pas se passer de vous. »

LES TRAHISONS

La vie est pleine de chausse-trappes et d'individus intéressés, prêts à tout pour profiter de chacun d'entre nous. Cela est également vrai dans le monde du cinéma et du théâtre, où les enjeux financiers et artistiques semblent aiguiser l'appétit de personnages assez mal intentionnés. Voici quelques mésaventures que j'eus le déplaisir de vivre. Fort heureusement, elles ne m'inspirèrent pas de dégoût pour le genre humain, mais eurent l'utilité de m'apprendre à me méfier un peu plus, contre ma nature candide, de mes chers congénères...

Mon ami Jacques François

J'étais très jeune lorsque j'ai connu Jacques François. Il m'impressionnait par son élégance. Il était beau et distant. Je me suis vite amusé avec lui, son humour cinglant et vif réveillait les endormis et froissait les susceptibles ou les imbéciles. Je découvris derrière cette apparence hautaine et glacée un homme timide, pudique, intelligent et cultivé. Il avait l'air de sortir d'Oxford et son rêve était de travailler avec Laurence Olivier, son anglais parfait aurait contribué à lui permettre de tenir son rang dans la troupe du prince du théâtre londonien.

Sa carrière au cinéma fut marquée par des rôles un peu conventionnels, mais au théâtre il fit de belles rencontres : Marivaux, Anouilh, Guitry, Julien Green, Françoise Sagan – il fut éblouissant dans *Le Cheval évanoui*. Son caractère parfois ombrageux le protégeait des sots et son esprit léger et fantasque l'amenait à faire des compositions inoubliables. Jean Yanne, l'homme de la rue, sut utiliser avec brio ce gentleman. J'avais avec Jacques François une complicité naturelle et joyeuse; derrière ses lunettes en écaille, j'observais ses yeux plissés qui mordaient le monde avec délectation.

Je lui ai demandé de tourner dans *Églantine*, mon premier film, où il jouait le rôle du père, militaire et sévère, tendre aussi. Sa sensibilité m'avait frappé : il pouvait soudain offrir une émotion contenue, violente et profonde. C'était un grand comédien. Le hasard, et surtout le pouvoir de ceux qui possèdent l'argent au cinéma n'ont pas su déceler le personnage haut en couleur qu'il était. Il n'en avait ni aigreur ni amertume, peut-être un peu de tristesse. Cet homme du XVIIIe siècle fit des fredaines dans sa jeunesse, puis il rencontra une comédienne cultivée, élégante et généreuse. Il en tomba amoureux et elle abandonna sa carrière pour mieux le protéger. Un accident terrible les rapprocha davantage et Madeleine Delavaivre lui donna un fils qui fit des études brillantes avant de partir s'exiler aux États-Unis.

Il y a quelques mois, je proposai au Comité des molières de décerner un « molière d'honneur » à Jacques François pour sa brillante carrière au théâtre. Le secrétaire général me répondit que le président avait décidé que, cette année, il n'y en aurait pas... Et puis, une semaine plus tard, le président choisit finalement de faire exception pour une grande comédienne amie, Gisèle Casadesus, mais pas un geste pour mon candidat.

En regardant à la télévision la cérémonie ratée et lourde, je découvris à ma grande surprise qu'on remettait un autre « molière d'honneur » au metteur en scène de ce triste spectacle. Quelle déception pour moi. Comme Jacques François aurait été fier et heureux de cette reconnaissance tardive de la profession. Quelle ingratitude envers un gentilhomme discret, secret et courageux... Il avait fait la guerre après s'être engagé. Il portait sa Légion d'honneur avec superbe. Il avait été nommé officier il y a quelques années.

Aujourd'hui qu'il est parti, j'espère pour un monde meilleur, des centaines de lettres touchent le cœur de sa femme, étonnée de tant d'amour pour cet homme à part. Chevalier sans peur et sans reproche, tel don Quichotte, il s'est souvent battu contre la bêtise et la vulgarité sans jamais baisser son épée.

D'autres « amis »

L'argent est souvent un poison, il se glisse sournoisement dans l'existence et réussit à brouiller les harmonies. La jalousie des uns, la candeur des autres, l'avarice ou la trop grande prodigalité réussissent à flétrir les relations les plus solides.

Quand on prête de l'argent à quelqu'un, souvent, non seulement il ne vous le rend pas, mais en plus il vous en veut de lui en avoir prêté. J'en ai fait deux fois la triste expérience.

Le premier de mes « débiteurs » avait été très gentil avec moi à mes débuts, et je le considérais comme un ami : c'était Guy, qui jouait le fils de Gaby Morlay dans la comédie d'André Roussin, *Lorsque l'enfant paraît.* Je l'avais rencontré lors de mon service militaire. Il était alors la coqueluche du théâtre de boulevard, il était drôle, avec une irrésistible tête de hérisson, cheveux courts en brosse, nez en trompette, et parlait avec un zozotement des plus charmants. Il m'avait permis de m'infiltrer dans les coulisses du théâtre des Nouveautés, et je n'oublie jamais les faveurs que l'on me fait.

À la suite de mauvais placements et d'emprunts malheureux, Guy se retrouva au bord du gouffre, et eut besoin d'une somme importante pour l'époque. Son désespoir était réel et, comme je pouvais à l'époque accéder à sa requête, je lui prêtai donc la somme en question. Il me promit de me la rendre au bout d'un an et j'attends toujours. À la suite de cette première et édifiante expérience, je m'étais juré que jamais plus on ne m'y reprendrait.

Bien évidemment, on m'y reprit. Je jouais alors *Madame Princesse*, avec Marie Bell. Un acteur dont je tairai le nom vint me voir dans ma loge. Il avait du mal à joindre les deux bouts et, accompagné de ses deux enfants, il me dit qu'il était ruiné, qu'il n'avait plus de quoi faire vivre sa famille, et qu'il pensait même au suicide... une sorte de chantage affectif, en définitive, si impressionnant que je me sentis obligé de lui avancer, à lui aussi, de l'argent. Contrairement au premier, il me le rendit. Mais près de quinze ans plus tard, l'inflation aidant, la valeur de la somme n'avait évidemment plus rien de comparable avec ce que je lui avais prêté!

Cela est certes peu agréable, mais plus désagréables encore sont ces personnes qui tentent – et parfois réussissent – de profiter de votre talent et de vos créations. Mes trois premiers films ont été produits par Jacques Charrier : *Églantine*, *Les Volets clos* et *L'Oiseau rare*. J'ai signé pour ces films des contrats qui devaient me rapporter de l'argent sur leurs ventes sans aller voir plus loin. À l'époque, je me souciais peu de remplir des formulaires en bonne et due forme, avec toute l'attention que ce genre de transaction exige. J'étais si heureux qu'on me donne la possibilité de réaliser mes propres films, de créer mes propres œuvres, que j'en oubliais presque ces aspects matériels. J'aurais dû engager un avocat et me protéger, non pas contre Jacques Charrier, qui a toute mon estime, mais contre les gens dont il s'était entouré avec plus ou moins de bonheur, gens de mauvais conseil et profondément malhonnêtes.

Résultat des courses : Charrier, en produisant un film sur l'assassinat d'Allende, fit faillite. Et aujourd'hui, les droits de mes films ont été rachetés par je ne sais qui. J'espère de tout mon cœur que cette personne, quelle qu'elle soit, les exploitera, non pas pour le profit que cela pourrait me procurer (je dois avouer que j'en ai fait définitivement mon deuil), mais simplement pour faire vivre ces films, que beaucoup de personnes me réclament, en particulier *Églantine*, cette belle histoire d'amour entre un petit-fils et sa grand-mère, fondée sur mes souvenirs d'enfance transposés au XIXe siècle.

Autre déconvenue cinématographique, le film *Grand-Guignol*. Un jour, le metteur en scène me téléphone :

— Je vais faire un film qui s'appellera *Grand-Guignol*, du nom du genre cruel disparu aujourd'hui, où le sang coulait et les têtes tombaient. Ce sera l'histoire d'une troupe de théâtre, d'une bande de ringards un peu paumés qui essaient désespérément de survivre dans ce métier qu'ils aiment passionnément. Il y aura Caroline Cellier, Marie Dubois, Michel Galabru, Guy Marchand, et j'aimerais que vous preniez part à cette aventure !

Le sujet était excitant, Jean Marbœuf était plein de charme, avec son côté rêveur et un peu artisan, j'acceptai donc de faire le film.

Il me parla alors du seul et unique problème qui était, vous l'aurez deviné, un problème d'argent. Comme à son habitude, il n'en avait pas assez, et proposait de commencer à tourner en attendant l'hypothétique avance sur recette. Comme je venais de gagner un peu d'argent avec *L'Effrontée*, je lui proposai, naïf et magnanime, de lui donner ce qui lui manquait. Je mis donc toutes mes économies dans la production et consentit à faire le film sans être payé en tant qu'acteur.

Le tournage se passa relativement bien. Il y eut quelques prises de bec entre Marbœuf et Guy Marchand, qui avait accepté le premier rôle malgré un maigre cachet, en contrepartie de quoi il avait demandé qu'on aménage son programme de tournage pour qu'il puisse aller souvent voir sa femme à Bordeaux. Ses scènes devaient être regroupées afin qu'il n'ait pas à attendre cent sept ans entre deux prises. Le film prit du retard, les dates ne furent pas celles prévues, et Guy se trouva très souvent coincé. Résultat : une tension nerveuse sur le plateau. Ils se faisaient la gueule comme un vieux couple d'amoureux, se boudaient, ne se parlaient plus, ou bien se chamaillaient, s'engueulaient.

Il régnait pourtant une ambiance assez grisante, sans argent mais avec beaucoup d'enthousiasme. On avait l'impression d'être en vacances. Les personnages étaient passionnants à jouer, et la cantine excellente !

J'interprétais un cabot, un vieux clown cassé et solitaire que personne n'aimait, que personne ne comprenait, qui causait tout seul et ne connaissait que l'échec. J'étais assez content de ma composition.

Le film sortit enfin à Paris... et ce fut un bide noir, les spectateurs se comptaient sur les doigts ! Refus total ! J'y avais mis toutes mes économies et j'y ai tout laissé ! C'est la dure loi du cinéma. Je la connaissais bien avant que Marbœuf ne m'ait fait cette proposition et, comme au poker, j'avais décidé de miser gros, en sachant que je pouvais perdre la totalité de la mise.

Ce qui me déçut davantage, ce fut le silence des gens qui avaient participé au film. On me fuyait, on ne me rappelait pas, on ne me donnait pas de nouvelles. Je n'existais plus, comme si j'étais le responsable de l'échec ! Alors que le côté artisanal et solitaire du tournage, presque fraternel, avait eu raison de toutes les ennuis techniques, tout le monde disparut devant les difficultés de la sortie. J'avais une fois de plus fait trop facilement confiance. D'autres auraient verrouillé les contrats, pris des avocats, se seraient assurés que les droits de chacun pourraient être respectés, se seraient mis à l'abri des négligences ou des mauvaises volontés des uns et des autres, pas moi.

Quand on est un peu bavard comme moi, on s'expose à ceux qui, en plus d'une large bouche, ont de grandes oreilles et s'en servent pour voler les idées des uns et des autres.

Daniel Toscan du Plantier, qui était un grand producteur, amoureux du cinéma, m'a fait un jour un tour de passe-passe. Il venait d'entrer chez Gaumont, où il remplissait les tâches de ses très hautes fonctions avec toutes ses qualités de beau parleur, séduisant, cultivé et généreux, qualités auxquelles je fus toujours très sensible. Peut-être trop.

Il m'invita un soir à dîner et, au cours de ce charmant repas, il s'enquit de mes projets. En confiance, je lui fis part de mon travail avec Didier Decoin sur la fameuse Nuit de Varennes, en vue d'une adaptation cinématographique de cette fuite rocambolesque de la famille royale durant la plus courte nuit de l'année 1792.

Ce qui m'intéressait dans cette histoire n'était pas vraiment le fait historique, mais l'évocation de l'organisation de ce voyage et, plus encore, la perception de cette fuite par ses propres acteurs, Louis XVI et Marie-Antoinette, déguisés pour l'occasion. Fuite des plus improbables puisque l'aspect de la berline, à lui seul, dénonçait ses passagers. Elle était trois fois plus grande que n'importe quelle autre, portait une livrée vert et jaune des plus discrètes, et elle était pourvue de fourneaux qui l'alourdissaient encore ! Cette tentative de fuite échoua, comme chacun sait, à Sainte-Menehould, où on les reconnut.

Ce que je trouve passionnant, c'est que, durant ces deux jours, le roi et la reine étaient pour la première fois ensemble comme simples mari et femme, seuls avec leurs enfants. Ils avaient passé toute leur vie protégés par l'étiquette, entourés à chaque instant, même le plus insignifiant, par une foule de serviteurs et de courtisans. Ils furent pendant quelques heures libérés de ce carcan social. En plus, ils découvraient pour la première fois la France, la vraie, en voyageant « incognito » de par les campagnes de leur royaume qu'ils n'avaient jusque-là connues qu'au cours de rapides déplacements d'État.

Le mélange de légèreté et de fatalité propre à cette fuite m'avait également toujours intéressé puisque ce voyage précipité eut pour destination finale non pas l'Allemagne, mais la mort.

J'avais obtenu l'accord de Romy Schneider pour jouer le rôle de Marie-Antoinette, et celui de Philippe Noiret pour incarner Louis XVI. Tout s'annonçait pour le mieux, tant du point de vue de l'écriture du scénario que du point de vue de l'interprétation.

Je racontai donc ce projet à Toscan du Plantier, qui le jugea très intéressant, et la discussion prit fin.

Le temps passa et je découvris un jour qu'Ettore Scola préparait une *Nuit de Varennes*. Surprise somme toute assez désagréable que d'apprendre qu'un réalisateur aussi talentueux et votre serviteur avaient eu, à quelques mois d'intervalle, la même idée... jusqu'au moment où l'on me révéla que le producteur du film de Scola n'était autre que Toscan du Plantier ! Apparemment, mon enthousiasme avait été plus que communicatif... Toscan avait manifestement parlé du sujet à Scola qui avait décidé de le réaliser, en adoptant toutefois un autre point de vue. Lorsque le metteur en scène sut ce qui s'était passé, il eut néanmoins la courtoisie et l'élégance de me proposer un joli rôle dans son film.

Autre idée : la Dame aux camélias. Pas la pièce de Dumas, mais l'adaptation cinématographique de la vraie vie d'Alphonsine Marie Duplessis, plus connue sous ce surnom de « Dame aux camélias ».

Sa vie, comme je l'ai déjà évoquée plus haut, fut romanesque en diable, un véritable mélodrame. Née en Normandie, elle fut violée par son père à treize ans. Elle quitta sa campagne pour Paris, où elle mena une vie de courtisane à la fois pour s'enrichir mais également pour se venger des hommes.

Elle arriva dans la capitale à quinze ans. Son charme et son grand tempérament la rendirent très vite célèbre. Ses fantaisies faisaient frémir la ville entière, et elle gravit les échelons sociaux, jusqu'à ne fréquenter que les messieurs les plus puissants et les plus influents de l'époque. Elle mourut de phtisie à tout juste vingt-trois ans, en n'ayant connu qu'une seule fois l'amour, le vrai : un amour impossible pour un fils de famille dont les parents refusaient de voir leur nom souillé par une traînée. Alexandre Dumas fils, qui avait été l'un de ses nombreux amants, a raconté la triste histoire de cette fille dont il fut éperdument amoureux dans un roman qui, plus tard, fut adapté au théâtre.

Je pensais à Isabelle Adjani pour jouer le rôle de cet incroyable personnage. Elle avait alors sensiblement le même âge que Marie à sa mort, et la ressemblance entre ces deux femmes d'une incroyable beauté, séparées par plus d'un siècle, était frappante : même peau fine et diaphane, mêmes yeux clairs et pénétrants, mêmes longs cheveux de jais, même corps de rêve.

Jean Aurenche et Vladimir Pozner entreprirent des recherches historiques qui leur permirent d'écrire un scénario, un véritable bijou finement ciselé de près de cent pages, commandé par Jean Drucker, encore président de la SFP.

Sans méfiance, une fois de plus, j'apportai ledit joyau à Toscan, qui ne tarda pas à être convaincu de la beauté de l'idée et de l'histoire. Isabelle Adjani, pour des raisons mystérieuses, trouva l'héroïne un peu démodée, un peu trop datée. Elle était à l'époque plus intéressée par des personnages modernes. Le scénario lui plut cependant, et elle demanda à une scénariste américaine de le retravailler, désirant un point de vue féminin... Je m'étonnerai toujours de cette décision car c'était sans doute, et sans exagérer, l'un des plus beaux scénarios que j'aie eu le plaisir de lire.

Le temps passa, et un jour, Joseph Losey me téléphona :

— J'ai lu le scénario de *La Dame aux camélias*, je sais qu'il s'agit d'un de vos projets. Êtes-vous en train d'y travailler ?

Je ne pouvais honnêtement, et bien malheureusement, que lui répondre par la négative. Isabelle Adjani hésitait, et le film nécessitant un assez gros budget, sa production présentait des difficultés. Il me confia que Toscan du Plantier lui avait parlé du film.

— Écoutez, monsieur Losey, lui dis-je, si c'est vous qui reprenez ce beau flambeau, l'entreprise sera sûrement beaucoup plus facile, et peut-être même qu'Isabelle Adjani acceptera de tourner... ce serait vraiment formidable. Vous avez mon plein accord.

Losey reprit donc tout en main, sollicita la participation d'Isabelle Adjani qui lui fit la même réponse :

j'en fus presque rassuré, constatant grâce à ce double refus qu'Isabelle n'avait rien contre moi en particulier, mais que, véritablement, le personnage ne lui plaisait pas. Losey, tout comme moi, finit par jeter l'éponge.

Quelque temps plus tard, j'appris que Mauro Bolognini, après avoir remanié et, à mon humble avis, un peu malmené la merveille qu'était le scénario original, réalisait sa version de *La Dame aux camélias*. Je dis « malmené » car le récit d'Aurenche et Pozner était très fort et très violent, et Bolognini en fit un film un peu « opéra », spectaculaire, grandiloquent. Isabelle Huppert, alors compagne de Toscan du Plantier, joua le rôle principal. Elle fut bien évidemment remarquable, mais je ne trouvai pas en elle le charme si particulier qu'avait évoqué en moi l'histoire de Marie Duplessis.

« Trahison », le terme est peut-être un peu fort. Mais, encore dans ce cas, ce n'est que devant le fait accompli que l'on daigna me mettre au courant de la réalisation d'un projet qui, après tout, était le mien.

Trente ans plus tard, Isabelle Adjani joua *La Dame aux camélias* au théâtre. Finalement, mon idée n'était pas si mauvaise que cela...

Je n'ai pas le goût de la rancœur ni de l'amertume, ce sont les verrues de l'existence. Chacun de nous a eu des amis malveillants, et pour moi la trahison en amitié est la pire.

J'ai déjà raconté dans mon premier livre comment je fis la connaissance d'Arlette, une amie d'Alain Delon. Elle était danseuse dans des corps de ballet, et alliait à l'esprit une grande facilité à nouer amitié avec des gens très divers. Elle était l'amie de Noureïev, d'Erik Bruhn, ainsi que d'autres grandes stars, de la danse comme du cinéma. Son petit ami d'alors nous fit un jour montre de ses talents culinaires au cours d'un repas, et je décidai de m'associer à lui pour ouvrir mon restaurant, L'Orangerie. Ce que j'ai oublié de vous dire, c'est que cette personne, à qui je fis confiance et que je considérais comme un associé, et avant tout comme un ami, trahit ma confiance et, surtout, mon amitié. Une fois de plus, ce n'est pas l'acte en lui-même qui me déplaît, et encore moins les conséquences financières, mais bien le fait qu'on ait trahi ma confiance.

Nos affaires marchaient pourtant bien. C'est justement de là que sont venus les problèmes. Durant dix ans, nous vécûmes une relation des plus agréables, à la fois de travail rondement mené et d'amitié vraie... du moins le pensais-je. Il rencontra une vendeuse de vêtements féminins qui se faisait passer pour une hôtesse de l'air, dont il tomba amoureux.

Je m'entretins un jour avec mon cher associé de la possibilité d'ouvrir une seconde Orangerie à Londres, à Monaco, ou même à New York ou Los Angeles. C'est Liza Minnelli, qui adorait le restaurant, qui m'avait suggéré un soir cette « délocalisation ». Il me fit une réponse mi-figue, mi-raisin, arguant que c'était assez compliqué à mettre en place, qu'une seule Orangerie nécessitait déjà beaucoup de temps et d'énergie, et qu'il lui serait très difficile d'être sur plusieurs continents à la fois pour veiller au bon fonctionnement des restaurants. Je n'ai jamais eu la prétention de me prendre pour ce que je ne suis pas et, s'il y a bien quelque chose que je n'ai jamais été, c'est un spécialiste de la restauration. J'avais juste une idée et je m'en remettais complètement à l'avis assez mitigé, pour ne pas dire négatif, de ce grand professionnel avec lequel je travaillais, et en qui, depuis plus de dix ans, j'avais une confiance aveugle.

Bien plus tard, j'allai avec Sylvie Vartan applaudir Charles Aznavour au Palais des Congrès. Nous nous installâmes et discutâmes en attendant le début du spectacle. Sylvie, qui habitait Los Angeles, me dit alors :

— Je suis très contente que tu ouvres un restaurant dans ma ville, Jean-Claude !

— Quel restaurant ? répondis-je, interloqué.

— Eh bien, tu ouvres une Orangerie à Los Angeles, non ?

— Non, pas que je sache ! Qui peut bien ouvrir un restaurant avec ce nom à L.A. !? demandai-je, de plus en plus intrigué.

Nous vîmes le magnifique spectacle de Charles, puis nous allâmes dîner à L'Orangerie où, sitôt arrivé, je décrochai le téléphone et appelai mon associé.

— Dis, tu sais ce que je viens d'apprendre ? Quelqu'un va ouvrir une Orangerie à Los Angeles ! Ce toupet quand même, de nous piquer notre nom...

Il m'interrompit aussitôt :

— C'est moi.

Je tombai des nues.

— Mais enfin, comment cela se fait-il que tu ne m'en aies jamais parlé ? Ç'aurait été plus sympa, nous aurions pu continuer à être associés...

Je pouvais presque sentir à l'autre bout de la ligne son visage changer du tout au tout. Il devenait quelqu'un d'autre, une personne que je ne connaissais pas jusqu'alors, pleine de haine et de ressentiment :

— Tu m'exploites depuis trop longtemps, ton argent m'a bien aidé, mais tu peux te le garder, maintenant il est temps que je gagne ma vie selon mon vrai talent !

Je savais bien que toutes ces horreurs qu'il me vomissait à la figure avaient été instillées en partie par quelqu'un d'autre, mais je ne pus m'empêcher de m'énerver à mon tour :

— Bon, tu fais ce que tu veux, mais, entre nous, c'est fini.

Ce fut une trahison, une vraie : et pour moi, les trahisons d'amitié sont sans retour.

Il développa le restaurant, qui devint vite l'un des meilleurs restaurants français du continent américain, et fit bien entendu fortune. Je m'en réjouissais pour lui, mais cette trahison m'attristait et m'attriste toujours autant. Je sus ensuite par des amis qu'il avait voulu à plusieurs reprises reprendre contact. Il passait par des connaissances communes dans l'espoir d'une réconciliation, mais, pour moi, l'amitié est avec l'amour la chose la plus importante au monde. Dès l'instant où elle est brisée, elle est irréparable.

Encore une fois, je me moque de l'aspect mercantile de l'affaire. Devant la puissance de sa trahison et les insultes qu'il me balança à la figure, faisant de moi un monstre, je me disais qu'au fond il ne m'avait jamais estimé, qu'il avait simplement profité au début de mes sous (qu'il me remboursa intégralement) et avait exploité ma notoriété pour son propre intérêt. Les gens vous en veulent souvent des services que vous leur avez rendus.

Heureusement, un garçon qui travaillait à L'Orangerie, Tony, fit alors un bon héritage, grâce auquel il put racheter les parts de mon associé. Il savait que je ne connaissais rien à la façon dont on gère ce genre d'affaire, et je m'en remis entièrement à son savoir-faire et à son sérieux. Je ne fus pas déçu cette fois-ci, et nous avons toujours travaillé de façon admirable.

Tony

Par bonheur, j'ai rencontré ce garçon qui était tout à fait charmant, chic, précis dans son travail, même si, malheureusement, il n'avait pas l'autorité de mon ancien associé. Ayant travaillé dans la salle, il était difficile pour lui de montrer qu'il était le chef; il le faisait avec beaucoup de délicatesse et d'élégance. En outre il était beau, grand, mince, avec un visage régulier, des yeux sombres, des cheveux noirs comme jais – il avait l'air d'un torero... Il vivait avec un garçon de L'Orangerie, Yann, et tous les deux habitaient au-dessus du restaurant dans l'appartement de fonction. Et je dois avouer que ces années passées ensemble ont été pleines de douceur et de bonheur.

Au mois d'août, il part en vacances au Sénégal, et à son retour une fatigue étrange l'étrangle. Il va donc à la Salpêtrière et il rencontre le Pr Gentilini, l'actuel président de la Croix-Rouge, un homme généreux et très humain, et surtout un être exceptionnel dans le domaine médical. Sa spécialité : les maladies équatoriales. Je m'inquiète :

— Vous avez attrapé le paludisme ?

— Oui, sans doute, me répond-il.

En fait de paludisme, c'était le sida.

C'était l'horreur, en une année la maladie s'est mise à galoper. C'était il y a vingt-cinq ans, bien avant les nouveaux médicaments qui ralentissent la maladie, la trithérapie. J'ai retrouvé l'hôpital de la Salpêtrière, dont j'avais gardé un très mauvais souvenir parce que c'est là que Joséphine Baker était morte. J'y allais tous les jours pour rendre visite à Tony et lui apporter le panier de l'amitié. Le restaurant lui préparait les petites choses qu'il aimait : un peu de foie gras, de saumon, des purées, des salades de fruits.

Au fur et à mesure du temps, la maladie rongeait le corps de ce jeune homme. Tony était beau, charmant, élégant... il était devenu en huit mois un vieillard recroquevillé, se traînant, amaigri, l'œil triste, l'air ailleurs. J'ai fait à cette époque la connaissance du Pr Rozenbaum, spécialiste du sida, qui menait des recherches de pointe. C'était un homme jeune – il avait trente ans – qui était vraiment formidable parce qu'il y avait dans son regard une grande tendresse pour tous ses malades. Un homme hors du commun. Il avait à la fois la connaissance, l'humilité et une manière très douce de redonner du courage et de l'espoir... Il m'a beaucoup impressionné. Mais il m'a confié que malheureusement il n'y avait guère de chances que Tony s'en sorte.

Évidemment, Tony avait des hauts et des bas. Fragile, angoissé par moments, il était complètement désespéré et s'abandonnait. Parfois les médicaments devaient faire de l'effet, il ne souffrait pas et était presque optimiste. Je lui mentais, je lui disais que je m'étais entretenu avec les professeurs et qu'il allait bien mieux.

Or le pauvre Tony allait de plus en plus mal. Je lui ai demandé un jour :

— Avez-vous bien mis en place vos papiers ?

Et j'ai ajouté :

— Vous savez, ça ne fait pas mourir de rédiger un testament. Mais s'il vous arrivait malheur, il faut que je sache quoi faire.

Il avait une maman qu'il aimait beaucoup et un frère dont il ne m'avait jamais parlé. « Vous avez raison », m'a-t-il répondu, et j'ai appelé mon homme d'affaires afin qu'il me trouve un notaire et prenne rendez-vous avec Tony. Je l'ai interrogé sur ce qu'il avait décidé pour L'Orangerie.

— Bien entendu, s'il m'arrivait quelque chose, mes parts iraient à mon ami.

Mais il n'y avait rien, aucun papier. Vous savez, quand ce genre de chose se produit, le fisc est toujours âpre au gain et se fiche des chagrins, des douleurs et de tout ça. Il est toujours impitoyable et, s'il n'y a pas de papier, il ne voit pas plus loin. Je lui ai donc dit :

— Faisons une chose : puisqu'il y a des parts en blanc – je m'étais renseigné et c'était régulier, ce n'était pas une chose anormale –, il faudrait les donner à votre copain, comme ça, ça serait tout à fait légal.

Il accepte, et je vais donc voir le notaire. Il me prépare ces papiers, et je vais avec à la Salpêtrière. Le pauvre Tony était de plus en plus faible. C'était début août. Je me souviens qu'il ne pouvait même pas signer les papiers. On lui tenait la main pour l'aider. Il est mort le lendemain, le 9 août.

Le clerc, un peu attardé, n'avait pas enregistré tout de suite les documents. Il ne l'a fait que le lendemain et j'ai eu les pires problèmes : on a dit que c'était des faux. Heureusement, un médecin a témoigné que j'étais bien venu lui faire signer. Je me suis trouvé confronté avec le frère de Tony, que je ne connaissais pas. Je lui ai dit que je ne voulais pas qu'il entre dans l'appartement sans mon autorisation.

— Je veux reprendre les affaires de mon frère, me répondit-il.

— Oui, mais votre frère a fait un testament, il faut attendre.

Là commencent les problèmes ! Souvent, quand les gens meurent, des neveux, des nièces, des frères, des sœurs surgissent parce qu'ils pensent qu'il y a deux francs six sous à gagner. Je me suis énervé.

— En tout cas, vous n'embêterez pas Yann, parce que votre frère m'a confié que c'était Yann son héritier, donc c'est lui qui aura tout et vous n'aurez rien, ou seulement ce que voudra bien vous donner Yann.

Le pauvre Yann était malheureusement lui aussi contaminé. Il est tombé malade très peu de temps après Tony. Lui aussi a lutté un an, et il est mort en souffrant davantage encore que son ami. Le frère est arrivé, puisque les parts étaient à Tony et que c'était uniquement sentimentalement que ce dernier avait accepté de les laisser à Yann. Yann n'étant plus là, c'était à sa mère et à lui. Je lui ai lancé :

— Je ne m'associerai jamais avec vous, vous êtes un sale type !

Il est allé, la nuit de la mort de Yann, dans l'appartement et a tout déménagé. On s'est fâchés et il m'a vendu, un peu contraint, les parts de L'Orangerie.

Tony est enterré à Biarritz. Il avait demandé que Yann soit près de lui. Après beaucoup de discussions, ce vœu a été réalisé. Mais pendant cinq ans ils n'ont pas mis son nom sur la pierre tombale... Parce qu'ils avaient sans doute honte. Le genre humain est singulier, je suis toujours étonné par la bêtise.

Un jour, alors que Tony était hospitalisé, j'ai croisé des malades qui se traînaient dans les couloirs de la Pitié-Salpêtrière avec leurs perfusions. J'en parle aux Prs Gentilini et Rozenbaum, qui me répondent :

— Nous n'avons plus de place, nous sommes débordés, il y a trop de malades...

Ce qui était honteux, c'est que l'Assistance publique laissait fermées deux grandes salles, faute de moyens. Stupéfait par le désarroi des médecins, j'ai pris mon courage à deux mains. Aujourd'hui, malgré les difficultés, les associations prennent en charge les malades, mais, il y a quelques années, certains étaient abandonnés par leur famille qui avait honte, d'autres malheureusement n'avaient personne dans leur vie, ni père, ni mère, ni frère, ni sœur, ni amant, ni maîtresse, rien. Ces pauvres garçons et ces pauvres filles étaient là, seuls, à attendre la mort. De temps en temps ils se liaient d'amitié avec quelqu'un à l'hôpital, mais ils voyaient mourir leur copain à côté d'eux, et se disaient : « Le prochain c'est moi. » C'était vraiment un enfer... On ne peut imaginer, quand on est en apparente bonne santé, le désarroi de ces gens, leur désespoir et surtout celui des jeunes, trop jeunes. Quand on vieillit, la maladie reste tapie dans l'ombre, mais voir des adolescents pourrir de l'intérieur... c'est une maladie épouvantable. On ne peut être que révolté et en colère.

Je suis rentré chez moi complètement anéanti, et le lendemain matin j'ai pris mon téléphone pour appeler Mme Michèle Barzach, alors ministre de la Santé. Je dois avouer que je ne connaissais pas cette dame. Je savais qu'elle était efficace, courageuse, généreuse et attentive, mais évidemment quand on est au sommet on ne voit pas tous les dossiers. On vous raconte des histoires, on vous cache la vérité pour ne pas faire de vagues, pour ne pas avoir de problèmes – enfin, ce côté frileux de certains fonctionnaires.

J'appelle donc cette dame et je tombe sur son secrétariat à qui je dis que c'est personnel. On me répond qu'elle est en réunion et qu'elle va me rappeler. Elle m'a effectivement rappelé une heure après, très aimable, et m'a écouté. Je lui ai décrit la situation en terminant sur ces mots :

— Je vous assure que, si je vous appelle, c'est pour jeter un cri d'alarme et que le ministère se réveille.

Le lendemain, elle est allée à la Salpêtrière et elle a constaté le désastre. Elle a fait ouvrir les salles abandonnées en donnant une subvention pour qu'on les aménage.

Cela prouve que parfois, quand les ministres sont alertés, ils sont capables de faire des choses formidables humainement, quelle que soit leur couleur politique. Ne parlons pas de Mme Simone Veil, une grande amie : elle a fait voter la loi sur l'avortement qui a été un tournant dans l'histoire des femmes en France, et a pourtant été huée, conspuée... Mais elle a aussi reçu du soutien, notamment des actrices qui ont signé le manifeste, dont Delphine Seyrig, Jeanne Moreau, Catherine Deneuve et d'autres. Et je dois dire que le président de la République la soutenait aussi car, s'il ne l'avait pas voulue, elle n'aurait pas pu faire passer cette loi. Cette femme a été déportée, et possède une aura, une lumière, une dignité exceptionnelles... J'ai toujours un bon baromètre au festival de Ramatuelle. Comme elle a une maison à Sainte-Maxime, elle vient parfois assister à un spectacle. Par tradition, jamais je ne salue un politique dans la salle. Elle est la seule exception : je l'admire, je l'aime beaucoup et je la respecte. Le public l'applaudit toujours à cinq mains, debout. Elle fait un triomphe chaque fois et elle en est heureuse. Elle a l'estime de tous.

Aujourd'hui, Tony et Yann seraient sans doute encore en vie, tant de progrès ont été faits... On arrive à maintenir des gens jeunes en vie – une existence fragile – en étant bien sûr toujours suspendus à un fil. En tout cas ils vivent, et souvent avec un moral qui est digne de soldats et fait mon admiration.

Line Renaud est vice-présidente d'une association de lutte contre le sida avec Pierre Bergé, et, quand nous avons joué *Poste restante*, elle recevait évidemment beaucoup de visites de garçons. C'est un peu leur marraine, elle leur écrit et les encourage. J'ai été très touché de voir ces garçons qui disaient : « Je suis séropositif, mais je me bats. »

C'est formidable, toutes ces associations, et dès que je peux le faire, je donne un coup de main. Avec *Poste restante*, nous avons offert une représentation exceptionnelle pour l'association Ensemble contre le sida. Et puis il y a beaucoup de manifestations auxquelles j'essaie d'apporter mon soutien. Il y a les enfants, le cancer, la leucémie, la sclérose en plaques, plein de saloperies partout, mais le sida est la maladie de l'amour, et que des gens soient contaminés parce qu'ils s'aiment... Il faut convaincre les jeunes de se protéger. Nous n'avons pas connu cela, nous, quand nous étions jeunes. Et quand on sait les millions et les millions de malades en Afrique, au Brésil ! Il faut aider pour qu'ils aient accès aux médicaments, aider l'Unicef, dont Nana Mouskouri est une ambassadrice extraordinaire. Elle me dit souvent :

— C'est horrible, parce que les médicaments sont trop chers, n'arrivent pas jusqu'aux malades, ou on n'en dispense qu'aux privilégiés, et puis les bébés meurent sans avoir été soignés...

Ce n'est pas un péché, comme l'affirme le pape. Un soir, alors que je rentrais chez moi après une émission sur le sida, une voiture ralentit et un homme barbu me lance :

— Le sida, c'est la punition de Dieu !

Sans commentaire...

Barbara avait composé une très jolie chanson là-dessus, « Sid'amour à mort ».

Yves Montand

Comme je l'ai déjà dit, j'étais un amoureux, un admirateur affectueux, de Simone Signoret. Elle m'impressionnait et je l'aimais comme actrice et comme femme. J'aimais son intelligence, son autorité, sa tendresse, son émotion, bref, je l'aimais complètement. Elle était pour moi, un peu comme Romy Schneider, quelqu'un d'enchanteur.

Ce qui me fascinait, c'est cet amour inconditionnel pour Montand. Une chanson de Mistinguett s'intitulait « Mon homme », et quand elle disait : « Montand, c'est mon homme », on comprenait tout : la possession et le désir. C'était à la fois son homme qui lui faisait l'amour, son homme qui était fort et la protégeait, mais elle le protégeait aussi, lui donnait ce qui pouvait lui manquer. Montand arrivait de la rue. Il était italien d'origine et un peu déraciné. Il n'avait pas la culture de Simone, qui avait fait des études, avait lu et rencontré des gens intéressants. Lui venait de sa province avec son physique avantageux et sa voix pleine de charme. Cet homme était, à mon avis, un truqueur, un voleur. Il était malin comme le sont les enfants et « chopait » vite les trucs, il comprenait rapidement. Son instinct animal lui permettait d'emmagasiner les bonnes choses. Édith Piaf lui a appris à chanter et surtout à être en scène. Il avait une jolie voix, qu'il a travaillée, et elle lui a donné le sens du geste, de l'art d'entrer en scène, de s'habiller. Elle lui a apporté tout son savoir avec beaucoup d'amour, puisqu'elle était avec lui à ce moment-là. Il en a profité, a digéré tout ce qu'elle lui a enseigné et l'a ressorti à sa façon, avec sa présence.

Je l'aimais comme chanteur, mais en même temps je me posais toujours une question : il avait une voix, un répertoire, une présence formidables, mais je n'éprouvais aucune émotion. Tout était techniquement impeccable, et même plus qu'impeccable, réglé comme une horloge suisse, avec un professionnalisme à l'américaine, mais jamais je ne me disais qu'il allait craquer, jamais je ne sentais son cœur battre d'émotion, jamais. Autant j'ai été bouleversé par Jacques Brel, Georges Brassens, Léo Ferré sur scène, pour ne parler que des hommes, autant je ne l'étais pas par Montand, même si j'écoutais ses chansons, choisies avec talent et à cause de l'humour léger qu'il y glissait. Comme acteur, il m'avait épaté dans *Z*, par exemple, dans d'autres films de Costa-Gavras, ou dans ceux de Sautet où il était excellent, mais enfin j'étais moins fan de Montand que de Signoret.

J'ai dîné plusieurs fois avec lui et cela fut chaque fois sympathique, toutefois c'était un hâbleur, un vrai joueur qui pouvait passer ses nuits au poker, un homme qui aimait les femmes et avait nombre d'aventures, et en même temps quelqu'un qui n'était pas très fidèle en amitié, sur qui on ne pouvait pas toujours compter. Il pouvait profiter des choses et manifester une certaine lâcheté. Ne parlons même pas de ses engagements politiques : je pense qu'ils étaient sincères, mais il s'est trompé. Il était persuadé que Staline était un exemple, que le peuple russe nageait dans le bonheur...

Nous dînions donc de temps en temps ensemble, Simone Signoret, Yves Montand et moi, en compagnie d'amis comme Michel Piccoli, Pierre Mondy, François Périer, Costa-Gavras ou Patrice Chéreau. Il m'avait félicité pour *Les Cousins* de Chabrol, et, sans être chaleureux, nos rapports étaient sympathiques.

Comme tout le monde, je l'avais vu à la télévision, dans son émission politique où il disait aux Français qu'il fallait faire un effort... une sorte de discours de ministre ou d'homme politique. Il était très grave, très imbu de lui-même en prononçant une sorte de sermon sur le travail. J'avais trouvé qu'il en avait fait un peu trop ; j'ai appris par la suite qu'il avait touché une somme importante de TF1 – huit cent mille francs –, c'était beaucoup pour lancer des leçons au bon peuple. Il y a d'ailleurs eu une polémique à la suite de cette émission, Coluche demandant par exemple qu'il reverse une partie de cet argent aux Restos du cœur.

Le temps passe, et un jour je fais une émission avec Michel Denisot sur Canal +, qui s'appelait « Mon Zénith à moi », une sorte de confession-interrogatoire sur votre vie. Comme Denisot était intelligent et délicat, il ne posait jamais de questions embarrassantes, comme le font aujourd'hui Ardisson ou Fogiel. L'émission était enregistrée dans les conditions du direct, la veille pour le lendemain. Denisot me prévient qu'il n'y aura qu'une interruption, un imitateur, pour faire une pause. Il me propose un jeune Belge, André Lamy, en me disant qu'il fait des imitations formidables, de Gabin par exemple. Heureux de donner sa chance à un jeune, j'accepte, faisant confiance à Denisot. Tout se passe pour le mieux ; évidemment, il me taquine un peu sur mon côté mondain, sur mes costumes, sur le fait que j'aime bien paraître, etc., puis nous parlons de ma carrière. Au milieu de l'émission, il me fait remarquer que je ne suis pas comme Yves Montand, qu'on ne me voit jamais dans des meetings, colloques politiques, que je ne signe pas de manifeste, bref, que je ne m'engage pas pour mon pays.

— Écoutez, ai-je répondu, j'imagine que si mon pays était en danger, devenait sectaire, je prendrais des positions de façon violente. J'ai beaucoup admiré Jeanne Moreau, Catherine Deneuve ou Delphine Seyrig, qui ont signé le manifeste pour l'avortement, mais je ne vais pas signer tous les jours pour toutes les choses qui ne vont pas. Je trouve qu'il faut se préserver pour les choses fondamentales.

Je me suis souvent posé la question de savoir ce que j'aurais fait pendant l'Occupation. Aurais-je joué ? Je pense que oui. J'aurais joué comme le boucher a vendu sa viande ou comme le médecin a soigné. Je n'aurais sûrement pas fricoté avec les Allemands, mais combien d'acteurs et d'actrices ont eu des problèmes à la Libération simplement parce qu'ils avaient travaillé sous l'Occupation... Me serais-je engagé dans la Résistance ?

J'espère pour moi que oui. Mais c'est tout ce que je peux dire, et j'estime que je n'ai pas à entraîner des gens qui m'admirent pour mon métier dans autre chose. C'est la raison pour laquelle le vote est secret.

À la question de Denisot, j'explique donc que je ne suis sans doute pas comme Yves Montand, que je l'admire comme acteur et chanteur mais moins quand il fait de la politique, parce qu'il s'est trompé quelquefois, et surtout pas quand il fait une émission pour laquelle il est payé et où il demande aux Français de se serrer la ceinture. Cela me paraît malvenu et impudique. Le chapitre est clos. Nous enchaînons et l'imitateur arrive. Ce que j'ignorais, c'est qu'il allait imiter Montand dans son personnage du Papet, tiré du film de Claude Berry, en parlant justement d'argent. C'était un peu lourd et convenu... Je fais remarquer à Denisot, à la fin de l'émission, qu'il aurait pu me prévenir.

Le lendemain de la diffusion de l'émission, je reçois un coup de fil de Montand, hystérique, méchant, méprisant, grossier, m'insultant, me traitant de tous les noms, s'écriant que j'étais une ordure, qu'il allait me casser la gueule. C'était épouvantable.

J'ouvre ici une parenthèse. Il y a une justice dans la vie. Huit jours avant d'enregistrer cette émission, j'avais déjeuné avec un vieil ami, André Magnus. Cet homme, très élégant, qui avait à l'époque presque quatre-vingts ans, portant beau, avait été l'ami des plus grands artistes lyriques, sculpteurs, peintres, et était l'éminence grise de beaucoup de gens importants. C'était un homme secret, une sorte d'ambassadeur souterrain, qui arrangeait ou dérangeait les choses, un « consultant ». Il avait été marié mais avait toujours aimé les garçons, qu'il appelait les « ouistitis », et me racontait parfois ses fredaines, pour me faire rire. Au cours de ce déjeuner, cet homme qui était beau comme un prince, et très cultivé, me lance, avec un œil malicieux :

— Je ne te l'ai jamais raconté, mais j'ai bien connu Montand.

— Écoute, tu peux me dire tout ce que tu veux, mais c'est comme si, moi, je t'annonçais que j'avais couché avec Lino Ventura ! Ne me dis pas des choses aussi folles...

— Non, non, je t'assure que j'ai eu une aventure avec Yves Montand, à Marseille.

Montand avait dix-huit ou vingt ans à ce moment-là, et j'ai songé que c'était possible, effectivement... un accident. Il ajoute que Montand, à cette époque, était l'amant de Reda Caire. Reda Caire, un très grand chanteur, très populaire, une star de l'époque ! Il était dans la lignée de Tino Rossi et de Jean Lumière, avec une voix sirupeuse et câline, et les femmes en étaient folles. Je n'y croyais qu'à moitié, mais plusieurs personnes de confiance m'ont confirmé cette liaison. Fin de la parenthèse.

Lors de son coup de fil vengeur, Montand finit par lâcher : « Tu n'es qu'un sale enculé, une tapette, un sale pédé ! » Des choses extrêmement blessantes et très violentes, indignes d'un homme qui prétend avoir un peu de générosité, de fraternité, de respect... J'étais tellement soufflé de cette pluie d'injures que je lui ai simplement demandé : « Te souviens-tu de Reda Caire ? » Silence, et il raccroche.

C'est moi qui l'ai rappelé pour lui expliquer qu'il ne fallait pas proférer des choses pareilles. « Tu m'as blessé. Ce que tu as dit était dégueulasse et injuste. Je ne te juge pas, tu n'as pas à me juger... »

Nous nous sommes réconciliés quelques mois avant sa mort. Ceci pour dire combien un homme qui semble chaleureux et sympathique peut être cruel et injuste.

Mireille Dumas

J'essaie toujours de participer à des émissions intéressantes, et si j'accepte, je joue le jeu sans contrainte, je m'efforce d'être sincère et loyal.

Mireille Dumas, femme de cœur, grande journaliste, que j'estime, m'a proposé de venir à son émission « Vie publique, vie privée », sur France 3. J'ai accepté, même si lors d'une interview précédente elle avait cherché en quelque sorte à me piéger, en entraînant la conversation – qui devait porter sur ma vie et sur mon travail, mes projets – vers l'homosexualité. Cela m'avait embarrassé. Je ne voulais pourtant pas avoir l'air d'un provincial apeuré, honteux, cachottier, mais mes parents étant encore vivants, je ne voulais pas non plus que ma liberté de penser, ma façon personnelle de vivre, les choque. Je lui avais donc demandé d'enlever tout ce que j'avais dit. Il avait fallu discuter, elle avait reconnu qu'on avait un peu dérapé et que ce n'était pas le sujet de l'émission au départ.

J'ai de la sympathie pour elle, pour son intelligence, sa clarté, et aussi sa façon de questionner les gens et de les sortir sans heurt de leur léthargie.

J'ai donc été heureux de faire sa nouvelle émission. Le thème était le secret de famille. Comme, dans *Le Ruisseau des Singes*, on avait l'impression que je réglais des comptes avec mes parents et mon frère, je ne voulais pas trop m'énerver, le temps étant passé. Je trouvais que j'en avais déjà assez dit. Cela avait été comme une délivrance de pouvoir évoquer des choses que j'avais sur le cœur, qui m'ont blessé ou touché. Et j'ai compris par le nombre de lettres que j'ai reçues que je n'étais pas le seul. Beaucoup ont eu la même vie que moi, ont été élevés par des parents sévères et intransigeants. Ce n'étaient pas non plus des despotes et des bourreaux d'enfants, mais des bourgeois engoncés dans les principes, prisonniers du qu'en-dira-t-on. Ils agissaient ainsi pour me protéger, maladroitement. C'était la mentalité de l'époque : après la guerre, les gens n'avaient pas le temps, ni l'envie, de faire du sentiment.

Mireille Dumas me questionne donc sur mon enfance. Elle me parle du Prytanée, des enfants de troupe, de la pension. C'est au Prytanée qu'est née pour moi l'amitié : les copains partageaient leurs colis avec moi, m'aidaient à vivre cette solitude obligatoire – à l'époque j'avais dix ou onze ans – et le détachement de mes parents, qui avaient affaire à une « tête dure », comme ils disaient, un révolté, à quelqu'un qui n'était pas facile à contrôler.

En dehors de l'éducation que j'ai reçue, des coups de cravache et des engueulades, j'ai surtout le souvenir de l'épreuve endurée par mon père, un cancer, maladie sournoise et longue. Dans ces moments tragiques, on devient un peu le père de son père. J'ai remué ciel et terre pour voir les médecins les plus connus, les plus importants. Léon Schwartzenberg, qui était un ami, m'a malheureusement confirmé le diagnostic. Il m'a aidé à trouver des médicaments nouveaux pour le soulager. Un an après, ma mère est tombée malade à son tour. J'en ai été le premier averti. J'ai essayé de ménager mon frère, de lui cacher pendant un certain temps la gravité de la maladie, et puis j'ai dû me résoudre à le prévenir, et ensemble nous nous sommes arrangés pour que ma mère ait l'impression qu'elle n'était pas abandonnée et seule. Tout cela s'est passé comme dans beaucoup de familles, sans heurt et avec en commun l'affection. Ce qui a d'ailleurs fait dire à ma mère : « Tiens, finalement, le Jean-Claude, il est gentil. » Elle a mis cinquante ans à s'en apercevoir...

Ce qui m'a surtout choqué, c'est ce qui s'est produit le jour de l'enterrement de ma mère. Je jouais au théâtre, et nous sommes donc descendus un lundi, jour de relâche. Mon oncle et ma tante ont comme moi été les témoins de cette journée de tristesse. Tout ce que contenait l'appartement de ma mère avait été déjà étiqueté, rangé. Les tapis étaient roulés. Le sel, le poivre, les choses les plus anodines étaient prêtes à être embarquées, ce qui a été fait dans la soirée, avec une camionnette, comme des voleurs, alors que ma mère venait d'être mise dans son tombeau. J'ai eu l'impression que c'était comme un viol. Tout cela effectué avant qu'elle ne soit enterrée. Je comprends très bien qu'il faille mettre en ordre les papiers, mais cette façon de débarrasser cet appartement, même s'il était en vente, me paraissait choquante.

J'avais déjà été troublé au moment du déménagement de la villa de mes parents. Ma mère ne voulait pas y rester, parce qu'elle était trop grande et que les souvenirs de mon père étaient présents partout – son jardin, sa chambre... Elle désirait donc quitter cet endroit pour chasser les cauchemars. Elle s'est installée dans un appartement agréable, sans charme, baigné de soleil, et avec des voisins très gentils. Lors du déménagement, ma belle-sœur disait : « Ça c'est joli », en désignant des meubles ou des tableaux, et ma mère répondait : « Oui, mais pour l'instant c'est à moi et je ne suis pas morte. » Je me suis souvenu de cette phrase et j'ai trouvé qu'ils étaient un peu pressés de récupérer ce qu'ils croyaient être leur bien.

Peut-être pensaient-ils que j'étais milliardaire et que je n'avais besoin de rien... Il est vrai que je suis célibataire et privilégié, mais j'étais étonné de la façon légère dont on me traitait : le testament de mes parents m'attribuait la moitié de leurs biens. Ma mère de son vivant avait offert beaucoup de choses à mon frère, puisqu'il était marié et avait des enfants – et c'était normal –, mais elle ne lui avait jamais dit : « Tu ne donneras rien à ton frère. »

Au moment du partage, les choses ne se sont pas très bien passées mais j'ai obtenu le sabre, les bottes et les épaulettes de mon père. Et comme je suis quelqu'un d'entier – j'ai le caractère de mon père et de mon grand-père, les Brialy ont la tête dure –, et que je n'ai plus eu aucune nouvelle, j'ai décidé que c'était terminé, que ce que j'avais gagné par mon métier je le léguerais à mes amis et pas à ma famille. D'ailleurs, pour moi, je n'ai plus de famille, à part ma tante qui vit à Melun, la femme du frère de mon père, que je vois encore régulièrement et avec laquelle j'ai des rapports tout à fait doux et charmants. Je me suis également occupé de mon autre tante, Odette, la sœur de mon père.

Dans l'émission, il y avait des personnages bien plus intéressants que moi. Par exemple, la fille d'Émile Louis, le tueur en série de l'Yonne, qui a écrit un livre pour expliquer qu'elle avait été violée à douze ans, qu'elle avait vu son père tuer des gens, enfin, des choses horribles, effrayantes. Ou un monsieur qui avait perdu son identité : on lui avait annoncé qu'il n'était pas le fils de celui qu'il pensait. Il y avait aussi Fiona Gélin qui parlait de la drogue et de sa descente aux enfers. De son internement. Elle parlait aussi de ses rapports avec son père, Daniel, qui était tout amour et tout affection, mais souvent absent dans ses délires.

Mes problèmes paraissaient anodins et faibles face à ceux des autres interlocuteurs. Les souvenirs revenant, je me suis retrouvé comme si tout s'était produit la veille. Ma nature coléreuse s'est réveillée. Trois ou quatre jours plus tard, Mireille Dumas appelle Bruno, qui travaille avec moi, et lui dit : « Jean-Claude a parfois été un peu violent, j'ai peur d'avoir des problèmes. Nous permettrait-il d'enlever deux ou trois phrases ? » J'ai répondu qu'ils pouvaient supprimer tout ce qu'ils pensaient être violent, et qu'ils pouvaient faire comme ils voulaient.

On passe, gros succès pour Mireille Dumas, qui me dit : « C'est la plus grosse écoute qu'on ait jamais faite » – j'en étais heureux pour elle...

Quinze jours plus tard, je reçois une lettre de mon frère.

« Jean-Claude, je viens de recevoir un enregistrement sur cassette de l'émission " Vie privée, vie publique ", que Mireille Dumas a bien voulu m'envoyer. Compte tenu des propos diffamants que tu as encore une fois tenus au sujet de notre famille, Mireille Dumas m'a proposé de répondre à l'antenne. Ci-joint copie de l'interview *in extenso*. Mais il me semble que c'est avoir bien peu de considération pour soi-même que d'avoir recours aux médias pour régler ces problèmes personnels. Je ne souhaite donc pas utiliser cette possibilité. »

Suit une lettre de morale me rappelant que moi j'étais célibataire sans enfant, que j'avais raté ma vie privée, et que lui était dans le bonheur avec ses enfants et ses petits-enfants.

Que mon frère réagisse, cela me paraît normal, mais que Mireille Dumas, sans me prévenir, lui fasse parvenir une cassette... m'a agacé. Depuis, Mireille s'est expliquée : mon frère lui avait réclamé le contenu de l'émission, de chers amis lui avaient rapporté ma colère et il voulait se défendre, il menaçait l'émission, la chaîne d'un procès. Mireille a cédé au chantage. Ne pas m'avertir, me passer un coup de fil pour me dire qu'elle était obligée d'envoyer une cassette pour ne pas avoir de problème ! Elle l'a fait pour se protéger, toutefois la façon de faire n'est pas très élégante, ni très loyale.

Mais je ne tiens plus à polémiquer, ni avec mon frère ni avec quelqu'un d'autre. Je trouve que la vie est trop courte et qu'il y a des problèmes beaucoup plus graves dans le monde – la maladie, la faim, la guerre, le sida. Le chapitre est clos. Pourtant j'ai bien précisé à ceux qui m'entourent que, le jour où je disparaîtrai, je ne veux personne de ma famille à mes obsèques. Et je ne veux surtout plus entendre parler de tout cela. Mon frère me dit dans sa lettre que je crois qu'ils sont jaloux de moi, de ma célébrité ou de mon argent, alors que, ça, je ne le crois pas. Mon frère a travaillé toute sa vie. Sans être riche, il a de quoi vivre, il a des enfants qui travaillent, qui sont mariés, qui sont bien. Le problème n'est pas là.

La famille nous réserve des surprises... On voit surgir des nièces et des neveux dont tout le monde ignorait l'existence. À la mort d'Yvonne Printemps, par exemple, se sont brusquement manifestées des nièces dont personne n'avait jamais entendu parler. À celle de Jean Marais également, tout comme à celle de Barbara. Non, non, il ne faut pas mourir...

Nana Mouskouri, mon amie. Elle m'étonne tous les jours.

© Apis- Paris

Jacques Brel, mon chanteur préféré.

© Studio Lipnitzki.

Hommage à Louis Jouvet. Bourvil remporte un triomphe dans le tambour de ville. Je suis le docteur Knock.

© G. Ventouillac

Line Renaud, jeune et belle. Nous nous connaissons depuis quarante-cinq ans. Tout près de moi, Lucienne Boyer me parle d'amour.

© D.R.

Coluche, travesti en star, au festival de Cannes.

Avec Maritie et Gilbert Carpentier, j'ai tout fait : chanter et danser.

À Monte-Carlo, je mène la revue avec Joséphine Baker.

Rudolf Noureïev, le plus doué, le plus grand, le plus beau. Il a traversé ma vie comme une flèche.

J'admire Charles Aznavour, mais surtout je l'aime.

Charles Trenet, le poète, me faisait toujours rire.

Françoise Dorléac, une des femmes que j'ai aimées, dans *La Chasse à l'homme*.

1. Bernadette Lafont, cousine de Bardot dans *Les Godelureaux*. 2. Marie-José Nat, jolie comme un saxe, dans *Un dimanche à New York*. 3. Monica Vitti, belle et mystérieuse dans *Le Fantôme de la liberté*. 4. Caroline Cellier, comédienne magnifique, dans *Le Ciel de lit*.

Dans *La Ronde*, de Vadim, Jane Fonda était ma partenaire privilégiée. Nous avons passé le tournage au lit ; malheureusement, j'interprétais un impuissant. Encore une composition.

Nous étions jeunes et beaux : Anthony Perkins, Renato Salvatori et moi dans *Le Glaive et la Balance*.

Mon premier rôle : Annette Poivre et Raymond Bussières, mes parents, Micheline Dax, ma tante, Pascale Audret, ma sœur, et Darry Cowl irrésistible, dans *L'Ami de la famille*.

Anna Karina dans *Anna*, de Serge Gainsbourg. Elle était toujours sous le soleil, exactement, avec son sourire triste, ses yeux rieurs et son charme danois.

J'aurais aimé avoir une fille comme Isabelle Adjani, avec cette beauté diaphane, ces yeux bleus profonds, cette bouche gourmande, ce petit nez ravissant et ce sacré caractère. Malheureusement, je n'ai jamais rencontré la mère.

1. Louis de Funès, mon dessin animé préféré.

2. Alice Sapritch en George Sand et moi en Liszt… c'était pour rire.

3. *Le Roi de cœur* avec Michel Serrault. Pour moi, le plus beau film de Philippe de Broca.

4. Les clowns ont toujours le regard triste.

5. Jean Carmet, merveilleux partenaire dans *Les Œufs brouillés*.

Line Renaud, ma partenaire dans *Poste restante.* Une femme exceptionnelle qui, la première, a aidé la recherche contre le sida. Fidèle et sensible, elle aime la vie et la vie l'aime.

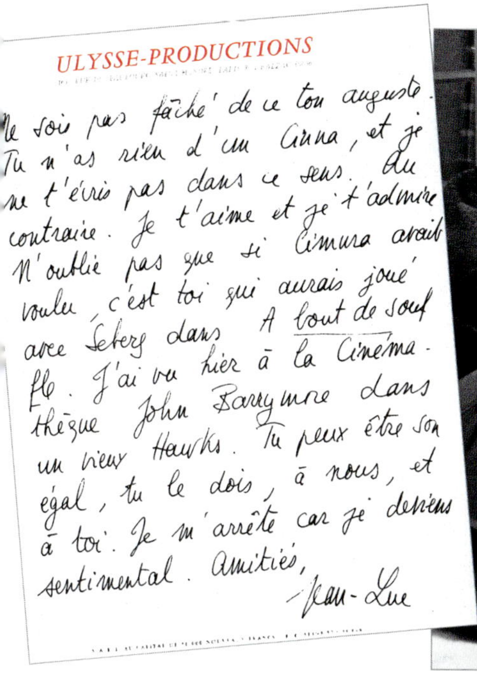
ULYSSE-PRODUCTIONS

Ne sois pas fâché de ce ton auguste. Tu n'as rien d'un Cinna, et je ne t'écris pas dans ce sens. Au contraire. Je t'aime et je t'admire. N'oublie pas que si Cimura avait voulu, c'est toi qui aurais joué avec Seberg dans A bout de souffle. J'ai vu hier à la Cinémathèque John Barrymore dans un vieux Hawks. Tu peux être son égal, tu le dois, à nous, et à toi. Je m'arrête car je deviens sentimental. Amitiés,

Jean-Luc

© Parimage

Au temps de la Nouvelle Vague, Anna Karina et Jean-Luc Godard chez moi, à Monthyon.

© D.R

Michel Audiard, mon ami, en visite sur *Carambolages*.

© Roger Corbeau

François Truffaut et Jean Renoir, photographiés à Beverly Hills par Roger Corbeau. Ils ont l'air aux anges, j'espère qu'ils le sont. Ce sont mes deux merveilles.

© Photo Chance

Mon premier chien, Orphée. Elle a vécu quatorze ans avec moi.

© D.R

À Hollywood, chez Marisa Pavan et Jean-Pierre Aumont, je fais Esther Williams.

© Photo Chance

J'ai rêvé d'être torero, les vaches ne me font pas peur.

© D.R

La photo de famille pour mes soixante-dix ans.

LES AMABILITÉS

Quelques mots choisis

Souvent, des amis que vous appréciez, et qui en principe vous apprécient de même, ont de bien curieuses façons de vous exprimer leur amour. Des personnes qui me sont chères m'ont ainsi souvent gratifié de compliments étranges.

À la suite de la sortie de mon premier livre, *Le Ruisseau des Singes*, Muriel Robin me dit : « Tu sais, Jean-Claude, pour Noël, j'ai acheté dix de tes livres que je vais offrir à dix de mes amis. Je te promets que je vais le lire. »

Un autre soir, j'eus droit à une perle. J'étais convié par Mathilde Seigner, qui joue *L'Éducation de Rita* à la Comédie des Champs-Élysées, à son dîner d'anniversaire. Je n'étais naturellement pas seul invité, et parmi d'autres était présent le producteur Norbert Saada, qui est l'un de mes bons copains. Il me parle de son prochain projet avec son enthousiasme habituel : « Je prépare un grand film, un super-polar, avec Mathilde Seigner et Johnny Hallyday, le scénario est formidable, le jeune réalisateur est stupéfiant... et puis, après, j'aimerais faire un petit film avec toi. »

Les anonymes que l'on rencontre ont parfois, eux aussi, de bien drôles de façons d'exprimer leur joie de vous voir. J'ai un florilège de remarques toutes plus agréables les unes que les autres. « Dites donc, qu'est-ce que vous êtes mieux dans la vie ! À la télé, vous faites un peu tapé. » Ou celle-ci, d'une dame qui m'avait demandé un autographe : « Ça fait plaisir de vous voir sur pied ! » Dans le même genre : « Je suis contente de vous voir de votre vivant ! » Ou encore ce commentaire lancé entre deux compliments par une femme assez bien conservée par le temps, mais qui marquait tout de même ses quatre-vingts ans : « Vous voyez, monsieur Brialy, on est encore bien pour notre âge ! »

Certaines personnes, par innocence ou naïveté, ou tout simplement par bêtise, trouvent des formules qui vous laissent bouche bée. J'ai un jour entendu une personne dire à propos de Michèle Morgan et de Danielle Darrieux, qui, ayant commencé à quatorze ans, ont toutes deux soixante-dix ans de carrière : « Elles doivent bien avoir cent ans maintenant, ou alors elles sont mortes ! »

Hier encore, j'ai entendu une dame derrière moi : « J'ai vu une pièce hier, c'était pas mal... C'était avec une actrice très connue, vraiment très connue... Comment s'appelle-t-elle déjà ? »

Ne parlons pas des gens qui vous confondent. J'eus assez souvent droit à des « Bonjour, monsieur Gélin », « Bonjour, monsieur Hossein », confusion qui me flattait plutôt vu l'énorme talent de mes compères. Poliment, je signais les autographes : « Bien à vous, Daniel Gélin », « Bien amicalement, Robert Hossein ».

Mon port d'angoisse

Tout cela est assez charmant et maladroit. Ce qui l'est moins, c'est lorsqu'on se retrouve confronté à la méchanceté de certaines personnes. Cela me rappelle une aventure assez rocambolesque à laquelle j'ai participé trois ans durant. C'est par bien des aspects ma version personnelle du *Titanic* !

Il y a de cela plusieurs années furent créées les croisières loisirs, réservées à des personnes assez aisées. À bord du *Mermoz*, elles visitaient les endroits les plus beaux de la Méditerranée, et s'aventuraient même parfois en Atlantique ou dans la mer du Nord. L'une des particularités de ces croisières, c'était la présence d'une troupe de théâtre qui, ou bien à bord ou bien sur des sites de toute beauté, jouait tout un répertoire devant les voyageurs embarqués.

C'était auparavant Robert Manuel qui dirigeait cette troupe. Robert était un très bon acteur, excellent metteur en scène, sociétaire de la Comédie-Française, longtemps codirecteur du théâtre Marigny. J'avais joué avec lui *La Puce à l'oreille*. C'était un homme étrange, en cela qu'il était capable du meilleur comme du pire. Il était extrêmement courtois et cultivé, vouant une véritable passion à Molière, mais il lui arrivait, pour faire rire son auditoire, de se lancer dans des histoires quelquefois un peu lourdes qui ne faisaient rire que lui.

Durant près de vingt ans, Robert s'occupa donc de l'animation théâtrale des croisières. La troupe était constituée de comédiens peu connus mais très talentueux, auxquels venaient se mêler de temps en temps des acteurs célèbres tels que Michel Duchaussoy, Jean Piat, Michel Galabru ou d'autres.

Robert Manuel donnait également lors de ces croisières des cours de maintien et de diction, aspects techniques du métier de comédien dont le public ne soupçonne pas toujours l'existence. Ses élèves étaient de vieilles dames ravies de s'essayer dans le difficile exercice de la comédie.

Il tomba gravement malade et fut dans l'impossibilité d'assurer cette responsabilité. Sa femme proposa de le remplacer, mais les dirigeants des croisières désiraient renouveler cette formule théâtrale qui, telle que Robert l'avait conçue, commençait à vieillir quelque peu et à devenir de moins en moins attractive. Après tout, ces messieurs n'avaient pas pour fonction de gérer un théâtre mais une entreprise commerciale.

Ils s'adressèrent donc à moi. Je m'occupais déjà à l'époque de deux festivals, celui d'Anjou et de Ramatuelle. Ma première préoccupation fut d'appeler Robert Manuel, afin de bien m'assurer qu'il ne pouvait plus diriger la troupe des croisières.

— Je ne veux pas avoir l'impression de te voler quoi que ce soit, lui dis-je. Je n'ai pas besoin de ce festival maritime pour vivre. Je veux être certain que tu quittes le navire parce que tu ne peux pas faire autrement.

Fatigué et malade, Robert me répondit très élégamment qu'il ne pouvait véritablement plus assumer cette responsabilité, et que le fait de savoir que c'était moi qui lui succédais le réjouissait. Tout allait donc pour le mieux.

Les problèmes ne vinrent à ce titre que plus tard, à sa mort. Sa famille en effet raconta que le méchant Jean-Claude Brialy s'était arrangé pour évincer Robert Manuel et prendre sa place. Je ne répondis pas à ces accusations dénuées de fondement, mais elles m'attristèrent tout de même, d'autant plus que j'avais fait tout ce qui était en mon pouvoir pour clarifier le plus possible cette situation qui, je m'en doutais, pouvait être récupérée à de mauvaises fins. Une fois de plus, et bien malheureusement, mon intuition était juste.

Je n'assistai pas aux obsèques de Robert, non pas pour cette raison, mais simplement parce que j'étais alors en train de tourner à l'étranger. Un ami me raconta cependant leur déroulement, qui reflétait bien la personnalité baroque du disparu. Beaucoup d'amis avaient tenu à accompagner Robert. Après la messe, au moment de l'absoute, quelle ne fut pas la surprise de l'assistance lorsque la voix du défunt se mit à résonner dans l'église. Robert Manuel remerciait ses amis d'être tous réunis pour lui rendre un dernier hommage, parlait de sa vie, de ses bonnes actions comme de ses erreurs, demandait le pardon de ceux et celles à qui il avait pu causer de la peine. Le message avait beau être magnifique, tous frissonnaient en entendant sa voix et en imaginant son corps inerte dans son cercueil !

Robert concluait en priant ses amis d'aider sa femme qu'il laissait couverte de dettes ! Il n'avait malheureusement jamais eu le sens de l'argent. La cause de toutes ces dettes n'était ni le jeu ni quelque autre vice, comme c'est parfois le cas chez les acteurs, mais une incroyable générosité. Lorsqu'il recevait des invités à dîner, chacun d'eux avait droit à un cadeau, aimablement déposé dans son assiette.

Je repris donc le flambeau de Robert durant trois ans. La direction était tout à fait agréable et coopérative. Le bateau ne possédait pas à proprement parler de salle de spectacle. Pour nos représentations à bord, nous investissions le salon, ce qui n'était pas sans poser quelques soucis, étant donné la faible hauteur de plafond, l'absence de lumières, de son et de scène. Nous avions cependant une équipe technique performante, vu les conditions. Ce côté artisanal, malgré tous ses inconvénients, n'était pas pour me déplaire. Et qui plus est, les gens avec lesquels je travaillais étaient charmants.

L'enfer, c'étaient les autres : le public, qui était partiellement constitué de vieux bourgeois mesquins et cruels. Le général de Gaulle a dit : « La vieillesse est un naufrage. » Je me rends compte, maintenant que j'approche de l'âge de raison, que l'âge physique importe moins que la fraîcheur d'esprit que l'on parvient à conserver. Danielle Darrieux, à quatre-vingt-sept ans, est toujours aussi vive, curieuse et enthousiaste.

La vieillesse, c'est avant tout pour moi la maladie, et la maladie d'Alzheimer est plus particulièrement ma hantise. Retomber en enfance, comme on disait autrefois, perdre la mémoire, ne plus savoir où l'on est, ne plus reconnaître les gens qu'on aime, ne plus rien sentir, voilà ce qui me pétrifie dans la vieillesse.

On m'a raconté que l'on a amené un soir Maurice Ravel entendre son *Boléro*. Il est resté assis dans sa loge, impassible, sans même se souvenir que la merveilleuse œuvre qu'il écoutait, le morceau classique le plus joué au monde, était de sa propre composition. Les amis qui venaient lui rendre visite dans sa belle maison de Montfort-l'Amaury (aujourd'hui reconvertie en musée) avaient toujours droit au même pathétique spectacle. Ravel, vêtu comme un lord, se tenait tout le jour devant sa fenêtre. Il ne semblait voir ni les arbres ni les oiseaux et, les mains croisées, restait imperturbablement silencieux. Lorsqu'on lui demandait comment il se portait, la réponse, toujours la même, résonnait comme un glas : « J'attends. »

Cette mort avant la mort me glace d'effroi, plus encore que l'impotence, même si elle aussi est un calvaire inhumain que, je l'espère, je n'aurai pas à vivre. Le spectacle de naufrage que j'eus trois ans durant sous les yeux, au cours des croisières, était d'une tout autre nature. Tous les passagers, à quelques exceptions près, étaient des gens élégants, à la retraite confortable, et dont l'âge avancé (entre soixante-dix et quatre-vingt-dix ans) faisait ressortir les côtés les plus drôles et les plus pitoyables.

Ils étaient hantés par la nourriture. Ils se levaient à sept heures et demie du matin pour se ruer sur les énormes buffets royaux chargés de petits déjeuners plantureux. À dix heures, ils passaient devant les reliefs de victuailles afin de grignoter une dernière petite chose. À midi, tous se retrouvaient à table pour se remplir encore un peu le gosier ; ces repas de midi étaient bien souvent le théâtre de discussions hautement enrichissantes, au cours desquelles tous s'étonnaient de ne pas voir dans leur assiette un bon steak frites comme à la maison. Bien heureusement, le grand chef, qui dirigeait de main de maître son remarquable corps de cuisine sri lankais, n'entendit jamais ces reproches. Lui qui se démenait pour faire coïncider les menus et les pays merveilleux que nous traversions, il en aurait certainement mangé sa toque !

Suivait l'excursion, où tous grimpaient les collines millénaires le plus vite possible, admirant les merveilleux monuments, ne s'arrêtant de jacasser sur des sujets futiles que pour s'extasier sur la ressemblance de l'Acropole et de tel coin de l'arrière-pays de la province française...

Bien sûr, certains passagers se distinguaient de cette horde, comme cette dame du monde d'un certain âge qui était tombée follement amoureuse d'un jeune membre de l'équipage. Les histoires d'amour sont très nombreuses dans ce genre de croisière ; hélas, elles ne sont pas plus réussies que sur la terre ferme. Le jeune homme en question avait cédé à ses avances, mais avait bien vite mis un terme à leur relation. La vieille dame, éperdue, avait résolu de se suicider. Elle se jeta par-dessus le bastingage, et bien heureusement ne toucha jamais la mer : elle atterrit dans un canot de sauvetage dont la bâche protectrice amortit la chute. On la chercha durant deux jours et, alors que tous commençaient à croire que les flots l'avaient bel et bien emportée, on la retrouva évanouie dans le canot, souffrant de quelques contusions !

Je repense aussi à ce sympathique groupe de femmes dont j'avais fait la connaissance. C'était un véritable club de veuves qui, entre copines, continuaient à profiter de la vie, jouant aux cartes, discutant de longues heures. Elles m'avaient raconté que leurs maris respectifs n'avaient jamais voulu faire de tels voyages, préférant regarder la télévision sans bouger un orteil dans leurs pantoufles. Toutes soulagées de leur boulet, ces charmantes dames dépensaient l'argent de feu leurs époux. Elles étaient dynamiques, participaient à toutes les excursions culturelles et, le soir venu, changeaient une énième fois de tenue (certaines mettaient jusqu'à quatre robes par jour !) pour danser entre copines.

Mais la plupart des histoires que j'ai gardées de ces croisières sont d'un tout autre genre... Ainsi l'histoire de ce vieux couple. Au bout de quelques jours de croisière, l'épouse mourut d'une crise cardiaque. On plaça le corps dans une salle spécialement conçue à cet effet et, au bout de trois jours, le bateau atteignit un port important, où la médecine légale put pratiquer une autopsie en bonne et due forme avant de rapatrier le corps. Telle est la consigne en cas de décès en mer. Le veuf avait perdu sa femme, mais pas sa tête. Il eut la présence d'esprit de faire venir sa fille dans ce même port où fut déposée la dépouille de son épouse, en précisant au capitaine : « Ma fille me rejoint afin de ne pas perdre le voyage de ma femme. »

J'ai aussi le souvenir d'une vieille femme presque centenaire qui était, malgré le respect que l'on doit au grand âge, une véritable peste. Elle passait ses journées à tout critiquer, de la nourriture au roulis, du tangage aux décorations, suspectait tous et toutes de lui voler ses bijoux, se dérobait aux excursions. Bref, durant près de quinze jours, rien n'allait. Curieux comme je le suis, je ne pus m'empêcher de partir à la pêche aux renseignements. On me raconta qu'il s'agissait d'une dame extrêmement riche, dont le seul et unique passe-temps (à part, bien entendu, le fait de rouspéter continuellement) était de participer à toutes les croisières possibles. Elle refusait donc d'aller voir le Parthénon parce qu'elle l'avait déjà vu une bonne dizaine de fois! L'une de ses activités favorites consistait à installer son transat sur une passerelle. Confortablement assise, elle critiquait ainsi toutes les personnes qui passaient à portée de vue, et de voix.

Un jour, prenant mon courage à deux mains, je lui demandai :

— Mais enfin, madame, vous ne cessez de dévisager tout le monde! Si vous vous amusez si peu, si rien ne vous plaît, pourquoi vous êtes-vous embarquée? Pourquoi faire à toutes ces croisières? »

Et cette grand-mère indigne, Tatie Danièle bis, de me répondre du tac au tac :

— Je dépense tout mon argent pour que mes enfants n'en aient pas!

Le moment où la méchanceté de tous ces gens s'affichait sans vergogne était l'instant qui précédait les représentations. Je me rappelle plus particulièrement un jour où nous jouions en matinée. La pièce débutait à quatre heures. À trois heures pile, on vit une masse compacte s'agglutiner contre la porte du salon. Et tout ce joli monde de se taper dessus pour entrer en premier et avoir les meilleures places. Ça n'était que coups de canne, coups de béquille, vociférations et menaces. Une heure plus tard, tous finirent par entrer tant bien que mal, et l'on commença à jouer la pièce. Soudain, au beau milieu de la représentation, un vieil homme du premier rang se leva et, traversant la scène où les acteurs médusés tâchaient de garder leur sang-froid, lança laconiquement à l'assistance : « Je vais aux W.-C. »

Mais voici le plus drôle. Un jour, je proposai à Fabrice Luchini de venir jouer l'un de ses spectacles sur le *Mermoz*, il accepta aussitôt. Je m'empressai donc de l'inscrire au programme, certain que sa renommée et son talent de diseur des plus grandes œuvres littéraires ne pourraient qu'enthousiasmer les passagers de la croisière.

Malheureusement, huit jours avant l'embarquement, il m'annonça qu'il devait tourner un film et qu'il était donc contraint de se décommander. Je lui demandai alors de m'envoyer un fax manuscrit afin de prouver à tous et à toutes que je n'avais pas fait de publicité mensongère. Aussitôt dit, aussitôt fait. Je punaisai le message sur le tableau de service du bateau, au vu et au su de tout le monde, et fis dans le même mouvement un communiqué à l'ensemble des passagers afin de m'excuser auprès d'eux et de leur préciser toute l'affaire.

Je croisai alors une vieille dame, qui me demanda les raisons de l'absence de Fabrice. Très patiemment, je lui répétai celles que j'avais exposées dans mon communiqué. Le lendemain, même question de la même dame.

— Écoutez, madame, lui dis-je, je m'en suis déjà expliqué dans mon communiqué, et je pense vous l'avoir dit hier. Fabrice Luchini a été retenu pour un tournage, il en est désolé, et j'en suis tout autant désolé. Quoi qu'il en soit, il a été remplacé par un acteur formidable, avec un très beau spectacle qui, j'en suis sûr, vous consolera de l'absence de Fabrice Luchini.

Le surlendemain, même acharnement de la même vieille dame ! Et tous les jours, j'avais droit à sa question rituelle, et elle aux mêmes éclaircissements, qui la satisfaisaient toujours aussi peu.

Un jour, plutôt excédé, je lui dis :

— Écoutez, je vous ai déjà expliqué ce qu'il en était, j'ai accroché le message écrit de la main même de Fabrice Luchini au tableau de service, j'ai fait mon communiqué, je ne puis rien faire de plus pour m'excuser ! Vous pouvez parfaitement aller le voir à Paris ! Pourquoi regretter autant son absence ?

— J'aurais aimé l'avoir en face de moi pour lui dire à quel point je le déteste !

L'âge ingrat n'est pas toujours celui qu'on croit !

LA MUSIQUE ET MOI

Les gens qui ne rient jamais ne sont pas des gens sérieux.
Alphonse ALLAIS.

Maritie et Gilbert Carpentier

Ce sont des amis que la télévision oublie souvent. J'ai fait leur connaissance il y a bien quarante ans. Dans les années 1965... Ils faisaient des émissions de variétés à la télévision dont ils étaient producteurs, mais pas comme aujourd'hui. Actuellement, les producteurs de télévision gagnent beaucoup d'argent car ils vendent un produit tout fait. À l'époque, il n'y avait qu'une chaîne : on montait une affaire, mais c'était la chaîne qui produisait. Ils étaient donc payés comme des salariés.

Gilbert était le fils d'un architecte très connu, qui avait construit un immeuble rue Guynemer, en 1930. Un immeuble moderne qui a été une espèce de symbole et d'exemple, avec de grandes baies vitrées, un peu comme un bateau. Il donnait sur le Luxembourg, et le logement du dernier étage était réservé contractuellement à l'architecte. C'était un appartement immense, qui faisait deux mille mètres carrés en duplex, avec une terrasse et un balcon qui donnaient sur le jardin et le Sénat. Gilbert a hérité de cet appartement quand son père est mort. Il a rencontré Maritie quand elle avait quinze ans, et lui en avait vingt. Gilbert était attiré à la fois par la peinture et par la musique, et est entré à Radio Luxembourg. C'est lui qui a eu l'idée de faire de grandes interviews de Sacha Guitry, et d'autres auteurs très importants. C'était à la fois un homme très cultivé et un bon négociateur. Maritie était plutôt la créatrice. Elle était pleine d'imagination, d'histoires, d'envies, de rêves. Elle écrivait des histoires... Ils se complétaient l'un l'autre et c'était vraiment un couple magnifique de complicité, d'amour, de respect et de gaieté aussi. Ils adoraient s'amuser. Gilbert avait une jolie maison dans le Midi, près de Bormes-les-Mimosas, cachée dans les roseaux, et un petit bateau à voile.

Lorsque j'ai fait la connaissance de ce couple, j'ai été surtout séduit par Maritie : elle était très joyeuse, aimait les potins, les anecdotes, les farces. Roger Pierre et Jean-Marc Thibault ont été ses premiers clients, puis Jacqueline Maillan, Sophie Desmarets, puis Poiret et Serrault... Elle a inventé des émissions qui sont aujourd'hui des classiques. Bien sûr les shows, mais aussi les émissions charmantes où il y avait des jeux comme ceux que l'on fait en famille et qui ont été de grands succès. On apprenait des choses, on redevenait des enfants et on pouvait les regarder sans être choqués. Aujourd'hui, nous croulons sous les jeux et les comiques qui se roulent dans la vulgarité, l'inspiration étant puisée dans le fond du pantalon.

Les Carpentier étaient d'une grande fidélité en amitié. Ils avaient le don de mélanger les stars : Dalida, Claude François, Eddy Mitchell, Michel Sardou, Johnny bien sûr, Mireille Mathieu, Sylvie Vartan, qui était la chouchoute, un peu la fille de Maritie. Elle était jolie, intelligente, travailleuse et enjouée. Maritie veillait à son bonheur.

Ils ont fait quelque trois cents shows en vingt-cinq ans, et j'ai dû participer à deux cents d'entre eux. J'étais à la fois le présentateur, la liaison, et quelquefois je travaillais avec Maritie sur la construction du show. Ce qui était formidable à l'époque, c'est que les chanteurs ne venaient pas assurer leur promotion et essayer de faire vendre leurs disques. Ils étaient ce qu'ils étaient, avec leurs qualités et leur talent, et ils venaient s'amuser. Avec Carlos, Eddy Mitchell, on a fait de ces folies ! Maritie avait l'idée excellente de leur faire interpréter des chansons d'autres artistes. Elle adorait les duos. Alors évidemment, quand Gilbert Bécaud chantait « Et maintenant », par exemple, avec Nana Mouskouri, ou « Les marchés de Provence » avec Petula Clark, ou Mireille Mathieu, ou Sheila, c'était fantastique. Il y a eu des numéros extraordinaires qui sont aujourd'hui des trésors. On voyait chanter ensemble des chanteuses qui ne se seraient jamais rencontrées... Elle a même réussi le miracle de faire venir Barbara.

C'était un travail de Romain parce qu'ils faisaient une émission par semaine, le vendredi ou le samedi, et tout ça avec des moyens modestes. Il fallait apprendre la chanson, l'enregistrer avec un orchestre, et après on chantait en play-back et on essayait de danser en même temps.

Je les ai suivis partout, je faisais partie de la famille. Il y avait des réunions l'après-midi qui commençaient à trois heures et se terminaient à sept. À cinq heures, arrivaient le thé avec des petits gâteaux délicieux que Maritie commandait chez son pâtissier. Un vrai goûter, avec des brioches, du champagne, et là on construisait les émissions. On en préparait deux ou trois dans la semaine au septième étage de cette rue Guynemer, et tout le monde partait très joyeux.

La concierge était cocasse, elle voyait défiler tout ce monde du show-business et n'était plus étonnée de voir passer Johnny Hallyday ou Michel Sardou... C'était normal, ils allaient chez les Carpentier. Un jour, Régine vient pour préparer un show. La gardienne lui ouvre donc la porte et lui dit : « Oh ! là là ! vous êtes très chic, quelle merveille ! Vous savez, il y a quelqu'un qui vous adore chez moi. » Régine, toujours aimable, répond : « Ah bon, très bien. » La concierge continue : « Je vais vous l'appeler, il faut absolument qu'elle vous voie, elle est folle de vous ! Fauvette, viens voir qui est là ! » et Régine voit débouler... une petite chienne ! Elle était un peu surprise d'avoir été l'idole de la chienne de la concierge...

Maritie avait une Guadeloupéenne à son service, qui avait son franc-parler ! Elle commentait les shows – elle aimait ou elle n'aimait pas – et certains artistes n'étaient pas dans ses bonnes grâces. Elle disait tout ce qu'elle pensait haut et fort – elle était là depuis plus de trente ans. La maman de Maritie était une femme très intelligente, et de caractère, et Maritie lui téléphonait après chaque show : « Comment as-tu trouvé ? » et elle critiquait avec beaucoup de vérité et de franchise. Elle disait à sa fille les choses qu'elle avait trouvées un peu longues, mal filmées, ou au contraire ce qu'elle adorait.

Maritie aimait les aventures, elle demandait que des chanteuses jouent des sketches, souvent des petites scènes de théâtre. Sylvie Vartan jouait *La Peur des coups* de Courteline, ou Sheila *Le Ciel de lit* de Colette, on s'amusait énormément. Elles étaient toujours bonnes actrices, mais ce n'était pas leur métier, donc il y avait un décalage. Et moi, en revanche, je chantonnais. J'ai fait de tout : j'ai fait du music-hall, j'ai descendu les escaliers des Folies-Bergère, j'ai même joué Deburau, *Les Conseils du père à son fils,* avec le fils de Michel Sardou, Romain, qui avait cinq ans. Nous étions en pierrots tous les deux. C'est un texte admirable :

« Oui, tu vois, il a peur, déjà c'est un artiste, il a compris [...] mais tout de même attention [...]. Sois agité, nerveux, et sois-le follement, mais dans ta loge seulement. Là tu ne risques rien, c'est pour te soulager, ça c'est pour toi. Mais n'oublie pas, surtout, qu'il faut cesser de l'être en face du danger, que le public ne voie jamais ta mémoire indécise, le souci d'être bon, la peur d'être mauvais, tes espoirs les plus grands, tes craintes les plus folles, et quand on a frappé, quand le rideau s'envole, qu'il emporte avec lui tout cela dans les frises. En scène sois léger, sois simple, sois charmant, surtout ne sois jamais vulgaire, ne sois pas trop intelligent, c'est inutile, ne fais que des choses faciles et n'accepte jamais de rôle secondaire [...].

Ne joue jamais de dos, et chaque fois sois mieux, il le faut [...].

Adore ton métier, c'est le plus beau du monde ! Le plaisir qu'il te donne est déjà précieux, Mais sa nécessité réelle est plus profonde. Il apporte l'oubli des chagrins et des maux. Et ça, vois-tu, c'est encore mieux. C'est mieux que tout, c'est magnifique et tu verras, tu verras ce que c'est qu'une salle qui rit, tu l'entendras. Ça c'est unique, mon chéri. »

Ce couple était indissociable. Maritie détestait parler argent, elle refusait la bêtise et tombait souvent en face de fonctionnaires ignares, un peu têtus et fermés. Gilbert était plus patient et plus diplomate, il avait l'art de se taire, sourire, écouter. Finalement, comme il était intelligent, il arrivait à ce qu'il voulait, en prenant le temps, en gardant son calme, alors que Maritie bouillonnait – « ils sont trop stupides » – et s'énervait toute seule. Mais, comme elle était bien élevée, elle savait être souriante et agréable, et, comme elle était drôle et fine, les gens l'appréciaient. Elle était adorée des acteurs, des chanteurs, des techniciens. Elle s'occupait de tout le monde, se souciait de savoir si les gens étaient à leur aise, s'ils n'avaient pas chaud, pas froid, s'ils voulaient boire quelque chose. C'était une maman poule qui courait dans tous les sens dans les loges et sur le plateau pour poupougner tout le monde. Elle vérifiait la lumière pour voir si les actrices étaient bien photographiées, les mouvements d'appareils, enfin, elle était d'une attention délicate que nous avons oubliée aujourd'hui. Dans les émissions de variétés, on vous pose et on vous fait attendre pendant parfois six heures sans vous demander si tout va bien...

Gilbert lui aussi s'occupait de la technique et du confort des artistes. On tournait aux Buttes-Chaumont, sur le plateau 17, le plus grand, où il fallait construire toujours de nouveaux décors très compliqués : un travail de Romain toutes les semaines pour les ouvriers. La nuit, on enregistrait au studio Davoust les chansons...

Puis les chaînes se sont multipliées, les directeurs ont changé, imposés ou mis en place par des amis – et les Carpentier ont cessé de plaire. Pas au public mais aux dirigeants. Alors on leur a dit : « Si vous pouviez prendre votre retraite... On fera un show par mois, ou un show tous les six mois, puis un show par an, le show de Noël peut-être... » Petit à petit, on les a poussés vers la porte sans ménagement, avec beaucoup de mépris, car ce n'étaient pas des intrigants. Ils n'étaient ni pistonnés ni protégés. Le seul qui continue ce que les Carpentier avaient commencé, c'est Michel Drucker. C'est le seul aussi qui, quand il peut leur rendre hommage, leur dire merci, le fait toujours avec élégance et fidélité.

On les a donc licenciés. Ils avaient de quoi vivre, mais ils ont été très blessés, humiliés de la façon peu élégante dont leur départ avait été décidé. Ils se sont sentis exclus de « la fête ». Ils continuaient à voir des amis. Charles Aznavour, par exemple, le plus fidèle. Dès que Maritie préparait une émission, un portrait ou un spécial, Charles

Aznavour acceptait d'y participer et, comme c'est une star, les choses étaient plus faciles. Cette mise à pied a fait infiniment de mal à Gilbert. Il est tombé malade, un cancer, et Maritie l'a soigné avec amour et tendresse. Il a eu des rémissions... il a traîné pendant cinq ans, puis, discrètement, comme l'avait été sa vie, il est parti. Maritie avait perdu sa moitié... Amaigrie, elle n'était plus que l'ombre d'elle-même. Elle ne se plaignait jamais car elle avait beaucoup d'orgueil et de sang-froid. Nous nous en sommes tous occupés, Jean-Marc Thibault, Sylvie Vartan, Charles Aznavour et moi. Nous étions proches d'elle, près d'elle, avec ses enfants. On s'est relayés avec son fils pour qu'elle ne se sente pas abandonnée, mais il était impossible de faire oublier un compagnon de cinquante ans... La chère Maritie est tombée malade elle aussi. Le chagrin et la solitude ont accéléré son mal.

Un jour, dans sa chambre, elle s'était coiffée, maquillée un peu les yeux, et elle m'a confié :

— Tu sais, je vais te le dire à toi, je ne l'ai pas encore dit à mon fils, je suis en train de mettre tout en ordre parce que je ne vais pas guérir.

Elle est partie en huit jours.

Je suis triste quand je vois tous ces gens qui tâchent d'imiter, mal, des émissions inventées par Jean Nohain, Henri Spade, Guy Lux et les Carpentier : on ne les cite jamais, on ne les remercie jamais. Et eux ne pensaient qu'à faire plaisir, à donner, à faire rêver, à éblouir, ils aimaient la lumière, les paillettes, les rideaux, les femmes qui chantent, les femmes qui dansent... Tant de bonheurs partagés, tant de cadeaux faits au public, qui, lui, ne les a pas oubliés.

Je suis pour l'avenir ; pas de nostalgie, mais le présent est fait du passé. Je suis sans doute un peu trop prisonnier du temps perdu... Il faut parfois se souvenir des sources de sa vie, et remercier celles ou ceux qui vous ont montré le chemin qu'on a suivi avec bonheur, et sur lequel on a été heureux.

Jean Ferrat

Je n'ai pas la prétention de dire que j'ai le moindre talent musical. Dès mes débuts, j'eus l'insigne privilège de connaître les plus grands interprètes de la chanson française, et je crois savoir à juste titre ce que signifie ce terme tellement galvaudé de « génie » musical : entre Charles Trenet et Gilbert Bécaud, de Charles Aznavour à Jacques Brel, en passant par Georges Brassens ou Léo Ferré, mes oreilles peuvent se vanter d'avoir été habituées à l'excellence. Jacques Brel fut sans doute celui qui m'impressionna le plus. Je l'ai toujours secrètement comparé à Gérard Philipe : tous deux partageaient une même et fabuleuse présence, une force et une générosité hors du commun. Lorsque Brel était sur scène, son public tout entier ressentait l'incroyable impression qu'il chantait pour la dernière fois. Sous les projecteurs, il ne mentait jamais. C'est probablement pour cette raison qu'il abandonna la scène relativement tôt. Le trac dont il était victime était significatif de son implication sur les planches. Avant chaque représentation, il était malade au point de vomir dans les coulisses. Rien à voir avec toutes ces stars d'opérette préfabriquées, qui nous serinent à longueur de journée leurs ritournelles d'une voix posée, juste et bien placée, mais totalement froide et sans vie, comme la voix d'une machine.

Je ne suis pas chanteur, soit, mais j'ai tout de même poussé la chansonnette ! C'est surtout grâce aux shows de Maritie et Gilbert Carpentier que, sans la moindre prétention et uniquement pour m'amuser, j'ai roucoulé, comme on le fait au cours d'un déjeuner de première communion ou un dîner de mariage.

Les invités de cette émission, « Numéro 1 », ne venaient jamais faire la promotion de leur dernier disque, livre ou film : tous se retrouvaient sur le plateau, dans la joie et la bonne humeur, avec pour seul dessein celui de divertir les téléspectateurs, et de s'amuser eux-mêmes le plus possible. Les plus grands artistes français répondaient « présents », sans la moindre hésitation. De telles émissions sont aujourd'hui totalement irréalisables : de nos jours, si l'on n'a rien à vendre, on n'existe pas.

Hormis ces escapades, j'eus la chance de vivre de merveilleuses aventures musicales.

Je reçus ainsi un jour une chanson de Jean Ferrat, accompagnée d'un petit mot où il m'expliquait qu'il l'avait écrite spécialement pour moi. Je fus extrêmement touché par cette attention inattendue, et d'autant plus ému que cette chanson était un petit joyau. Il s'agit de « Horizontalement », dans laquelle Jean Ferrat, avec beaucoup de poésie et de délicatesse, parle de l'amour, avec des doubles sens d'une finesse tout à fait charmante. Malgré les difficultés d'interprétation que, sans aucun doute, je n'allais pas manquer de rencontrer, j'acceptai bien volontiers de l'enregistrer. L'orchestrateur me présenta la mélodie et l'accompagnement au piano, et nous nous mîmes au travail. Par respect pour Jean, je me donnai énormément de mal durant les répétitions et l'enregistrement, et, au prix de gros efforts, nous aboutîmes à un 45 tours. Heureusement, Jean Ferrat en a fait une interprétation personnelle très réussie.

Dalida

J'aimais beaucoup Dalida. Jeune, belle et flamboyante, elle consacra sa vie à la chanson. Aidée, conseillée par

Lucien Morisse, petit à petit, elle devint la reine d'une musique populaire. Elle racontait des histoires de tous les jours, elle criait l'amour, elle avait le sens de l'amitié et de la fidélité. Toute son existence, malgré la présence tendre et affectueuse de son frère Orlando, elle fut à la recherche d'un grand amour, d'un homme beau et capable de vivre avec elle son angoisse et ses bonheurs, un homme attentif et généreux, qui ne serait pas ébloui par la lumière de la diva.

Dalida adorait sa maison de Montmartre, qui était devenue un refuge de paumés, perdus, abandonnés, et dont elle s'occupait avec délicatesse et tendresse. La simplicité de son quotidien contrastait avec les paillettes et les boas dont sa petite cour l'entourait. Dalida avait une famille, son cadet bien sûr, mais aussi des amis fidèles, sensibles, avec lesquels elle partageait ce qu'elle préférait avant tout : rire et oublier sa solitude. La peur de vieillir est un sentiment naturel chez les artistes.

Dalida cachait sa timidité et sa pudeur derrière sa voix et sa chevelure d'amazone. Impératrice d'Égypte, reine de Paris, elle enchanta la jeunesse et les autres par sa voix légèrement voilée, puissante et sensuelle. Je l'ai rencontrée souvent, elle me fascinait par son désir de travailler, de se cultiver et de plaire encore et toujours. Huit jours avant sa mort, nous dînions chez moi, au restaurant. Je lui confiais mon admiration pour sa performance au cinéma dans le film de Youssef Chahine où elle avait accepté de tourner, sans maquillage, enveloppée de voiles noirs, en véritable tragédienne, le visage grave et nu, une femme blessée qui ressemblait étrangement à l'image de la mort selon Jean Cocteau. Elle m'écoutait, le regard ailleurs, et murmurait : « Tu es gentil, toi. » Je lui répétais, sincère : « Tu commences une nouvelle carrière au cinéma ; c'est un tournant formidable ! » Mais Dalida avait déjà un pied sur l'autre rive. Elle s'en allait lentement mais sûrement vers le soleil noir et brûlant qui aveugle certains et offre à d'autres la paix de Dieu.

Comme beaucoup, j'ai été bouleversé par son départ brutal. Elle s'était préparée avec soin pour ce dernier voyage d'où elle ne voulait pas revenir. Grâce à Orlando, son presque jumeau, elle continue à chanter et à nous enchanter.

Son tombeau hollywoodien est fleuri depuis des années par des anonymes, vieux et jeunes, qui viennent lui dire merci pour le bonheur qu'elle a su partager. Le temps efface la peine, mais le souvenir protège l'âme de celle qui fut comme Piaf : une femme qui chante la vie, l'amour et la liberté.

Serge Gainsbourg

Michèle Arnaud, chanteuse et productrice de télévision, était une femme adorable, avec un tempérament volcanique, et, chose assez rare dans sa profession, extrêmement intelligente et cultivée. Elle avait découvert Serge Gainsbourg qui chantait alors dans un cabaret, Milord l'Arsouille, tenu par Francis Claude, au coin du Palais-Royal, sous les arcades, entre la rue de Beaujolais et la rue de Valois, et elle m'invita à le voir.

Quand je dis cabaret, c'est une façon de parler. C'était en effet une boîte de nuit très snob et très prisée par la jet-set parisienne d'alors. Les clients, chics, venaient tout spécialement pour entendre des artistes et non pas, comme c'est le cas dans les vrais cabarets, pianos-bars ou autres caf'conc', pour prêter une oreille distraite, entre deux gorgées et une bouchée, aux efforts d'un pauvre pianiste martelant « Stranger in the night ». L'ambiance faisait penser à celle d'un salon littéraire, raffiné, tout tendu de tentures noires où scintillaient des traînées de strass.

Lorsque je vis Serge sur scène pour la première fois, je fus, comme je l'avais été pour Barbara, bouleversé par la personnalité de cet auteur, compositeur et interprète qui ne ressemblait à nul autre. Bien qu'il en fût encore à ses débuts (nous étions loin du personnage de Gainsbarre, tendre et provocateur, qu'il incarna plus tard), on sentait déjà sous ses dehors malhabiles et timides l'aura d'un grand musicien, excellant dans cet art que, peut-être par modestie, il considérait comme mineur.

Petit à petit, il fit son chemin, porté par un public qui jamais ne l'abandonna, et principalement par la jeunesse avec laquelle il avait su tisser des liens aussi vrais qu'infrangibles.

Plus tard, Michèle Arnaud me téléphona à nouveau. Elle avait fait la connaissance d'un jeune réalisateur suisse, Pierre Koralnik.

— Il a écrit avec Serge Gainsbourg une comédie musicale que nous allons filmer pour la télévision. Elle va s'appeler *Anna*, et les deux acteurs pressentis pour les rôles principaux sont Anna Karina et... toi !

J'étais ravi, mais, en toute honnêteté, j'avouai à Michèle que ma voix laissait à désirer.

— Aucun problème, Serge a spécifié qu'il se chargerait en personne de t'apprendre à chanter !

Comment refuser un tel privilège ?

Je passai un mois merveilleux, durant lequel, chaque jour, je me rendais rue de Verneuil pour apprendre mes chansons, sous l'égide bienveillante du maestro. Nous étions assis tous les deux à son piano. Il jouait les airs que je devais étudier et, lorsqu'il me demandait de chanter seul, il avait ce geste pur de toute ambiguïté qui, par sa gentillesse, me bouleversait : il jouait d'une main et, de l'autre, prenait tendrement la mienne pour me donner confiance, pour me protéger, comme on tient la main d'un enfant lorsqu'on traverse hors des passages piétons.

On tourna *Anna* tout autour de Paris, avec deux francs, six sous. Ce fut une expérience magnifique. Durant le tournage, je ne comprenais pas totalement l'histoire du film. Pierre Koralnik travaillait un peu comme Godard, à l'intuition, trouvant à chaque coin de rue une nouvelle idée. Il était intarissable. Je me demandais souvent où il voulait aller, et nous emmener, mais je lui fis confiance, et fus pleinement récompensé. Lorsque je vis le film, après montage, toutes ces scènes que j'avais jouées et qui me semblaient alors éclatées se réunissaient en une mosaïque tout à fait cohérente, un film très drôle et très juste.

Le succès du film lors de son unique diffusion à la télévision fut assez circonscrit. Ce semi-échec me déçut, surtout parce qu'il montrait que certaines personnes ne s'étaient pas laissé entraîner, fermement campées sur leurs positions, pensant qu'il ne s'agissait que d'un énième film d'intellos, et qu'en cela il n'était pas digne d'intérêt.

Quelques années plus tard, je croisai dans un cocktail le nouveau président de France 3. Je profitai de cette rencontre informelle :

— C'est donc vous qui avez le film *Anna* ! Il n'a été diffusé qu'une fois. Pourquoi ne pas le rediffuser?

Il me promit de faire des recherches, et je n'eus plus de nouvelles.

Je le rencontrai à nouveau quelques mois plus tard, et le relançai poliment :

— Vous avez vu *Anna* ? lui demandai-je dans le fil de la discussion.

— Oui, oui ! s'empressa-t-il de répondre. Je l'ai montré à mes enfants, ça ne leur a pas plu.

J'étais déconcerté. Ses enfants avaient une vingtaine d'années, j'aurais pu m'attendre, venant de jeunes gens dont le père dirigeait une chaîne de télévision nationale, à une certaine acuité artistique. Pis encore : sous prétexte que ces jeunes n'avaient pas su apprécier *Anna*, ce film ne serait pas rediffusé. Un nouveau directeur siège actuellement sur l'esplanade Henri-de-France. Je ne désespère pas de voir un jour *Anna* sur le petit écran !

Serge n'était pas beau, c'est un fait. Lui-même le reconnaissait, et alla même jusqu'à le chanter. Mais son talent, ses textes et sa voix, sans oublier son indicible charme, faisaient de lui un homme merveilleux. Il n'eut jamais, loin s'en faut, à se plaindre de la beauté de ses nombreuses conquêtes.

On ne dira jamais assez combien Serge était élégant. La longueur de sa barbe de trois jours était l'objet d'une attention toute particulière : pour garder cette image de nonchalance et d'insolence, il la soignait chaque matin !

On pourrait s'imaginer que Serge, avec ses airs d'aventurier, vivait dans le désordre. Pas du tout ! Sa maison de la rue de Verneuil, qu'il avait achetée à Juliette Gréco, était un véritable temple du raffinement mobilier. Des boîtes en or finement ciselé s'alignaient sur de magnifiques tables laquées, peintures et sculptures jalonnaient son logis, sans le tape-à-l'œil de certains intérieurs « nouveaux riches ». Dès que j'avais le malheur de poser un verre sur une table basse, Serge, maniaque, se précipitait, armé d'un mouchoir de soie, pour essuyer le rond presque invisible sur la laque noire.

Serge était un homme remarquable, mais rongé par une profonde mélancolie qui le poussa à se suicider à petit feu, entre alcool et gauloises. Il avait la gloire, les femmes, mais demeurait toujours insatisfait, s'enfermant souvent dans une solitude agressive et paradoxale : il oscillait sans cesse entre le désir violent de rester seul et le besoin d'être entouré.

Il lui arrivait parfois, à quatre heures du matin, de se retrouver seul face à son piano. L'envie irrépressible de chanter sa nouvelle composition à quelqu'un, ou le simple désir de parler, le prenait alors, et il téléphonait au commissariat. Deux policiers de garde se dépêchaient de le rejoindre et, autour d'un verre, discutaient avec lui !

Sous ses dehors désabusés et cyniques, Serge était un être d'une sensibilité et d'une fragilité rares. Je le croisai un jour dans un studio où il supervisait le montage d'un de ses films. J'allai à sa rencontre, l'embrassai et lui dis du fond du cœur tout le bien que j'avais pensé de son dernier film, *Charlotte for ever*, avec la petite Charlotte, alors âgée de quinze ans. C'était un film éblouissant d'émotion et de pureté, que la critique avait incendié, ne percevant que le premier degré et se moquant de cet amour partagé. Serge était si heureux que son film m'ait plu, si heureux d'apprendre que j'avais compris le message qu'il avait tenté de faire passer, qu'il avait les larmes aux yeux.

Rue de Verneuil, Charlotte a racheté la maison vide. Ses murs sont couverts de graffitis de fans, amoureux des mots, de la musique et de la vie. Ce mausolée souvent fleuri est le symbole de l'absence de ce poète qu'on ne peut pas oublier.

La Grande Zoa

Frédéric Botton et Jean-Jacques Debout étaient mes auteurs-compositeurs fétiches. Ils me proposaient fréquemment de belles chansons et de superbes arrangements. J'aimais beaucoup leurs créations, toujours justes, joyeuses et inspirées.

Un jour, Botton me dit qu'il avait composé une nouvelle chanson pour le prochain show des Carpentier.

— Il faut que je te la présente ! Elle est faite pour toi ! s'empressa-t-il de me dire.

Je l'invitai à déjeuner à la campagne, où, sur le piano que j'avais acheté pour Barbara et dont elle jouait rarement, il se hâta d'interpréter cette chanson formidable, complètement délirante, « La Grande Zoa ».

Je ne tarissais pas d'éloges, tant sur la musique que sur les paroles, mais j'émis tout de même quelques réserves. Mon père et ma mère étaient encore vivants, je ne voulais pas leur infliger ce qu'ils n'auraient pas manqué de considérer comme une insulte.

— Tu n'auras qu'à te mettre en smoking, me dit-il alors, avec juste un petit boa autour du cou !

Je lui fis les gros yeux. C'était pourtant dommage : la chanson était merveilleuse !

Je me demandais qui d'autre pourrait la chanter à ma place, et je me souvins d'un travesti tout à fait cocasse que j'avais vu un jour imiter Régine, lovée dans son boa.

Régine ! Je tenais enfin l'interprète idéale ! Je fis part à Botton de mon idée. Tous deux étaient cependant fâchés à mort. Botton refusa catégoriquement. Je ne m'avouai pas vaincu pour autant. Je rendis visite à Régine, et lui parlai de « La Grande Zoa » avec les superlatifs les plus prometteurs. Mais, quand je prononçai le nom de l'auteur-compositeur, j'essuyai le même refus définitif.

— Écoute, lui dis-je alors, tu es loin d'être bête, ton instinct ne t'a que très rarement joué des tours. Vous êtes fâchés, soit. Dans le métier, ça ne veut rien dire. Mais tu sais très bien que l'amitié et le travail sont deux choses différentes. Laisse-moi te faire parvenir un enregistrement et parlons-en ensuite. Je mets ma main à couper que tu tomberas tout comme moi amoureuse de cette chanson.

Dieu merci, elle accepta. Je la lui envoyai, et le soir même elle me téléphona, au summum de l'enthousiasme : le talent de Botton avait opéré. Lui non plus n'était pas bête, et ils ne tardèrent pas à se rabibocher, rendant possible l'enregistrement de ce petit bijou qui devint un véritable tube.

Pour mon dernier anniversaire, Botton me fit cadeau de la partition originale de « La Grande Zoa », que je garde précieusement dans mon bureau des Bouffes-Parisiens.

Barbara

André Bernheim, homme intelligent, rusé, cultivé, était un grand seigneur et fut mon imprésario. Il avait été l'ami de Joseph Kessel, de Sacha Guitry, l'imprésario de Jean Gabin, Michel Audiard, Lino Ventura : il était l'agent par excellence en France. Les bureaux de son agence étaient avenue George-V. Un soir, Jean Gabin, Michel Audiard et Lino Ventura sortent du Fouquet's après avoir bien arrosé leur dîner. La Rolls de Bernheim attendait son maître. Michel Audiard regarde l'automobile et, dans un sourire, murmure : « Moi, j'ai une roue. » Lino ajoute : « Moi aussi », et Gabin, avec humour, conclut : « C'est moi qui ai le moteur ! »

Malheureusement, cet homme brillant dut à l'un de ses seuls faux pas de tomber à jamais en disgrâce.

Il avait jadis rejoint le général de Gaulle à Londres. Il se trouvait par hasard dans le bureau de la BBC et ramassa dans une corbeille l'original du discours du Général, l'appel du 18 juin. Le scandale éclata lorsque l'on apprit, dans les années 1970, qu'il avait voulu vendre cette pièce historique à un très riche collectionneur sud-américain pour une belle somme. On assista alors à une levée de boucliers générale contre celui qui avait eu l'intention de brader le patrimoine de la France. Ce fut finalement Alain Delon qui fit l'acquisition du document pour trois cent mille francs. Il l'offrit aux Compagnons de la Libération. L'honneur de Bernheim fut irrémédiablement souillé, et tous ses anciens collaborateurs, ainsi qu'une grande partie de ses anciens « amis », ne lui adressèrent plus la parole.

Son acte était bien évidemment assez stupide, mais ce qui me choqua, ce fut la disproportion entre son acte, qui pour moi était plus une bêtise qu'un crime, et la chute sociale, professionnelle et personnelle qui en résulta. Je fus bien sûr révolté, mais je ne me permis pas de lui jeter la pierre, sachant que l'argent fait tourner la tête à beaucoup de monde, les scandales financiers et politiques en témoignent. Il n'y avait pas eu mort d'homme, et l'original de l'appel du 18 juin était finalement resté en France.

Quelque temps plus tard, je rencontrai Bernheim à l'Olympia. Il était assis seul, tel un pestiféré mis au banc des accusés, personne ne le saluait. Je me suis approché afin de lui dire bonjour, tout simplement. Ému, Bernheim me sourit et me remercia timidement. Le lendemain, il me fit parvenir un superbe cadeau, un autoportrait de Verlaine, accompagné de ces quelques mots : « Merci de ne pas avoir gâché notre amitié. »

Avant cette disgrâce, Bernheim me conseilla un soir d'aller voir le spectacle d'une chanteuse extraordinaire :

— Elle est à L'Écluse, elle s'appelle Barbara, et elle chante d'une façon magnifique. Ses textes sont très beaux, ses musiques également, et, surtout, elle a une personnalité hors du commun.

Bernheim avait l'œil : je lui fis donc confiance et c'est ainsi que je vis Barbara pour la première fois en concert.

Je fus très surpris par cette espèce de chauve-souris, lovée dans un pyjama-robe en velours noir, les cheveux jetés sur le front, qui chantait avec une voix d'enfant des textes d'une si singulière beauté.

Le temps passa. J'avais fini de réaliser *Églantine*, et j'avais demandé à Jean-Jacques Debout d'écrire la chanson du générique du film. Je voulais absolument que ce soit Barbara qui chante cette chanson. Jean-Jacques rechignait un peu et finalement me présenta à la longue Dame brune. Dès notre première rencontre, je tombai instantanément sous son charme. Elle adorait s'amuser : nous étions faits pour être amis. Je l'invitai à visionner une copie de travail du film. La projection avait lieu à dix heures, à Épinay. Quelle épreuve ce fut pour cette dame de la nuit que de se réveiller à une heure si matinale!

À la fin du film, Barbara ne put contenir ses larmes. Elle réussit à bredouiller entre deux sanglots qu'elle l'avait trouvé très beau et, dans un empressement que je ne compris pas immédiatement, me dit :

— Il faut que je te donne tout de suite quelque chose.

Elle se mit à fouiller dans son sac, dont elle sortit un briquet Cartier en or :

— Tiens, c'est ce que j'ai de plus précieux sur moi, prends-le.

Elle enregistra la chanson du film, « La maison d'Églantine », qu'elle avait composée dans la nuit, et, pour le lancement du film, tint à m'accompagner dans toutes les salles de projection où nous organisions des avant-premières, afin de la chanter elle-même. Elle qui était si exigeante lors de ses spectacles quant aux lumières, au son et à la scène, elle s'accommoda pour me faire plaisir de conditions souvent médiocres, dans des salles de province à l'acoustique plus que déplorable. On y installait un piano, et elle chantait sans plus de manières. Par amour, Barbara était capable de choses extravagantes.

Pour la première du film, nous organisâmes une projection au théâtre Marigny, au profit de l'association de Lino Ventura, Perce-Neige. Lino était là, ainsi que Michel Simon, grand ami de Valentine Teissier.

Une semaine auparavant, je reçus un appel d'Alain Delon :

— Il paraît que tu as fait un film. Pourquoi ne l'ai-je pas encore vu?

Je ne savais trop quoi répondre.

— Tu sais que j'ai une salle de projection chez moi, continua Alain. Je veux voir le film. Envoie-moi la copie.

Je m'exécutai et, le lendemain, Alain organisa une avant-première privée chez lui, avec Mireille Darc, avec qui il vivait, et quelques amis dont Guy Laroche. Trop angoissé, je ne restai qu'un court instant au début du film, afin de vérifier que le son et l'image de la copie étaient bons.

Un léger toussotement se fit entendre, et je vis alors Alain se retourner comme un fauve enragé sur le pauvre enrhumé, mugissant un terrible : « C'est fini, oui ? » Plus aucun son ne se fit entendre jusqu'à la fin du film !

Une heure et demie plus tard, Alain, les larmes aux yeux, me demanda :

— Quand sors-tu ton petit chef-d'œuvre ?

— Dans dix jours, mais nous faisons une première jeudi au théâtre Marigny.

— Jeudi ? J'étais censé commencer un tournage en Italie, mardi. Tant pis : je vais faire retarder le film.

Alain n'a qu'une parole. Son film fut effectivement retardé, et il put participer à la première du mien !

Pendant vingt ans, Barbara et moi fûmes unis par une amitié très spéciale : nous pouvions passer six mois sans nous voir, ni même communiquer au téléphone. Lorsque nous nous retrouvions, c'était comme si nous nous étions quittés la veille au soir. Je lui laissais parfois quinze, vingt, trente messages, auxquels elle ne répondait que bien plus tard, souvent par un petit mot où elle m'écrivait ironiquement : « Pourquoi es-tu fâché ? » C'était sa façon de se rabibocher, en retournant la situation à son avantage.

Un jour, alors que nous dînions ensemble, quelqu'un vint à notre table pour me faire mille compliments. Barbara portait ses lunettes noires, incognito, et le fan ne l'avait pas reconnue.

— Vous connaissez ma femme, bien sûr ? dis-je alors.

— Je ne savais pas que vous étiez marié, monsieur Brialy...

— Je vous présente mon épouse, Barbara Brialy.

Lorsque l'homme nous quitta, nous éclatâmes de rire. Cette plaisanterie perdura longtemps. Lorsque je lui téléphonais dans un hôtel, je demandais souvent à la réception : « Barbara de la part de son mari. » Quand je l'avais enfin au bout du fil, nous riions comme des bossus.

Elle aimait beaucoup ce genre de plaisanterie et appelait souvent le théâtre des Bouffes-Parisiens en imitant Mireille Mathieu.

Lorsque je devins directeur de théâtre, elle demanda à mon compagnon de lui donner une idée de cadeau susceptible de me faire plaisir. Bruno, qui me connaît bien, lui répondit qu'un simple mot d'amour serait sans doute ce qui me toucherait le plus. « J'avais pensé à une plante, pour Monthyon », lui dit-elle alors. Et Bruno d'acquiescer à cette bonne idée.

Le lendemain, devant le théâtre des Bouffes-Parisiens, m'attendait un superbe arbre de trois mètres cinquante qu'on ne put bien évidemment pas faire entrer dans le théâtre, et que l'on dut transporter au plus vite jusqu'à Monthyon en semi-remorque !

Barbara était ainsi, fantasque, baroque, sans le moindre sens des réalités. Un jour, elle m'invita à dîner chez elle. Elle souhaitait me faire partager ses talents de cuisinière. Je tremblais à l'idée de ce qui m'attendait, sachant parfaitement que Barbara ne savait pas même préparer des œufs au plat, et que son régime était quasi exclusivement constitué de cornichons et de Zan ! Elle me rassura en me disant qu'elle se donnerait du mal, et que le repas serait délicieux.

J'arrivai donc à l'heure fixée dans son duplex, porte de Saint-Cloud. Elle m'ouvrit la porte en déshabillé de dentelle noire, et j'assistai alors à un spectacle surréaliste. Appuyée au chambranle de la porte de sa cuisine, elle jetait des poissons dans une poêle, à une distance de près de six mètres ! Sa myopie ne l'aidait en rien, et la plupart des poissons atterrissaient sur le sol.

Il va sans dire que le « plat » qui résulta de ce grand numéro de cirque était tout bonnement immangeable.

Elle ne mit pas longtemps à se rendre compte de son échec et s'empressa de téléphoner à un restaurant fameux, Marius et Jeannette, commandant un plateau de fruits de mer. Mais, attention, pas le petit plateau de fruits de mer normal ! On nous livra un plateau de près de deux mètres de diamètre, où des légions d'oursins, d'huîtres, de bulots et d'autres créatures marines se pressaient. Elle fit d'un seul et unique oursin son festin du soir et, malgré ma bonne volonté, je ne pus venir à bout des soixante-quinze autres ! Charles Marouani, son imprésario et surtout son ami, en recevant la note, lui demanda pour qui elle avait fait ce dîner de quinze personnes !

Une autre fois, elle m'invita à chanter en duo avec elle pour une émission de télévision. J'acceptai, mais il y avait un hic : la version instrumentale de « La Longue Dame brune », sur laquelle nous devions chanter, était celle qu'elle avait utilisée pour un duo avec Georges Moustaki. La tessiture de Georges n'est pas la même que la mienne. J'ai une voix chantée un peu plus grave. Je passai donc une nuit entière dans un studio de Vincennes, où un pauvre ingénieur du son s'escrima à m'enregistrer vers par vers, afin que je sois dans le ton, tout cela sous les encouragements et les conseils de la grande professionnelle qu'était Barbara. À huit heures du matin, nous avions enfin fini. Barbara dit alors à l'ingénieur du son que, tout étant au point, il pouvait rentrer chez lui et profiter d'un repos bien mérité. « Oui, pour M. Brialy, c'est parfait, répondit-il. Le problème, maintenant, c'est vous. Vous chevrotez. » En effet, cette longue nuit d'efforts avait malmené la voix de l'artiste. Moi, l'amateur pour lequel on avait sué sang et eau toute la nuit, j'étais parfait, et c'était elle, la chanteuse professionnelle, qu'il fallait finalement corriger !

Je lui avais trouvé une belle maison, le Prieuré, à Précy, non loin de Monthyon. Lors de son emménagement, elle parcourut les quinze kilomètres qui nous séparaient, simplement pour me dire qu'elle n'entrerait chez moi que lorsqu'il y aurait un piano. J'eus la chance de trouver un Erhard chez un antiquaire. Je le fis accorder et ce fut Barbara qui le baptisa.

Nous nous faisions des petites visites de campagne. Souvent, le dimanche soir, je m'arrêtais chez elle. Elle avait toujours de très bons vins, et je m'occupais de mon côté d'apporter la nourriture. Je demandais au chef de L'Orangerie de me préparer le menu préféré de Barbara : du crabe en entrée, un bon gros pavé de steak saignant accompagné de haricots verts en plat de résistance et, en dessert, des œufs à la neige.

Elle me téléphona un soir pour m'annoncer qu'elle ne chanterait plus jamais. Elle sentait que sa voix la quittait peu à peu, et refusait par respect pour son public de se montrer diminuée à ses yeux. Elle voulait à présent se consacrer à la compilation de ses meilleures chansons, en écrire de nouvelles pour d'autres artistes, ainsi qu'un roman où elle aurait raconté son existence hors du commun. Avec la passion que je lui avais toujours connue, elle se mit au travail, et je n'eus plus de nouvelles.

Jusqu'à ce dimanche où je reçus un coup de téléphone : « Allô ? C'est ta femme. » J'étais heureux de l'entendre et lui passai Annie Girardot que j'avais invitée à déjeuner. Barbara était pleine de vie à l'autre bout de la ligne, je la sentais énergique et remplie d'allant. Nous fixâmes un rendez-vous et nous embrassâmes en raccrochant.

Le soir même, on me cueillit à L'Orangerie avec une nouvelle des plus étranges.

— Un journaliste de *Paris Match* a téléphoné, il paraît que Barbara est morte.

Je devins fou et en colère, j'explosai :

— On raconte n'importe quoi pour faire du sensationnel ! Je lui ai parlé, il n'y a pas six heures, elle était en pleine forme ! Certaines personnes n'ont vraiment aucun scrupule. Si je ne l'avais pas eue plus tôt dans la journée, je serais malade d'inquiétude à l'heure qu'il est !

Cette rumeur me mit tellement hors de moi que je téléphonai au téléscripteur d'Europe 1 et lui demandai s'il avait reçu une dépêche concernant Barbara : rien. Gagné par le doute, je passai une très mauvaise nuit, au terme de laquelle j'appelai son agent, notre ami Charles. Il me confirma qu'elle avait eu un malaise la veille au soir, et qu'elle avait été transportée à l'Hôpital Américain. Il n'en savait pas plus.

À cinq heures de l'après-midi, le même jour, elle décéda d'une septicémie foudroyante.

Ses obsèques furent dignes, empreintes de silence. Le respect et l'amour que lui vouait un public unanime et populaire étaient un modèle dans ce monde fou du show-business. La foule recueillie et en pleurs accompagnait cette femme étrange qui savait chanter l'amour, la vie, la mort. Comme Édith Piaf, la môme de Paris, elle était pour eux la longue Dame brune, élégante, généreuse et humble, qui parlait aux cœurs des simples et des enfants.

Charles Aznavour

Je ne puis décemment pas parler de chanson sans évoquer un ami qui m'est cher, le grand Charles Aznavour.

La première fois que Charles chanta sur scène « Comme ils disent », Charles Trenet l'attendit à la fin de la représentation. Le prenant à part, il lui avoua : « Je suis très jaloux. J'aurais aimé écrire cette chanson. » Il observa une pause et, regardant Charles Aznavour droit dans les yeux, ajouta avec un beau sourire : « Tu vois, dans cinquante ans, on dira que tu en étais. Pas moi. »

J'ai connu Charles Aznavour alors qu'il était le protégé d'Édith Piaf. Elle l'aimait beaucoup, et c'était réciproque.

Bien que Charles eût été l'un des rares proches d'Édith à ne pas avoir été son amant.

Elle l'appelait affectueusement « mon petit con de génie ». Il était le seul à lui résister. Lorsque, le soir, la cour habituelle se retrouvait chez la chanteuse jusqu'au point du jour, Charles s'en allait régulièrement sur le coup de minuit, préférant son sommeil aux courbettes, au risque de déplaire à Édith. C'était, en plus de son immense talent, cette liberté et cette indépendance qu'Édith admirait.

Cette grande dame savait en revanche, à certains moments, être la mauvaise foi incarnée. Charles avait écrit une chanson, « Je hais les dimanches », et l'avait soumise à Édith, qui ne l'apprécia pas. Le titre n'allait pas, pas plus que le contenu. Charles proposa alors à Juliette Gréco de la chanter. Elle accepta, et en fit un grand succès. Édith lui reprocha dès lors d'avoir donné à une autre « sa » chanson !

Charles avait débuté aux côtés d'un confrère, Pierre Roche. Mistinguett, connaissant les talents de parolier et de musicien des deux lascars, les avait un jour convoqués chez elle. Nous étions alors en 1943, sombre période durant laquelle on se mit à offrir aux hôtes, à cause des rationnements, moins de fleurs que de victuailles : Roche et Aznavour se débrouillèrent comme ils purent pour acheter au marché noir un très beau gigot. Chargés de leur présent de roi, ils se rendirent chez Mistinguett, qui, à leur grande déception, leur servit des rutabagas cuits à l'eau en leur disant, dans un de ses larges sourires : « Pas de viande le soir ! » Telle était la malice de Mistinguett, pour ne pas dire son avarice !

Mistinguett ! Quel formidable personnage, aventurier et fantasque comme je les aime ! J'ai à son sujet tant d'anecdotes cocasses... Saviez-vous que celle qui incarna si bien Paris, juchée sur ses « belles gambettes », était kleptomane ? Le moindre objet, bien souvent de peu de valeur, était pour elle comme un trophée : serviettes, cendriers, allumettes des grands hôtels, tout lui était bon.

Un soir, sortant de chez Maxim's, elle laissa malencontreusement tomber son sac, d'où sortit tout un attirail tintinnabulant de fourchettes, de couteaux et de cuillers !

Chaque semaine, elle se faisait conduire jusqu'à une grande banque du boulevard Haussmann. Elle descendait, passait quelque temps dans la banque et revenait en répétant à son chauffeur : « C'est votre coffre, Léon. » Le pauvre Léon, touché par cette attention répétée sans faute semaine après semaine, reprenait chaque fois du cœur à l'ouvrage, passant sur les caprices et la radinerie de cette Miss qui ne le payait qu'avec un lance-pierre. Lorsqu'elle décéda, l'exécuteur testamentaire lui remit la clef du coffre, selon les dernières volontés de la défunte. Doublement ému, Léon ouvrit le coffre... pour découvrir un superbe assortiment de boîtes d'allumettes et de cendriers !

Mistinguett habitait sur le boulevard des Italiens, à deux pas de l'Olympia. Chaque jour, elle allait se promener jusqu'à Richelieu-Drouot. Arrivée là-bas, elle se postait au feu rouge et ouvrait la portière de la première voiture qui s'y arrêtait. Elle prenait place sans plus de manière, et sifflait au conducteur : « Je suis la Miss : 24, boulevard des Italiens. » Les pauvres conducteurs étaient si soufflés par cet aplomb surnaturel que pas un n'osa jamais l'éconduire, et tous la reconduisaient !

Mistinguett et Arletty s'aimaient beaucoup. Elles passaient souvent leur après-midi ensemble. Un jour qu'elles se promenaient dans la rue, bras dessus bras dessous, une dame reconnut Mistinguett et se rua vers elle :

— Oh, Miss, je vous aime tellement, vous êtes merveilleuse ! Vous êtes Paris ! Pourrais-je avoir un autographe ?

La Miss, bien entendu, s'exécute. Arletty se retourne, offrant son dos sur lequel Mistinguett prend appui pour signer son petit compliment. Avant de le remettre à la fan, elle glisse à l'oreille de sa cadette :

— Ça, c'est Paris !

Une quinzaine de mètres plus loin, un homme reconnaît Arletty :

— Oh, Arletty, je vous aime tellement, vous êtes merveilleuse ! Vous êtes Paris ! Pourrais-je avoir un autographe ?

À son tour, Mistinguett prête son dos, Arletty signe et, se retournant pour donner l'autographe à son admirateur, entend Mistinguett pester entre ses dents :

— Quel con !

Pour revenir à Charles Aznavour, c'est durant la grande période des shows télévisés des Carpentier que j'appris à mieux le connaître. Je découvris un homme chaleureux, professionnel, sans peur et sans reproche comme le chevalier Bayard.

J'avais vu Charles en 1955, au cours du « Musicorama » d'Europe 1 où stars confirmées et talents prometteurs chantaient à leur tour. Je me souviendrai toujours de l'Olympia tout entier remonté contre ce jeune chanteur, lui criant d'aller se rhabiller, et de travailler un peu sa voix éraillée qui rendait ses mauvais textes totalement incompréhensibles... Quel abîme entre ces débuts difficiles et la carrière hors du commun de Charles !

Contrairement à certains chanteurs qui se piquent d'être des stars internationales sous prétexte qu'ils ont chanté une fois au Carnegie Hall, Charles est le chanteur français le plus aimé dans le monde et l'un des plus modestes : ses tournées new-yorkaises durent au minimum quinze jours, et à guichets fermés !

Charles adore travailler, et plus particulièrement sur scène. Les ans qui passent n'ont pas réussi à éteindre cette flamme qui l'anime depuis ses débuts, ils le poussent même à prendre de plus en plus de risques, dans un spectacle pur et dépouillé. Sur les plus belles scènes, il emplit les lieux de sa présence, sa voix et son humour.

Il n'y a probablement qu'une chose au monde qu'il aime autant que la composition, l'écriture et l'interprétation : sa famille. Je crois que c'est le propre de tous les exilés dans l'âme que d'accorder une importance sans bornes à leur femme et à leurs enfants. Charles ne se lève pas un matin sans se demander ce qui ferait plaisir à sa famille : il travaille autant pour son plaisir que pour sa petite « tribu », afin de pouvoir subvenir à ses besoins et à son bonheur, même après sa mort. Pour rien au monde il ne voudrait qu'ils connaissent, ne serait-ce qu'un jour, la misère qu'il a dû affronter dans sa jeunesse.

Charles est un nomade dans l'âme. Il change très souvent de maison. À chaque nouvelle acquisition immobilière, il fait installer une salle de projection, un studio d'enregistrement et une piscine. Et lorsque tous les travaux sont finis, il revend la maison (sans trop perdre d'argent), pour s'en acheter une autre !

C'est un ami extrêmement attentionné, toujours à l'affût du cadeau qui fait plaisir. Sachant que j'affectionne particulièrement les autographes, il m'en offre souvent, tous aussi rares que précieux : je lui dois de magnifiques signatures de Guitry, ainsi qu'une partition de la main même d'Offenbach !

Il est toujours actif, ne s'ennuie pas une seconde. Lorsqu'il ne crée pas, il s'investit comme on le sait pour son pays d'origine, l'Arménie, dont il est devenu l'ambassadeur extraordinaire. On m'a même dit qu'une souscription nationale y avait financé l'érection d'une statue à son effigie, bien plus grande que l'original !

Charles est toujours à l'affût des nouveautés, des jeunes talents. Il aime bien Patrick Bruel, avec lequel il a enregistré « Ménilmontant ». Nous nous trouvions un jour dans le Midi avec Michel Drucker, qui nous apprit que Patrick chantait à Avignon. « Ça vous dirait d'aller le voir ? » Réponse affirmative et instantanée de Charles et de votre serviteur.

Patrick nous reçut dans sa loge, fier et heureux d'accueillir son idole. Quelque peu intimidé, il ne put s'empêcher de demander à Charles : « Cela vous ennuierait-il si je vous salue durant le concert ? – Pas du tout », répondit Charles. Il refusa cependant de chanter à ses côtés, avec cette élégance qui est pour lui comme une seconde nature : « C'est ton concert, Patrick, pas le mien. Les gens sont ici pour toi, et pour personne d'autre. »

Nous assistâmes au merveilleux concert du petit Bruel, qui remercia Charles à la fin. Triomphe à tout casser. Poussé par le public et par Patrick Bruel, il n'eut d'autre échappatoire que de rejoindre sur scène le chanteur, avec lequel il interpréta l'une de ses chansons.

Charles est ainsi : à la fois un gamin qui ne peut s'empêcher de se faire plaisir en faisant plaisir aux autres, et une bête de scène. Je l'ai vu un jour, malgré une bronchite carabinée et une fièvre de cheval, se rendre au Palais des Congrès archicomble : il ne laissa pas le public se douter un seul instant de son état de santé, et tous l'acclamèrent à la fin comme si tout allait au mieux !

Charles, comme on dit, ne « s'écoute » pas. Il est sans cesse sur les routes, entre deux décalages horaires, entre deux rendez-vous ou deux interviews, avec toujours le même plaisir et la même joie qu'il ne sait dissimuler.

Il aimait Thierry Le Luron et lui écrivit une très jolie chanson prémonitoire qui achevait son tour de chant : « Nous nous reverrons un jour ».

Charles Trenet

Quand j'étais enfant, à cinq ou six ans, en Algérie, mon père mettait la radio le soir. La radio, c'était le petit fil invisible qui nous reliait à la France et à Paris. On entendait les chanteurs de l'époque : Maurice Chevalier, Rina Ketty, Lucienne Boyer, Tino Rossi et Charles Trenet. Je raffolais des chansons de Charles Trenet parce qu'elles étaient poétiques et joyeuses. Même lorsqu'elles étaient un peu mélancoliques, c'étaient quand même des hymnes à la vie. « Y'a d'la joie », toutes ces chansons magnifiques qu'il a écrites, « Quand notre cœur fait boum ! », ce sont des petits chefs-d'œuvre du sourire à la vie. Quand je suis arrivé à Paris, j'avais un copain, Jean-François Adam – qui a été le mari de Brigitte Fossey et qui est devenu plus tard l'assistant de François Truffaut, puis est passé à la mise en scène –, tout jeune à l'époque. Je ne sais pas comment il avait rencontré Charles Trenet. Je pense que c'était parce qu'il était mignon, blond, sportif, et que Charles Trenet l'avait croisé quelque part et l'avait remarqué. Il ne s'est rien passé entre eux, bien entendu, mais Charles Trenet adorait s'entourer de gens jeunes et charmants. Un jour, il me dit :

— Moi, je connais Charles Trenet.

— C'est ça, et moi je connais Elizabeth Taylor.

— Si tu veux, il chante à Chaillot, viens et je te le présenterai.

Il n'était pas mythomane, mais cela me paraissait extravagant. Je suis allé à Chaillot et effectivement Jean-François m'a emmené dans sa loge. Charles Trenet était extrêmement curieux de tout, et je pense qu'il avait entendu parler de moi un tout petit peu à cause de la Nouvelle Vague et des films que j'avais faits et qui commençaient à avoir du succès. Il ne m'a pas jeté. Je n'étais pas son genre ; néanmoins, il fut très gentil avec moi. J'ai pu remarquer qu'il avait un trac fou avant de chanter et j'ai compris qu'il ne fallait pas insister et le laisser se concentrer tranquillement. Il buvait de la chartreuse et du Cointreau – il adorait les mélanges –, et il traînait une petite valise en carton, comme pour les enfants, remplie de maquillage dont on avait l'impression que c'était du Max Factor de 1930. Tout cela avait l'air un peu triste et désuet par rapport à la gaieté du personnage.

Son œil bleu magnifique s'allumait, il adorait faire des calembours et des plaisanteries, parfois un peu lourds mais toujours drôles, jamais vulgaires. Il est entré en scène comme un soleil. Il a chanté vingt-cinq chansons superbes et a fait un triomphe absolu.

Nous avons bu un verre, et il nous a proposé d'aller au cinéma. Il a murmuré à Jean-François, avec un sourire malicieux :

— Si tu veux, amène ton copain.

La semaine suivante, nous sommes donc allés au cinéma Marivaux. Il avait acheté deux rangs pour être tranquille ! Les mauvaises langues diront que c'était pour pouvoir être assis à côté d'un beau garçon et le caresser ; moi, je crois que c'était pour être isolé avec ses amis et voir le film comme s'il était chez lui. J'étais absolument ahuri par la folie douce qu'il avait dans la vie et pas seulement sur scène. Il était imprévisible et toujours plein d'imagination. Il avait comme inventé la fantaisie. Petit à petit, je n'ai plus eu besoin de Jean-François Adam, j'ai pu le rencontrer seul, et nous sommes devenus amis. D'abord, il savait que je l'admirais, et puis j'aimais rire comme lui et bien boire. Je finis par le tutoyer, nous étions copains.

Un jour, j'ai proposé à Europe 1 de faire une longue interview de lui pour Noël. Il chantait au Châtelet. Je voulais qu'il me raconte sa vie, comme je l'avais fait pour Arletty. Ce n'était pas rémunéré, et pour Charles c'était un problème. Il n'aimait pas travailler pour rien : il savait qui il était et il ne voyait pas pourquoi il ferait des cadeaux. Mais, pour me faire plaisir, il a accepté cette longue interview de deux heures. Je me suis donc rendu dans sa loge au Châtelet, à seize heures (il chantait à vingt et une heures), j'ai laissé le micro ouvert et je lui ai posé des questions sur sa vie. J'avais mon petit pense-bête : sa naissance à Perpignan, ses parents, l'importance de la musique chez lui, les influences espagnoles, ses débuts alors qu'il était très jeune... Il m'a raconté des choses magnifiques sur Paris, ses rencontres avec les surréalistes, des gens qui l'avaient ébloui. Il n'était jamais méchant, parfois cruel – il piquait les gens –, et possédait une mémoire prodigieuse, une curiosité, une culture des poètes français !... Toujours joyeux, disant des choses drôles, décrivant tout d'une manière si nette, avec une précision incroyable ; il donnait l'heure, le détail, l'endroit où il avait rencontré tel ou tel écrivain. J'ai donc fait cet enregistrement que nous avons diffusé le soir de Noël, c'était le cadeau aux auditeurs et cela a eu beaucoup de succès. En liberté, il tenait des propos qu'il n'avait encore jamais dits, c'est comme s'il était confessé en public. J'étais très fier de cela, très orgueilleux de cette confiance qu'il m'avait témoignée.

Nous nous voyions une fois tous les six mois. Il habitait La Garenne, dans un pavillon avec un jardin plein de fleurs artificielles qu'il arrosait ! C'était un fou... Il se levait tard, prenait son petit déjeuner, se mettait au piano ; après le déjeuner, il allait marcher, faire du sport, puis il se remettait au piano, allait ensuite dîner et ne se couchait jamais tard. Il était très soucieux de sa santé et de sa forme. Son intelligence se montra toujours en éveil. Jusqu'au bout de sa vie, il fut curieux et vif.

Il avait un ami, Henri Weil, un industriel qui était à la tête d'une grande entreprise de prêt-à-porter et amoureux du théâtre, du music-hall, de la chanson. Il s'était identifié au grand Charles. Ils s'étaient connus jeunes. Henri avait une réussite formidable – une belle maison, une femme, des enfants –, mais il avait fait de Charles Trenet son jumeau. Dans le privé, il chantait des chansons de Charles, comme lui, avec la même voix, les mêmes intonations, c'était son clone. C'était plus que de l'imitation, il était comme un double. Je n'avais jamais vu quelqu'un se transformer comme cela, par admiration et par amitié.

Chaque fois qu'une pièce de théâtre passait à Besançon, on s'arrêtait aux usines Weil où nous pouvions choisir des vêtements à 40 ou 50 %. C'étaient des costumes qu'il faisait pour les grands couturiers comme Dior ou Saint Laurent. Le soir, après le spectacle, il organisait un dîner pour la troupe, c'était une tradition. Les galas Karsenty ou Herbert passaient quatre ou cinq fois dans l'année au théâtre de Besançon et toute la troupe était invitée par M. et Mme Weil. Elle était une petite femme charmante, l'œil vif, souriante. Elle était gavée de Charles Trenet... c'était un peu un poids pour elle, mais elle avait accepté cette passion de son mari. Charles Trenet a donné à Henri deux ou trois tableaux qu'il avait peints à seize ou dix-sept ans. Charles avait un très beau coup de crayon, il faisait des tableaux naïfs et charmants. Il dessinait lui-même ses affiches.

Henri Weil était un homme très généreux, très aimable, il adorait s'amuser, écoutait les histoires de théâtre avec gourmandise. Un jour, il me téléphone et me dit, sachant ma passion pour Trenet :

— Écoute, Jean-Claude, je suis triste parce que Charles a décidé de s'arrêter de chanter. Il est fatigué, se trouve trop vieux... J'ai obtenu que son dernier concert soit à Besançon, il faut absolument que tu sois là.

— Tu es sûr qu'il ne chantera plus ?

— Oui, oui, il ne chantera plus, tu le connais.

Je décide donc d'aller à Besançon. Personne ne pouvant m'accompagner, je pars donc seul en voiture. J'arrive à dix-neuf heures trente, après m'être perdu, et je vais droit au théâtre municipal. « Voilà, je viens pour le concert de Charles Trenet », et là personne n'était au courant. Finalement, une dame me dit que c'est dans une école et m'en donne l'adresse. Je pars comme un fou, je cherche, je tourne en rond dans cette « vieille ville espagnole », comme l'écrivait Victor Hugo. Je trouve enfin, et il y avait là deux mille personnes assises sur des bancs dans une cour d'école, devant une estrade avec des rideaux noirs tenus par des épingles à linge, comme pour une représentation de saltimbanques au XVIIe siècle, deux Steinway noirs sur la scène face à face, et des projecteurs posés un peu n'importe comment. Henri m'aperçoit, me chuchote :

— Ah, tu es là, ça ne va pas tarder à commencer.

Je m'assieds, et je vois entrer en scène un homme de soixante-quinze ans, un vrai jeune homme. Je n'ai pas pu m'empêcher de penser à tous ces jeunes qui sont exigeants, demandent des machineries incroyables, des lumières sophistiquées qui changent de couleur toutes les secondes, devant Charles, seul avec trois musiciens, dans cette cour d'un grand lycée où il y avait deux mille personnes, avec ce rideau noir et ces épingles à linge, un éclairage convenable mais de fortune. Il a chanté trente chansons, c'était le bonheur. Ce diable d'homme possédait la finesse, l'intelligence, l'humour, l'ironie... On retrouvait les chansons anciennes et on découvrait les nouvelles, le maître avait une pêche d'enfer. Un triomphe absolu. Je suis allé, à la fin, derrière les rideaux noirs pour le retrouver, lui dire que j'étais venu de Paris pour le voir. On lui avait installé une loge de campagne, comme pendant la guerre, une sorte de tente. Il était assis et comptait son argent. On le payait toujours en liquide et il palpait les billets avec délectation. Il avait toujours la même petite valise en carton, le même maquillage un peu défraîchi. Il se lève et m'embrasse, me remercie d'être venu. Nous parlons un peu, puis, voyant qu'il n'a pas fini de compter, je lui dis que nous nous retrouverons chez Henri Weil, pour le souper.

Il arrive une demi-heure après, mal démaquillé. Il y avait encore un peu de fond de teint sur ses cheveux blonds, mal décolorés – une sorte de blond rosé. Nous nous mettons à table et passons un très agréable moment. Nous avons fait un concours d'histoires de théâtre. J'en connais beaucoup, il en connaissait encore plus, donc il a gagné. Nous avons bu du vin entre chaque histoire, et vers cinq heures du matin je n'en pouvais plus, je tombais. Lui était en pleine forme. Tout à coup, l'idée me vient de lui dire :

— Écoute, tu es tellement en forme, ne me dis pas que tu as chanté pour la dernière fois ce soir !

— Si, si, je ne veux plus chanter, j'ai trop peur, j'aime mieux composer.

— Charles, j'ai un festival à Ramatuelle, à côté de Saint-Tropez, et j'aimerais beaucoup que tu viennes chanter pour la clôture du festival. J'ai déjà eu de grandes personnalités, mais, toi, ce serait un miracle.

Il accepte, mais me dit de voir cela avec son imprésario, Gilbert Rozon. Celui-ci me répond :

— Le problème de Charles, c'est qu'il est très cher, et il n'y a pas de discussion possible...

— Ah bon, c'est combien ?

— Deux cent cinquante mille francs.

C'était très lourd pour nous, mais pour Charles Trenet, que ne ferait-on pas ? J'étais décidé à toutes les folies pour avoir le monstre. Gilbert Rozon ajoute :

— Si tu arrives à ramasser l'argent, dis-le-moi bien que je puisse bloquer la date, Charles est très fantasque, il oublie les choses...

Une idée me vient pendant le voyage de retour, pour l'argent. Je savais pertinemment que, même si le théâtre était plein, nous n'arriverions jamais à obtenir que cinquante mille francs. Il fallait réunir la différence. Deux cent mille francs. Je connaissais Pierre Elsen, président d'Air Inter, sponsor du festival, qui est fou amoureux de Charles Trenet. Peut-être pourrait-il se procurer au moins cent mille francs. Je l'appelle, il était occupé mais interrompt sa réunion. Je lui explique toute l'histoire et lui parle de la clôture du festival. Sa réaction est immédiate.

— Je vais trouver cent mille francs !

Je le remercie, réfléchis encore, puis me dis qu'un autre ami peut m'aider, Alain-Dominique Perrin, le patron de Cartier. Je sais qu'il est généreux, et que la maison a un cœur d'or. Je l'appelle, il sort de réunion et me prend au téléphone. Je lui explique à son tour la situation, et il me répond qu'il va me donner les cent mille francs. J'étais soulagé et j'appelle Gilbert Rozon :

— Ça y est, j'ai l'argent, la clôture du festival est le 12 août. Ce serait formidable que tu me confirmes sa participation et que nous organisions tout.

Il fallait s'occuper de ses musiciens, il en avait trois dont M. Nicolas, le contrebassiste de Georges Brassens, et deux grands pianistes. Gilbert Rozon finit par me rappeler pour me dire que tout était d'accord, que Charles l'avait marqué sur son carnet et qu'il allait de toute façon le lui rappeler régulièrement. Il chantait au Palais des Congrès pour ses adieux – ceux de Besançon étaient les premiers – et était éblouissant, magnifique, grandiose. Je vais le voir dans sa loge pour l'embrasser, et je lui dis :

— N'oublie pas que tu viens chanter à Ramatuelle pour la clôture du festival.

Puis le mois d'août arrive. Une fois par semaine j'appelais. J'ai déjà dit comme il était difficile de joindre Charles Trenet. On ne pouvait lui parler qu'entre midi et midi sept. Georges, son secrétaire, qui était comme son fils, très proche de lui, répondait au téléphone. J'appelais à la bonne heure, mais tout le monde appelait à cette heure-là, évidemment, et Charles était toujours occupé.

Il était en vacances à Antibes. Je lui demande comment il compte venir.

— En voiture, me répond-il. Avec Georges. Mais ça serait bien que tu me trouves un hôtel, je ne veux pas rentrer dans la nuit après le spectacle.

— Bien sûr, je connais un hôtel formidable, un quatre étoiles...

— Non, on m'a parlé d'un hôtel sympathique à Saint-Tropez, le Byblos...

— Oui, c'est l'hôtel le plus chic de Saint-Tropez et en plein mois d'août... mais je vais essayer d'avoir une chambre.

J'appelle donc le directeur, que je ne connaissais pas, et lui explique l'affaire.

— Oh! là là! me dit-il, tout est archicomplet.

Il réfléchit et ajoute :

— Mais j'ai des Hollandais, je vais les mettre ailleurs, et ce sera mon cadeau pour M. Trenet et pour le festival.

Je le remercie comme il se doit, j'étais très touché.

Le 11 août, on me prévient que Charles souhaitait me parler au téléphone.

— Je voudrais qu'il y ait une grande suite avec deux chambres, parce que Georges va venir avec moi. Je ne veux pas qu'il couche ailleurs, je veux qu'il soit près de moi.

Je rappelle le directeur du Byblos :

— Vous allez me prendre pour un fou, mais vous savez que Charles Trenet est quelqu'un de très fantasque, il s'aperçoit tout à coup que son secrétaire doit être à côté.

Il me répond qu'il va voir comment il peut faire et me rappelle finalement deux heures plus tard : il avait changé des Allemands, et ajoute qu'il allait mettre des fleurs bleu, blanc rouge, du Cointreau comme Charles l'aime, une bouteille de champagne, bref, un accueil formidable.

Le 12 août, le jour de gloire est arrivé : la clôture. J'appelle Charles à midi deux et lui demande à quelle heure il veut venir répéter ou faire sa balance – en jargon, essayer le micro pour le son.

— Je viendrai vers six heures, quand il fait moins chaud, juste pour le son.

À cinq heures, Georges m'appelle pour me dire qu'ils seraient là vers huit heures, finalement.

— Tu sais que le spectacle est à neuf heures trente tout de même ?

— Oui, oui. Mais Charles préfère.

Charles arrive donc à huit heures, d'une humeur de chien : il avait fait chaud sur la route, il y avait eu des embouteillages, et l'angoisse de chanter... Alors je le sens comme une panthère, et pas à prendre avec des pincettes. Quand il était nerveux comme ça, il valait mieux se faire tout petit. Je le laisse tranquille.

— Il fait trop chaud, décrète-t-il, et puis c'est du béton par terre, ça va résonner, poursuit-il d'un ton grincheux.

Il se met à tout critiquer. Ses musiciens étaient en place et il prend le micro – micro qu'il avait exigé, un micro sensible qu'on avait fait venir d'Amérique –, il commence à chantonner et déclare :

— Ce micro ne va pas du tout ! C'est un Pathé Marconi !

— Pas du tout, c'est le micro que tu as demandé. On l'a fait venir exprès pour toi.

— Non, ça n'est pas possible. Il est métallique, la voix est mauvaise, il y a trop d'écho. Je ne chante pas !

Et il pose le micro et s'en va ! Je cours après lui.

— Écoute, tu ne peux pas faire ça, on va te donner un autre micro, mais, celui-là, c'est toi qui l'as demandé...

Il s'enferme dans sa loge. À ce moment-là, ça va vite dans ma tête. Je me dis : bon, Juliette Gréco doit venir voir le spectacle ce soir, Guy Bedos aussi, et Eddy Mitchell... on va faire un spectacle improvisé. Je ne pouvais pas rembourser les gens, c'était archicomble. J'essayais de trouver une solution pour faire un spectacle qui soit à la hauteur de ce qu'on avait annoncé.

Et puis je me suis dit qu'il fallait quand même que j'arrive à décider Charles. Alors je suis redevenu acteur. Je rentre dans sa loge, il était calmé, et là je joue à être très ému.

— Non seulement le festival sera fini, parce que je ne peux pas rembourser les gens, mais en plus, pour moi, tu te rends compte, quel affront...

J'avais les larmes aux yeux, bouleversé. Je l'ai touché, parce que c'était vrai. Je faisais le comédien, mais j'étais sincère. Il a accepté de réessayer avec un autre micro. Et là j'ai eu une idée de génie. J'ai dit à M. Nicolas, le contrebassiste, qui était un ami, de se mettre dans la salle et de lui dire que c'est très bien.

— Il a confiance en toi, il t'écoutera.

Comme M. Nicolas était trempé dans le vin blanc et dans le pastis, il s'est installé dans la salle et, avant même que Charles ait commencé, il s'est exclamé que c'était parfait, très bon !

Charles a donc chanté. Nerveux, il est entré en scène comme un taureau – qu'il était d'ailleurs puisqu'il est né au mois de mai – et a chanté trente chansons, sublimissimes, il était dans une forme incroyable. Les gens lui ont fait un triomphe, debout, pendant un quart d'heure. C'était vraiment un délire de bonheur. Dans la salle, il y avait Stéphane Lissner, qui s'occupait du Châtelet à l'époque, et c'est comme ça que la carrière de Charles a finalement continué et qu'il a chanté au Châtelet, parce qu'il avait compris qu'il avait encore la jeunesse avec lui.

À la fin du spectacle, un dîner de cent cinquante personnes était organisé par Pierre Elsen, le président d'Air Inter, dans un des plus beaux hôtels de Ramatuelle, sous les pins, avec les personnalités parisiennes et régionales. Charles grogne :

— Je n'y vais pas.

— Écoute, viens cinq minutes, mais tu ne peux pas refuser un dîner fait pour toi, pour te remercier.

Comme il était heureux du spectacle, il a accepté de venir. Je pars donc, après avoir dit à Georges de bien veiller à ce qu'il vienne. J'arrive le premier dans cet endroit magique, dans un parc où était préparé un souper assis somptueux : les arbres étaient éclairés, les tables étaient très bien dressées... Mais je vois qu'ils avaient prévu la table de Charles Trenet en plein milieu. Je leur dis :

— Vous savez, il déteste tout cela, il ne faut pas le laisser là. Si vous permettez, je vais faire une table dans un coin, avec ses amis – il y avait Jean-Pierre Aumont, plein de gens charmants –, et il ira faire un tour pour dire bonjour. Quand on a chanté trente chansons à soixante-quinze ans, on n'a pas envie de serrer des mains...

Ils acquiescent, donc j'installe une table sous une treille. Il arrive, je lui présente deux ou trois personnes pour ne pas le fatiguer, les autres l'applaudissent, et je l'entraîne vers sa table. Et au lieu de rester trois minutes, une fois assis, il a dîné, il était heureux. Il s'est mis à chanter des chansons à Jean-Pierre Aumont. Car Charles Trenet avait été accessoiriste dans un film où Jean-Pierre Aumont était jeune vedette. Charles Trenet lui dit : « Tu te souviens, je t'avais composé une chanson sur l'accessoiriste de cinéma ? » Jean-Pierre s'en souvenait, et ils se sont mis à chanter tous les deux. C'était improvisé et délicieux, on avait droit à un numéro de deux vieux copains qui se retrouvaient avec plaisir.

Pierre Elsen, homme charmant, élégant, discret, a attendu la fin du dîner pour venir saluer Charles. Je le lui présente, en précisant qu'il avait organisé le dîner et sponsorisé sa venue au festival. Charles se lève, lui dit bonjour sans ajouter merci, et après un temps lui lance :

— Vous êtes le président d'Air Inter?

— Oui

— Je n'ai pas de carte Évasion...

J'étais ébahi ! Pierre Elsen, malgré son admiration folle pour Charles Trenet, était tout de même surpris, après avoir donné dix millions anciens pour le spectacle et organisé un dîner de cent cinquante couverts, de se voir réclamer la carte Évasion ! Mais, comme c'était un seigneur, il lui a annoncé qu'il la lui ferait parvenir dès le lendemain.

Le pompon, après ce coup de Trafalgar, se passe au moment du départ. Le patron du Byblos, que j'avais évidemment invité, vient se présenter à moi. Je me confonds en remerciements, on part dans un délire de « je suis confus », « je vous remercie », « non, c'est moi », etc. Puis je me tourne vers Charles :

— Je te présente M. Untel, le patron du Byblos, qui t'a très gentiment préparé une suite comme tu l'avais demandé.

— Non, répond-il tranquillement, finalement je rentre directement à Antibes.

Et il est parti ! Je me suis trouvé comme un imbécile avec un appartement offert par le patron. Heureusement, il a compris qu'il avait affaire au « fou chantant » !...

Souvent, on disait que Charles Trenet était avare. Moi, je pense qu'il aimait l'argent, comme une chose qui le faisait jouir. Compter les billets, avoir de l'argent liquide, pour acheter une Rolls. Mais il savait aussi être généreux. Un jour, j'ai fait une émission de télévision qui s'appelait « L'objet de vos rêves » au cours de laquelle on devait dire quels étaient les objets qu'on aimerait avoir. Évidemment, on parlait d'objets fantaisistes. La cuirasse de Jeanne d'Arc, le sceptre de Saint Louis... J'avais donc mis des objets farfelus, et trois ou quatre choses comme la robe de Marilyn Monroe dans *Sept ans de réflexion*, le porte-plume et le petit carnet de Marcel Proust quand il prenait des notes dans les dîners, le képi du général de Gaulle et, dans les choses qui m'auraient fait vraiment plaisir, une chanson manuscrite de Charles Trenet. Les gens ont appelé. Ils étaient très gentils : ils ont fait venir la robe de Marilyn qui était dans un musée – hélas ! ils ne me l'ont pas donnée... –, les Amis de Marcel Proust m'ont prêté un porte-plume avec une des plumes de Proust, et un petit carnet noir avec les coins rouges, quadrillé, où il prenait ses notes, avec des fac-similés des lettres de Proust, et puis ils avaient appelé Charles Trenet. Il les a d'abord mal reçus ; ensuite, quand il a compris que c'était pour moi et que ce n'était pas une blague, il a écrit sur une portée « Douce France », paroles et musique, et me l'a offerte. C'était vraiment un beau cadeau, que je garde précieusement.

Je me souviendrai toujours du dernier dîner avec Jack Lang. Je voyais Charles régulièrement, avec Charles Aznavour qui avait racheté les éditions musicales Breton où était Charles Trenet. Ils étaient très liés et s'admiraient beaucoup. Charles Trenet avait eu un accident cérébral, il s'était bien remis mais avait un peu de mal à marcher. Il avait peur de tomber, il ne sortait pas beaucoup car il ne voulait pas se montrer diminué. Grâce à Georges, son secrétaire fidèle, nous avons dîné ensemble plusieurs fois. C'était toujours une fête car il était drôle.

Un jour, je reçois un coup de téléphone de Jack Lang, alors ministre de l'Éducation nationale, qui me dit : « Je fais un déjeuner pour Charles, il a bien voulu venir au ministère et a demandé que vous veniez. » J'accepte avec plaisir, et nous voilà partis déjeuner. Je rentre ma petite voiture dans la cour du ministère, je la gare et je vois une énorme 607 Peugeot d'un bleu-gris métallisé toute neuve. C'était celle de Charles, qui venait de l'acheter. Il en était très fier et l'avait fait repeindre du bleu passé de ses yeux. Je pénètre dans le salon, où un feu de bois crépitait, et je retrouve Charles et Georges, accompagné d'un petit chien. J'embrasse Charles et je lui trouve bonne mine. Le maître d'hôtel nous propose de boire quelque chose. Charles demande de la bière. Mais aucune des marques proposées ne lui convenait, il voulait une 1664, la plus légère. Il a fallu aller la lui acheter chez un cafetier ! Monique Lang entre à son tour, un peu en retard, et annonce l'arrivée de son mari. Charles, qui aimait toujours faire des plaisanteries, me lance :

— Tu as vu le chien de Georges ? C'est un Ping Cher, parce que c'est un chien très... cher !

Nous passons donc à table, pour un déjeuner simple et délicieux. Et à un moment donné, Charles se tourne vers Jack Lang et lui demande :

— Qu'est-ce qu'il y a au-dessus de commandeur de la Légion d'honneur ?

— Grand officier...

— J'aimerais bien être grand officier.

— Écoute, je t'ai déjà donné beaucoup de choses : tu es commandeur des Arts et des lettres, commandeur du Mérite, commandeur de la Légion d'honneur, commandeur des Palmes académiques, c'est bien, non ?...

Charles était comme un enfant. Jack Lang voulait bien lui faire plaisir... Charles adorait les décorations. Il avait manqué de reconnaissance à cause de son homosexualité, il avait eu des problèmes, avait fait un séjour en prison à Aix-en-Provence. La gauche a été beaucoup plus généreuse et intelligente que la droite : on s'en fichait de tout cela et on récompensait le poète.

Charles me dit :

— Tu sais, je viens de m'acheter une voiture.

— Oui, je l'ai vue dans la cour...

— Non, je viens de m'acheter une Rolls-Royce.

— Mais je croyais que tu en avais déjà une? Une blanche que tu gardes depuis 1938?

— Oui, mais ça c'est mon fétiche. Là je me suis acheté le dernier modèle. Tu ne peux pas la voir parce qu'on est en train de la repeindre en bleu.

— Mais tu as combien de voitures?

— Sept.

C'était son plaisir...

Il est mort deux semaines après, brutalement, d'une seconde attaque. Il avait demandé à être incinéré et Georges a eu la très belle idée de mettre ses cendres dans une boule de lapis-lazuli bleu. Georges m'a raconté qu'il a descendu Charles, pour l'enterrer à Narbonne, dans sa voiture, sa Rolls bleue. C'était la première fois que Charles montait dedans... Il y a fait son dernier voyage, dans sa boule bleue. Maintenant il est au ciel, et il doit chanter avec les anges...

Retrouvailles

Les danseurs sont pour moi des êtres à part. Les rivalités qui les opposent peuvent être très cruelles, mais il existe un véritable esprit de corps chez eux, une fraternité, une complicité, qui les unit par-delà les dissensions de toutes sortes. Il faut dire que la danse est une discipline extrêmement dure, qui exige des danseurs de reculer toujours plus loin le seuil de la douleur.

Comme tout le monde, j'avais entendu parler du jeune et talentueux Rudolf Noureïev qui, durant une tournée du Ballet du Bolchoï, s'était échappé pour passer à l'Ouest et s'installer à Londres.

Cinq ans plus tard, je le rencontrai. Au cours de cette courte période, il s'était déjà transformé en cette légende de la danse que tous connaissent, et le mot star n'était plus qu'un doux euphémisme pour le décrire. Je me trouvais à Cannes lorsque je croisai Noureïev pour la première fois. Il avait pour ami Erik Bruhn, danseur étoile scandinave de renommée internationale, dont il était alors sur le point de se séparer. J'ai immédiatement été séduit par sa beauté et sa grâce. Rudolf ne parlait que trois mots de français et, à l'époque, n'articulait qu'un anglais approximatif, avec cet accent russe si particulier. À son charme naturel, il ajoutait une touche de désinvolture totalement irrésistible, notamment par sa façon de s'habiller. Rudolf était de ce point de vue un véritable moujik ! Même lors de grandes réceptions, au cours desquelles le smoking est de rigueur, il arborait un large pantalon de velours et un bonnet à jamais vissé sur sa tête. Je ne pus que béer d'admiration devant cet homme hors du commun.

Nous nous revîmes peu de temps après, au cours d'une soirée qui suivait une de ses représentations. Nous baragouinâmes ensemble tant bien que mal, de façon très agréable. J'allai le voir plus tard encore au théâtre des Champs-Élysées où il présentait au public français *Cendrillon*. Je fus ébloui par la légèreté, la technique et l'inspiration artistique de cet homme. Lorsqu'il entrait sur scène, marchant simplement, tous les regards étaient rivés sur lui, malgré les dizaines de danseurs qui l'entouraient. Je pensais alors à Diaghilev, enfoui dans son manteau de fourrure, la canne au pommeau d'or entre les jambes, qui criait à Nijinski : « Danse, mon chéri, étonne-moi ! » et avait dit à Cocteau, à propos de ce grand danseur : « Ce qui est merveilleux avec lui, c'est que, lorsqu'il saute, on ne le voit jamais redescendre. »

Noureïev était de la même géniale étoffe, alliant le sens de la surprise à la magie la plus pure. Comme s'il savait que le temps lui était compté, il brûla sa vie, donnant tout, et plus encore, à son art. La maladie terrassa peu à peu cet homme qui était toujours sorti vainqueur des épreuves que la vie lui avait réservées. Il ne l'accepta jamais, luttant de toutes les façons possibles, s'entourant des meilleurs médecins comme des pires charlatans.

Chaque fois que j'allais le voir danser, je ressentais un plaisir esthétique unique, le même que j'éprouvais lorsque j'assistais à un concert de Maria Callas. Tous deux, grâce à leur densité de jeu, arrivaient à donner forme et force aux personnages qu'ils incarnaient.

Un jour, Marie Bell m'invita à Londres : Luchino Visconti montait *Le Trouvère* de Verdi à Covent Garden. Marie, comme Sarah Bernhardt, avait pris le ferry, et moi, plus sûrement, l'avion. Elle arriva à l'Hôtel Savoy quelques heures avant moi. Là nous attendait un cérémonial propre aux palaces de Londres. Lorsque j'entrai dans ce fameux hôtel, je ne pus m'empêcher de réprimer un sourire devant tant de manières : le concierge, compassé et obséquieux, semblait être le premier chambellan de la reine !

Je passai donc devant cet auguste personnage qui, le menton haut et les lèvres serrées, me gratifia d'un « *good morning, sir* » empreint de cette politesse glaciale propre à nos amis d'Albion. Je me présentai et, voyant que mon nom ne semblait rien lui dire, je rangeai ma vanité dans ma poche sans insister plus. Il m'informa que Marie Bell donnait une conférence de presse. Je tombai des nues. Si ma maîtrise de la langue de Shakespeare laissait à désirer, celle de Marie était tout à fait inexistante !

Je la retrouvai dans sa suite, en barboteuse rose, encerclée d'une quinzaine de journalistes anglais qui la connaissaient comme sociétaire de la Comédie-Française. À toutes les questions qu'ils lui posaient, Marie faisait mine de réfléchir longuement aux tenants et aux aboutissants du problème soulevé et, sans comprendre ni sa réponse ni la question, envoyait en l'air des « *yes* » et des « *no* » qui déclenchaient l'hilarité des personnes présentes. Par son charme et son humour, elle avait littéralement vampé tous les journalistes !

À la nuit tombée, avant de partir pour Covent Garden, elle me demanda de l'aider à choisir sa tenue du soir. Je vis une robe noire sublime, de Balanciaga, que Marie avait « empruntée » à Cécile de Rothschild. Cette dernière étant beaucoup plus grande qu'elle, elle avait dû faire raccourcir la robe ! Marie suivit mon conseil et l'enfila, sans mettre, chose inhabituelle, le moindre bijou. Elle avait la fâcheuse manie d'arborer à la moindre occasion, tel un arbre de Noël, une multitude de bijoux. Parmi eux, bien entendu, d'authentiques et précieux joyaux, mais, je dois le confesser, beaucoup de répliques en toc. Et ce soir, pas un feu ! Alors que je m'enquérais de ses raisons, Marie me rétorqua, merveilleusement drapée dans sa dignité :

— Chéri, quand la reine d'Angleterre est dans la salle, avec son diadème, on ne peut rien porter.

Ravi que Marie ait eu conscience qu'elle ne pouvait rivaliser avec ses bijoux fantaisie face aux énormes rubis, émeraudes et diamants de la reine, je pris galamment son bras, et nous partîmes pour Covent Garden. Nous prîmes place et la reine fit son apparition, saluée par l'assistance qui se leva en son honneur tandis que retentissait le *God save the Queen.*

Le spectacle commença. J'étais assis aux côtés d'un jeune homme, fort beau, qui très vite pressa sa jambe contre la mienne. « Tout de même, ces Anglais, me dis-je, on peut dire qu'ils ne perdent pas de temps !... » Mais il était si charmant que la gêne était toute relative.

Vint l'entracte. Je saluai l'agent de Visconti, qui avait été également l'imprésario de mes débuts. Elle était aux anges :

— Tout se passe à merveille, je suis vraiment heureuse. Mais juste une chose, Jean-Claude, prends garde, tu es assis à côté du petit ami de Luchino, Helmut Berger.

Autant vous dire que, durant toute la seconde partie de la représentation, je serrai mes jambes du côté opposé au jeune homme volage !

Au sortir de Covent Garden, après le triomphe monumental de Rudolf, nous retournâmes au Savoy, où Visconti donnait un dîner en l'honneur de Noureïev et de la troupe.

Je pris place à une table gigantesque où quatre-vingts personnes se pressaient. Luchino était au milieu. Noureïev était face à lui, entouré des danseurs et des chanteurs, ainsi que de Claudia Cardinale, Jean Sorel, et d'autres invités tout aussi talentueux et célèbres. J'étais alors jeune et, bien évidemment, moins connu que Visconti ou Claudia. Je me retrouvai en bout de table, parmi des gens de mon âge. Tout le monde était en smoking, sauf Rudolf, qui portait avec une élégance toute nonchalante une simple veste noire sur un polo de la même couleur.

Au bout de dix minutes, lassé, il se leva et prit congé de toutes ces bonnes gens. Je me disais qu'il était tout de même culotté : le maestro Visconti en personne donnait ce dîner en son honneur, désirant ardemment parler avec lui de son projet cinématographique sur la vie de Nijinski, et lui le plantait là, sans autre forme de procès !

Rudolf laissa tomber dans mon assiette un petit bout de papier, sous le regard médusé de mes voisins de table. Il ne se retourna même pas, et sortit de l'hôtel comme un prince. Rouge comme une pivoine, j'enfonçai le papier dans ma poche sans le moindre commentaire.

J'attendis que l'attention de l'assemblée retombe sur un autre sujet pour lire sous la nappe le petit mot. Une simple phrase, « Je t'attends », suivie d'un numéro de téléphone. Fiévreux, je mangeai peu et vite. À la fin de ce repas qui n'en finissait pas, Marie Bell m'invita à boire un dernier verre.

— Non, vraiment, je ne peux pas, lui dis-je, tout penaud, je suis trop fatigué. L'avion pour Paris nous attend demain matin de bonne heure, je préfère aller me coucher.

— Très bien. Alors, nous prendrons le petit déjeuner ensemble.

Je la raccompagnai jusqu'à sa suite, avant de courir comme un damné jusqu'à ma chambre, où je décrochai aussitôt mon téléphone, et composai le numéro. J'entendis alors la douce voix gutturale de Rudolf qui m'indiqua son adresse et me pria de venir au plus vite.

Je descendis dans le hall, toujours très chic dans mon smoking, passant devant le majordome, duc de Windsor en diable.

— *Good night, sir,* me lança-t-il, flegmatique et distingué.

Et me voilà parti dans la nuit, vers je ne sais quelle aventure ! Rudolf habitait un hôtel particulier exquis dont une amie lui louait l'immense rez-de-chaussée. Je sonnai fébrilement à la porte. Il m'ouvrit, simplement vêtu d'une robe de chambre de velours rouge, bordée de fil d'or. Un air d'opéra résonnait derrière lui, un parfum lourd et enivrant se répandait du salon, où des nuées de bougies brûlaient du même feu que moi. J'étais en plein rêve, comme sur la scène d'un théâtre. Le champagne était au frais dans son seau : il n'attendait plus que nous.

À sept heures du matin, je rentrai au Savoy, complètement défait, le visage décomposé et le smoking en vrac. Passant devant ce que je pris, sur mon petit nuage, pour une ombre, j'entendis un sobre : « *Good morning, sir.* »

Une heure de sommeil plus tard, je retrouvai Marie Bell qui m'attendait pour le breakfast.

— Tu m'as l'air bien fatigué, chéri, me dit-elle.

— Oui, j'ai très mal dormi, les voisins faisaient un boucan d'enfer, inventai-je pour cacher mon aventure nocturne.

Le temps passa. Rudolf vint un jour à Paris pour présenter un ballet, auquel il m'invita.

— Je ne sais pas, c'est assez compliqué, lui dis-je, tu sais que je suis en train de jouer.

— Je danse lundi, tu n'as qu'à profiter de ton jour de relâche.

J'étais ravi de le retrouver.

J'arrivai le soir convenu au guichet du théâtre des Champs-Élysées, où l'on m'informa que la salle était déjà archicomble : Rudolf avait omis, selon le préposé, de l'avertir de ma venue. Je lui répondis que je comprenais parfaitement et lui demandai de joindre Rudolf dans sa loge pour le prévenir. Je craignais qu'il ne sombre dans une colère noire en ne me voyant pas dans la salle.

Le guichetier appela la loge, la mort dans l'âme. Noureïev était en effet un fléau pour ceux qu'il nommait les « sous-fifres ». Une fois de plus, il prouva qu'il n'avait pas volé sa réputation de star, pour le meilleur comme pour le pire. Dans la main tremblante du pauvre contrôleur, je vis le combiné littéralement éclater sous les vociférations du danseur étoile : « Trouvez immédiatement une place pour M. Brialy, ou je ne danse pas ! » J'étais doublement confus. Par ma faute, le pauvre homme devait affronter l'ire de la star, et Rudolf, à dix minutes du lever de rideau, était bien inutilement déconcentré.

Tandis que les employés du théâtre se démenaient pour régler cet épineux problème de place, j'attendais sagement au contrôle, tâchant de me faire le plus petit possible, sous le regard du Tout-Paris qui, entrant dans la salle, ne manquait pas de me remarquer et de me saluer bien fort !

La solution qu'on trouva ne fut guère plus discrète. Dans l'allée centrale de la salle, on installa ma chaise au premier rang. Moi qui priais désespérément pour passer incognito, j'étais servi. Tous les yeux se braquaient dans mon dos, comme si j'étais madame Noureïev !

L'aventure que nous eûmes ne fut pas sérieuse en soi, mais elle marqua, de façon plutôt agréable, le début d'une sincère amitié. Nous nous voyions assez souvent, nous dînions ensemble, tantôt seuls, tantôt avec des amis, dans son superbe appartement du quai Voltaire, véritable pied-à-terre de tsar. Lorsqu'il devint directeur de l'Opéra de Paris, il passait souvent me voir à L'Orangerie, où il dînait très frugalement d'une soupe, d'un fromage et d'un bon vin.

C'est justement à L'Orangerie que je reçus une visite inattendue, et des plus agréables : Douce François, qui porte si bien son prénom, à la fois assistante zélée de Rudy, sa confidente et sa sœur. À la mort de Noureïev, elle m'avait dit qu'elle avait gardé pour moi une paire de chaussons de danse que Rudy avait beaucoup utilisée. À cause de nos emplois du temps respectifs, elle n'avait pu me les donner.

Je m'assis à sa table, nous discutâmes très agréablement, nous enquérant mutuellement des dernières nouvelles de l'autre. Elle eut alors ce mot, qui me toucha droit au cœur : « Tu sais, je n'oublie pas les chaussons. »

Moi non plus, Douce, je ne les oublierai jamais. Pas plus que le génie qui les portait, et dansait avec la grâce aérienne d'un dieu.

LES ANNIVERSAIRES

Je dis toujours qu'il vaut mieux honorer les vivants que les morts. Il vaut mieux dire merci aux gens qui nous ont fait rêver alors qu'ils sont encore debout, et surtout lucides, plutôt que de rendre un hommage précipité et pathétique, comme cela se fait trop souvent, à une momie, très fatiguée ou très malade.

J'ai ainsi organisé quatre hommages à quatre grands personnages que j'aime et qui ont su allier talent et célébrité : Jean Marais, Danielle Darrieux, Raymond Devos et Charles Aznavour.

Jean Marais

Jean Marais fut mon parrain de théâtre. J'ai toujours été séduit, plus encore que par sa beauté et son talent, par son charme, subjugué par sa facilité. Jean, comme tous les timides, avait une audace flamboyante.

Il avait souffert dans sa jeunesse de sa voix, du mépris qu'on lui témoignait paradoxalement à cause de sa beauté. Beaucoup médisaient sur son histoire d'amour avec Jean Cocteau, persiflant dans son dos, racontant qu'il ne fréquentait le Maître que par pur arrivisme. Une réelle histoire d'amour et d'amitié a réuni ces deux personnages hors du commun. Il n'empêche qu'à cause de cette relation Jean Marais a été insulté, critiqué, sali, blessé, et je crois que tout cela l'a beaucoup marqué.

Il avait néanmoins cette force, cette lumière, qui faisait que, lorsqu'il entrait quelque part, tous le regardaient, captivés par son aura et par cette espèce d'inconscience que certains interprétaient comme un manque d'intelligence, et que je considère pour ma part comme un incroyable instinct, un instinct d'animal.

Sur le plan professionnel, sa gentillesse lui attirait la sympathie et l'amour de tous, même si, parfois, mais il fallait le connaître un tant soit peu, cette gentillesse n'était que de façade. Malgré les apparences, en effet, Jean Marais n'était pas le gentil béat que s'imaginent encore des personnes mal renseignées.

Il savait aussi donner l'apparence de l'amabilité, de la disponibilité, alors que, comme tous les acteurs et toutes les actrices, son ego était surdimensionné, son caractère parfois difficile.

Quand j'ai entamé les préparatifs de son quatre-vingtième anniversaire, tous les amis que j'ai appelés se sont déclarés ravis de participer à un tel événement. Jean avait assurément réussi à faire l'unanimité sur sa carrière, bien sûr, mais plus encore sur lui-même. Le plus difficile était le caractère « confidentiel » de la soirée. Car il s'agissait de faire une surprise à Jean et, avec trois cents invités, chacun accompagné d'une personne de son choix, cela était quasiment une mission impossible. L'autre problème consistait à s'assurer de la présence d'artistes rares prêts à faire un sketch, une intervention, une chanson, et à proposer un spectacle unique. Pour m'accompagner et présenter la soirée, je me suis adressé à Marie Laforêt.

Marie a débuté en même temps que moi, alors qu'elle n'avait que seize ans. On appelait cette jeune femme superbe « la fille aux yeux d'or ». Si elle est talentueuse et belle, la qualité que j'estime le plus en elle, c'est sa folie. Je crois qu'elle est véritablement folle, comme l'était Barbara, ou d'autres grands artistes, des extravagants capables des choses les plus inattendues.

Marie me répondit d'abord par la négative, m'expliquant qu'elle ne savait pas faire ce genre de prestation. J'arrivai pourtant à la convaincre en lui assurant que sa beauté, son charme et son esprit m'étaient indispensables... et elle ne déçut personne. Elle improvisa, délira, elle fut épatante.

Étaient également invités à se produire, entre autres, Renaud, Guy Bedos, Daniel Auteuil, Fabrice Luchini, Muriel Robin, Raymond Devos, Charles Aznavour... et Charles Trenet.

En 1937, lorsque Charles Trenet débuta à l'ABC, Cocteau était à Paris une sorte de baromètre culturel de ce qui se faisait de mieux et de plus neuf. Jean le visionnaire avait été l'un des premiers à reconnaître le talent de celui qu'il baptisa très vite « le fou chantant ». Je téléphonai donc à Charles pour lui proposer de participer à cette grande soirée en hommage à Jean Marais.

Charles, je l'ai dit, m'a toujours déconcerté par son obsession de l'argent. Il ne faisait jamais rien sans être payé. Peut-être était-ce une façon de se faire respecter. Toujours est-il qu'il accepta de chanter « Mes jeunes années » pour clore le spectacle. Mais là c'était cadeau. Un mois plus tard, il me rappela pour me dire qu'il n'était plus certain d'être à Paris à la date convenue, et me demander qui serait présent à cet hommage. Sentant qu'il fallait le rassurer, je lui citai les invités, qui pour la plupart étaient des gens qui l'estimaient et qu'il estimait aussi.

Il me rappela plus tard encore pour me convier à l'une de ses représentations au Palais des Congrès. Spectacle merveilleux où Charles Trenet, encore en forme à quatre-vingts ans, remporta un succès à la hauteur de son talent. À la fin de la représentation, il me dit :

— Si tu veux que je vienne à l'anniversaire de Jean Marais, ça serait bien que tu viennes au Canada pour me remettre le prix du Festival du Rire pour l'ensemble de ma carrière.

Naturellement j'acceptai. Je fis donc le long voyage jusqu'au Québec, et assistai à deux ou trois spectacles.

Gilbert Rozon, l'organisateur du festival, qui devint par la suite l'imprésario de Charles, demanda à celui-ci, quelques heures avant la remise de la fameuse récompense, de chanter une chanson lors de son intervention. Refus catégorique de Charles : cette clause n'était pas sur son contrat.

Charles était extrêmement caractériel de ce point de vue. Il était capable, si les choses ne se déroulaient pas comme prévu, de tout laisser tomber et de partir, contrat ou pas contrat. Michel Drucker, entre autres, fit un jour les frais de cette authentique attitude de star : Charles s'était rendu à son émission et, mécontent d'avoir attendu dix minutes dans les studios, avait quitté les lieux sans autre forme de procès.

Lorsqu'il apprit qu'il devait chanter une chanson au Québec, il refusa catégoriquement de sortir de sa chambre d'hôtel. Je tentai de le joindre. Comme je m'y attendais, aucune réponse. Charles détestait le téléphone. Lorsqu'on voulait l'appeler à Nogent, il fallait impérativement le faire entre midi et midi sept, comme je l'ai déjà raconté, seul moment de toute la journée où il daignait décrocher. Qui plus est, durant ce court laps de temps, il ne répondait qu'une seule et unique fois !

Il finit néanmoins par accepter de se rendre sur les lieux de la remise de sa récompense. En arrivant, il ouvrit la portière et laissa tomber :

— Je suis venu, mais je ne descendrai pas, parce que je n'apprécie pas ce genre de chantage.

Il faut dire à sa décharge qu'il n'était effectivement pas très professionnel de la part des organisateurs de ne l'avoir prévenu de cette prestation que quelques heures avant la cérémonie. Charles était un perfectionniste, il aimait préparer ses tours de chant, les petits comme les grands, avec ses propres musiciens, dans un souci de qualité.

La suite fut délirante. Il refusa en effet de descendre de la voiture, et je dus lui remettre le prix dans sa voiture, dans l'arrière-cour du music-hall, avant d'aller présenter la soirée en son honneur, à laquelle il n'assista pas !

Après toutes ces péripéties, je rentrai enfin à Paris. Connaissant les lubies de Charles, je pris bien soin de téléphoner une fois par mois à Georges, son secrétaire, afin de lui rappeler l'anniversaire de Jean Marais. Et Georges, chaque fois, de me rassurer. Tout était au point, Charles Aznavour devait chanter « Ma jeunesse », et Trenet terminer en beauté avec « Mes jeunes années » ou « L'âme des poètes ».

Le secret de la soirée resta bien gardé. Il est vrai que le caractère excessivement rêveur de Jean Marais nous aida grandement. Son anniversaire était le samedi 11 décembre. Nous ne pouvions retenir ce jour, puisqu'il jouait le soir *Les Monstres sacrés* avec Michèle Morgan. Aussi, nous avions décidé de le fêter le lundi 13, jour de relâche.

Je lui expliquai que j'avais prévu un petit dîner pour son anniversaire, avec Edwige Feuillère et Michèle Morgan, prétendant que j'allais faire venir un petit repas de mon restaurant que nous dégusterions sur la scène du théâtre. Il me savait suffisamment farfelu pour organiser ce genre de chose, il ne se posa donc pas de question.

Le dernier problème à régler tenait à la ponctualité extrême de Jean. C'était en effet quelqu'un d'excessivement maniaque quant aux horaires fixés : midi, pour lui, c'était midi, pas midi moins le quart ni midi et demi ! Estimant que ni lui ni personne d'autre n'avait de temps à perdre sur terre, il avait en horreur les personnes peu ponctuelles, et s'astreignait lui-même à la plus grande sévérité dans ce domaine. Il n'était jamais en retard, préférant même la plupart du temps venir en avance, quitte à faire plusieurs fois le tour du pâté de maisons pour apparaître précisément à l'heure fixée. C'est cette habitude qui risquait de porter préjudice à la surprise que nous lui réservions. Afin d'éviter tout problème, je le prévins qu'on viendrait le chercher en voiture à huit heures et demie pour qu'il soit à neuf heures au théâtre. Il se fit conciliant, acceptant exceptionnellement d'être traité comme une star. On n'a pas tous les jours quatre-vingts ans !

Quand Jean Marais arriva, le théâtre brillait de tous ses feux. Cela ne parut pas l'étonner. Jean ne s'étonnait de rien, il ne se troubla pas. Lorsqu'il entra dans la salle, devant cinq cents personnes, debout, l'ovationnant à tout rompre, il ne sembla pas surpris non plus. Heureux et ému, bien entendu, mais pas surpris. Il sourit simplement, salua l'assemblée de la main, s'assit, et le spectacle débuta.

La seule petite ombre au tableau fut l'absence de Charles Trenet. Il devait faire son apparition entre dix heures et demie et onze heures. La soirée se déroula merveilleusement jusqu'à dix heures et quart. Là, coup de téléphone de Georges.

— Charles est fatigué, il est un peu enrhumé, il a peur de prendre froid, il a mal à la gorge... Il ne pourra pas venir chanter ce soir.

Bien sûr, je lui fis remarquer à quel point il était peu aimable de se décommander une demi-heure avant sa participation, mais, comme j'étais en plein spectacle, j'écourtai la communication.

Le spectacle s'acheva sur le triomphe de Charles Aznavour. Quatre-vingts invités triés sur le volet se retrouvèrent ensuite, invités par la famille Taittinger et le cher Guy Martin, au Grand Véfour, où Jean Marais, Cocteau et Colette avaient leurs habitudes. Tous mangèrent et burent, comme il se doit en pareille occasion, jusqu'à quatre heures du matin.

Le lendemain, Jean me téléphona pour me noyer de compliments.

— Je ne te remercierai jamais assez, Jean-Claude, tu es mon ange.

Nous décidâmes d'aller déjeuner ensemble à Montmartre, où il habitait, dans un petit restaurant où il avait ses aises. Au cours du repas, je lui relatai toute l'organisation qu'avait nécessitée son anniversaire-surprise, la facilité avec laquelle tous acceptèrent d'y participer.

— Chaque fois que je disais ton nom, Jeannot, c'était comme une clef d'or, un sésame magique. Personne n'a refusé. Tu as vu, même ceux qui ne pouvaient être là, comme Delon ou Jeanne Moreau, ont tenu à ce que soit lu un message de leur part à ton intention. Le seul souci, je dois te l'avouer, ce fut Charles Trenet.

Et je lui racontai le monumental lapin que Charles nous avait posé. Jean me regarda alors de son œil bleu et malicieux, et me dit dans un sourire :

— Le pauvre, tu sais quel âge il a...

Ils avaient six mois de différence !

Danielle Darrieux

C'est une des grandes dames de ma vie. À dix ans, j'étais amoureux d'elle. À vingt-cinq, je tournais à ses côtés. Dans mon portefeuille, contre mon cœur, je garde une photo de Danielle, la même que celle que je reçus, enfant, avec une dédicace qui me fit alors rêver d'approcher un jour cette magnifique actrice. Et comme dans un conte de fées, mon rêve se réalisa.

Je voulais depuis longtemps lui rendre hommage. Mais, en gentilhomme, je me refusais à fêter son âge. Je décidai donc de célébrer ses soixante et onze ans de carrière.

L'organisation fut identique à celle de l'anniversaire de Jean Marais, mais les difficultés étaient tout à fait différentes. Danielle, contrairement à Jean, n'a jamais eu la tête dans les nuages. Elle a toujours été très indépendante, n'acceptant pas qu'on parle de sa vie privée, ou qu'on l'honore exagérément, et, de plus, elle a toujours eu un sens de l'observation extrêmement affûté.

Son compagnon, qui craignait de vendre la mèche malgré lui, demanda à en savoir le moins possible, se contentant de marquer sur son agenda, à la date convenue, « Dîner Jean-Claude ».

Tout comme pour Jean, je présentai à Danielle le prétexte du « dîner sur scène ».

— C'est bizarre, tout de même..., me dit-elle.

Elle ne se laissait pas faire aussi facilement.

— Oui mais, tu sais, cette idée me semble très belle, je la trouve très poétique..., tentai-je alors d'argumenter.

— Oh ! de toute façon, je ne vois pas pourquoi je devrais m'étonner, conclut-elle alors. Je te connais, tu es un peu fou. Va pour le dîner sur scène !

Et moi de crier victoire...

Tout comme Jean, elle ne fut pas le moins du monde épatée, le soir venu, par les lumières qui enflammaient la façade des Bouffes-Parisiens.

Dominique Lavanant, qui la connaît bien, m'avait mis en garde :

— Tu es fou ! À son âge, lui faire une surprise pareille ! Imagine qu'elle le prenne mal ! Imagine qu'elle ait un malaise !

Alors que j'accompagnais Danielle vers la salle du théâtre, je commençais moi-même à m'inquiéter. Face à la foule qui l'acclama, elle fut excessivement émue, et plus qu'heureuse.

Je présentai la soirée aux côtés d'Arielle Dombasle, qui enchanta tous et toutes par sa beauté et sa gentillesse. Refusant catégoriquement de faire la potiche, elle avait préparé très consciencieusement des notes qui rendirent ses interventions aussi charmantes que spirituelles.

J'avais demandé à des auteurs brillants, Jean-Loup Dabadie, Eric-Emmanuel Schmitt, Didier Decoin et Françoise Dorin, d'écrire un texte en son honneur. Schmitt composa une très belle variation sur le thème du battement de paupières de Danielle, mais le texte le plus émouvant fut certainement celui de Decoin dont le père, Henri Decoin, avant d'épouser sa mère, avait été marié à Danielle Darrieux.

Henri et Danielle avaient conservé des liens d'amitié très forts. Elle rendait très souvent visite à la famille Decoin, et le petit Didier fut dès son plus jeune âge ébloui par la beauté de cette sorte de tante, cette jeune femme fraîche et gaie : ce fut son premier amour d'enfance.

Mmes Chirac, Pompidou et Veil étaient également les témoins privilégiés de cet hommage.

À la fin du spectacle, Danielle, notre étoile, grimpa sur scène par la rampe, comme un petit cabri, et remercia du fond du cœur tous ses amis réunis en son honneur.

Nous allâmes ensuite dîner au Pré Catelan, le fameux restaurant de Lenôtre, au cœur du bois de Boulogne. Le repas fut somptueux, Danielle fut couverte de cadeaux, et chose rare, la SACD lui offrit deux grands châles de chez Dior.

À la fin de cette soirée mémorable, à quatre heures du matin, nous étions tous morts de fatigue. Danielle, elle, était fraîche comme une rose, et proposait à qui voulait et pouvait l'entendre de finir la fête en boîte de nuit ! De toutes les personnes présentes, c'était elle la plus jeune.

Raymond Devos

Le troisième anniversaire fut celui de Raymond Devos. Bien rodé par les deux précédents, je savais exactement ce que j'avais à faire : la mise en place de cet ultime stratagème ne différa pas de ceux ourdis contre Jean Marais et Danielle Darrieux.

Tout débuta au festival de Ramatuelle, auquel Raymond et Françoise, son imprésario et amie, se rendaient afin de supporter deux duettistes très talentueux, les Frères Taloche. Nous organisâmes un déjeuner en l'honneur de Raymond, auquel participèrent Jacqueline Franjou, Alain Decaux, mes amis Maryvonne et François Pinault et quelques mécènes complices, ainsi que Luc Ferry.

Françoise, durant ce repas, me fit part d'une idée :

— Tu as offert de si merveilleux anniversaires à Jean Marais et Danielle Darrieux, j'aimerais tant qu'on fête pareillement les quatre-vingts ans de Raymond.

Je n'avais nullement envie de devenir spécialiste attitré des hommages, mais, Raymond étant mon ami, j'acceptai volontiers :

— Je vous prêterai mon théâtre..., commençai-je à dire à Françoise.

Je fus vite coupé par François Pinault, qui n'avait pas perdu un mot de notre conversation :

— Fêtons plutôt Raymond au théâtre Marigny : il est plus grand, et ce serait une belle façon de m'associer à cet hommage.

Il ajouta qu'en outre il offrait le dîner qui suivrait le show, que je proposai aussitôt d'organiser, avec l'aide et les conseils de Françoise.

Nous mîmes au point une liste, et bien vite se posa la question de la « madame Loyale » de la soirée. J'avais déjà utilisé Marie Laforêt, qui avait disparu je ne sais où, comme à son habitude, ainsi qu'Arielle Dombasle. Je jetai cette fois-ci mon dévolu sur Muriel Robin, qui hésita, pour finalement accepter. Elle eut la riche idée d'émailler ses interventions de citations très courtes des textes et sketches de Raymond.

Raymond sentait que quelque chose se tramait dans son dos. Il savait que la soirée était retenue, mais ne connaissait pas les invités. Nous choisîmes un jour de relâche, le lundi 25 novembre, et commençâmes à passer les dizaines de coups de téléphone de rigueur. Brigitte Fossey lut un très joli texte de Jacques Prévert, Serge Lama vint chanter, de même que Maxime Leforestier qui interpréta « Les copains d'abord » de Brassens, grand ami de Raymond (ils étaient, avec Lino Ventura et Brel, de véritables mousquetaires), ainsi que Danielle Darrieux et Yves Duteil. Participèrent également à cette soirée Dany Boon, que Raymond adorait, Robert Hossein, Francis Perrin, Michel Leeb, le Quatuor, et Michel Galabru. Celui-ci venait d'avoir quelques jours auparavant quatre-vingts ans, lui aussi, et avait interdit à toute sa famille d'y faire ne serait-ce qu'allusion ! Il accepta cependant de faire plaisir à Raymond, et monta en scène pour conter des souvenirs tout à fait délicieux et hilarants. On compta également parmi les intervenants les Frères Taloche, Juliette Gréco, Maurane, le fidèle et toujours présent Charles Aznavour, ainsi que Michel Legrand, qui chanta une chanson composée spécialement pour Raymond.

La cerise sur le gâteau fut Jean Lapointe, ami de Raymond depuis cinquante ans, avec qui il avait débuté au cabaret. Il vint tout exprès du Québec pour chanter et l'imiter. Raymond, qui n'avait pas prévu cette sublime apparition, ne put contenir ses larmes : il s'attendait à tout, à tout le monde, sauf à ce vieux copain. Françoise avait tout organisé de façon divine. Elle était rongée par une sale maladie, et c'était comme si, par ce dernier événement en l'honneur de cet homme qui avait tant compté pour elle, elle lui disait au revoir. Avec une énergie dont paradoxalement seuls les grands malades peuvent faire preuve, elle supervisa l'ensemble des opérations, et tout se passa parfaitement. Deux mois plus tard, elle nous quittait.

Charles Aznavour

Chaque fois que j'ai organisé un anniversaire, que ce soit pour Jean Marais, Danielle Darrieux ou Raymond Devos, mon premier sur la liste était Charles Aznavour. D'abord parce que c'est mon ami, et ensuite parce qu'il est très généreux, disponible – dans la mesure de son travail –, et qu'il ne revient jamais sur ses promesses. Évidemment, c'était difficile, cette fois-ci, de lui demander de se faire la surprise de chanter pour lui-même... Ses quatre-vingts ans devaient être fêtés au Palais des Congrès, où il venait d'accomplir un véritable marathon de vingt-cinq représentations à guichets fermés, et nous étions bien obligés de le prévenir qu'une grande soirée était organisée, retransmise en direct par TF1 – prouesse rare –, et qu'il était prévu qu'il chante des duos. Il n'y avait donc pas de vraie surprise, même si nous lui en avons tout de même réservé deux ou trois.

Le sérieux avec lequel Charles a préparé cette soirée m'a frappé, même s'il est habituel chez lui. Il ne voulait pas de flonflon, mais il y avait tout de même un très gros gâteau de chez Lenôtre, qui devait mesurer au moins trois mètres cinquante de haut. Il représentait un arbre portant toutes ses chansons – il en a écrit plus de deux mille, dont trois cent cinquante que tout le monde fredonne dans la rue.

Tous ceux qui étaient disponibles sont venus chanter, soit seuls, soit en duo avec lui. Florent Pagny qu'il aime beaucoup, ou encore Liane Foly, Vanessa Paradis, Muriel Robin, Line Renaud, Nana Mouskouri, Patrick Bruel, Johnny Hallyday, Liza Minnelli... La prestation de Roberto Alagna m'a fasciné. Ce grand ténor est venu chanter l'*Ave Maria*, composé par Charles, avec les petits chanteurs de Bondy. C'était de toute beauté, et Charles a été très ému, autant par cette interprétation hors norme que par la présence de Roberto Alagna, venu exprès de Londres.

Il faut vraiment être un grand artiste comme Charles pour donner de la chaleur à cette grande salle du Palais des Congrès qui est assez impersonnelle. Elle était archicomble, malgré le prix des places. Tous les bénéfices de la soirée étaient destinés à la recherche contre le cancer. Le Pr David Khayat était tout sourire. L'audimat a tout cassé, ce qui a permis de récolter une belle somme. Le président de la République était au premier rang en compagnie de sa femme. Il est rare de le voir au spectacle, particulièrement quand celui-ci doit être diffusé à la télévision. Il a accepté pour aider la recherche et était en forme, malgré les difficultés du gouvernement et l'ambiance sociale un peu dure. Mais il n'y a eu aucune protestation des intermittents, ni de gens qui auraient voulu profiter de la venue du président pour chahuter.

Charles, à quatre-vingts ans, a répété pendant trois jours tous les après-midi, et chantait trente chansons le soir. Il était fatigué, bien sûr, mais heureux. Quand les gens sont profondément généreux comme lui, et ont une histoire d'amour avec le public depuis aussi longtemps, je pense que ça les rajeunit. Sur cette grande scène, devant cette salle si difficile à réchauffer, on avait l'impression qu'il glissait sur scène comme s'il était sur des patins à roulettes. Il se déplaçait d'un bout à l'autre de la scène avec un souffle incroyable, une légèreté, une élégance... Pendant son spectacle, il chantait trente chansons, des anciennes, bien sûr, et des nouvelles qui sont très réussies. C'est rare de voir un homme qui, après une carrière si longue, fait encore de si belles chansons ! J'aime bien sa façon personnelle de refuser les rappels ; certains font semblant de partir et reviennent interminablement chanter la dernière... Évidemment, il pourrait rester sept heures sur scène : les gens lui demandent toujours une chanson de plus.

Ses enfants étaient là, et cela aussi était très beau. Charles était ému, bien sûr, mais il est si solide et si fort que cela ne se voit pas. Ses enfants, qui d'ordinaire sont plutôt préoccupés par leur propre personne, comme les enfants gâtés d'aujourd'hui, étaient en larmes. Quand je leur ai demandé ce qui leur arrivait, ils m'ont simplement répondu : « On fête notre papa... » Leur façon de dire d'une voix « papa » était vraiment jolie. Charles avait été fait quelques jours avant commandeur de la Légion d'honneur. Tout était donc parfait, tant sur le plan familial que sur le plan officiel.

Toute la soirée était organisée par TF1, mais sous l'œil attentif et bienveillant de Levon Sayan, qui est l'imprésario de Charles, et surtout un ami, arménien comme lui. C'est un petit homme, qui fait penser à un ouistiti. J'ai rarement rencontré quelqu'un d'aussi malin. Il sait faire fleurir une star, l'épanouir et la protéger – et demander beaucoup d'argent pour elle ! Et en même temps il est très généreux. Pour cette soirée, tout le monde a fait cadeau de son travail. Il était partout, courait dans tous les sens, et rien ne lui a échappé. C'est formidable d'avoir cette vivacité et cet amour de la vie. Il est gourmand, d'une fidélité en amitié exemplaire, et pour Charles un véritable bouclier : il prend tout en charge. Charles, lui, veut chanter et ne se préoccuper de rien d'autre. Ce qui est beau, c'est cette confiance, cette amitié qui les lient, et le respect qu'a Levon pour Charles, cette admiration. Et en même temps il est le seul qui puisse lui parler, lui faire des suggestions sur ses chansons. Ce soir-là, Levon courait donc dans tous les sens, heureux que cela se passe bien, veillant à ce que les amis qui étaient là ne manquent de rien, soient bien placés, aient à boire...

Ma participation au spectacle a consisté en la lecture d'un texte spirituel écrit par Jean-Loup Dabadie. Je lui avais demandé de me composer un petit compliment – que je n'ai évidemment pas chanté ! J'avais pensé un moment chanter « Comme ils disent », cette chanson si belle sur l'homosexualité, mais Linda Lemay l'a fait avec beaucoup de pudeur. Dabadie m'a appelé un jour :

— Écoute, je n'ai aucune idée. Je ne vois pas ce que je vais pouvoir écrire. Les compliments sont souvent conventionnels et ennuyeux, donc je cherche quelque chose de drôle.

Et puis il a imaginé de me faire déclarer à Charles : « Voilà ce que je voudrais que tu dises pour mes quatre-vingts ans à moi. » Et il a bâti tout son texte autour des chansons de Charles – un régal ! Tout était charmant et délicat.

Après la fin du spectacle, nous nous sommes rendus à l'Élysée, où Mme Chirac organisait un petit dîner pour tous ceux qui avaient participé à la soirée. Il était minuit passé et le président devait partir très tôt le lendemain en voyage officiel. Il est donc resté un quart d'heure pour accueillir tout le monde, avec une grande gentillesse, puis s'est éclipsé.

Michel Serrault, qui avait bondi en sortant du gâteau géant, m'a fait hurler de rire. Devant les portes, à l'Élysée, sont postés des huissiers. Ce sont des personnes à qui l'on apprend à ne jamais montrer quoi que ce soit de leurs émotions. Ils sont comme des statues et doivent demeurer impassibles comme des soldats japonais. Ils sont habillés de noir, avec une chaîne autour du cou... bref, tout cela est très protocolaire. Michel Serrault arrive donc, va voir deux huissiers, et leur lance :

— Il y a combien d'étoiles, maintenant, à votre hôtel ? C'est toujours aussi bon ? Les patrons sont partis, ou ils sont encore là ?

Les pauvres huissiers pouffaient de rire, sans oser répondre quoi que ce soit, bien sûr. Ils étaient figés dans leur fou rire, congestionnés. Serrault a continué comme ça un moment, puis nous nous sommes mis à table. J'étais à celle de Mme Chirac, avec Michel Serrault, Line Renaud, Muriel Robin. Michel nous a chanté une chanson d'enfance coquine, et tout le monde a fait son petit numéro pour Charles, qui était aux anges et s'amusait comme un enfant. J'ai regardé ce salon officiel dans lequel nous nous trouvions, où ont lieu les réceptions officielles très sérieuses, qui était devenu le cadre d'une sorte de goûter d'enfants... Mme Chirac a fait remarquer qu'il n'y a que les artistes pour réchauffer cette maison et s'y divertir avec candeur et générosité. C'était une soirée vraiment formidable, que pour une fois je n'avais pas organisée.

MES SOIXANTE-DIX ANS

Le temps est un tribunal révolutionnaire : il n'acquitte personne.
Jean COCTEAU.

Soixante-dix ans !

Quand j'étais jeune, cela représentait pour moi un âge improbable. Je m'adressais aux septuagénaires avec le respect dû à Mathusalem. Un septuagénaire, c'était alors pour moi quelqu'un de proche de la mort, détenteur d'un trésor inestimable d'expérience et d'histoires.

Durant les six mois qui ont précédé ce 30 mars 2003, j'angoissai, terriblement... Pourtant, le sept est mon chiffre porte-bonheur. Jean Rochefort, mon aîné de très peu d'années, m'a avoué que lui aussi avait frémi de longs mois à la simple idée de son soixante-dixième anniversaire. Un peu plus tard, j'eus Jean-Paul Belmondo au téléphone, qui fêta le sien le 9 avril.

— Tu sais, me dit-il, je vais faire comme toi : je vais aller fêter « ça » bien loin d'ici !

Moi qui ai organisé tant et tant d'hommages et d'anniversaires-surprises en l'honneur de grands noms du cinéma et de grands amis, je craignais qu'on ne me rende la pareille. « Mon Dieu, me disais-je, pourvu que personne n'ait ce genre d'initiative ! »

Les invitations pleuvaient, à La Tour d'Argent, au Grand Véfour. Non seulement j'angoissais à la seule pensée d'avoir soixante-dix ans, mais en plus de charmantes personnes désiraient marquer l'événement dans des lieux fameux... Je voyais déjà la meute de journalistes me photographier sous toutes les coutures... même si je n'en ai pas encore !

Autant j'aime organiser les anniversaires des gens que j'aime, autant je déteste qu'on fête les miens. Je ne garde pas un souvenir très tendre des anniversaires et des Noëls de mon enfance. J'étais bien souvent puni à ces occasions, et les cadeaux étaient fréquemment confisqués.

Je décidai donc de passer une semaine en Russie, entre Saint-Pétersbourg et Moscou, deux villes que je n'avais pas vues depuis trente ans. Elles sont assez lointaines pour être exotiques, mais assez proches pour qu'on s'y sente chez soi. Pas de trajet de quinze heures en avion, et pas de soleil au-dessus des cocotiers à l'arrivée. J'allais chercher là-bas non pas de quoi dorer ma peau, mais de quoi ensoleiller mon âme, de quoi prouver qu'à soixante-dix ans on peut encore s'intéresser aux arts et aux beautés du monde !

De plus, mon ami Bruno ne connaissait pas ces villes, pas plus que Nana Mouskouri et son mari André qui nous accompagnèrent. Je me nommai donc guide officiel de notre petite escapade.

Je terminai le tournage d'un film le 28 mars et pris l'avion le 29 pour Saint-Pétersbourg. Un soleil printanier nous y attendait : les palais vert et blanc resplendissaient, les dômes d'or scintillaient, et la Neva, qui fut malheureusement le tombeau de tant de victimes du régime soviétique, brillait de mille feux sous le soleil, charriant des blocs bleutés de glace. Tout était parfait. Nous fîmes les magasins, achetant des icônes et d'autres produits traditionnels.

Nous visitâmes le musée de l'Ermitage, guidés par le conservateur, une femme tout à fait exquise. Nous marchâmes dans les galeries du musée quatre heures durant. À la fin de cette pérégrination culturelle, je me sentais exténué : « Allons bon, me dis-je, tu vois bien que tu fais ton âge ! » Je me retournai alors vers mes compagnons : ils étaient tout autant éreintés, si ce n'est plus encore !

Nous sortîmes du musée de l'Ermitage des étoiles plein les yeux, en oubliant presque nos jambes sciées par la fatigue. Nous dînâmes le soir dans un très bon restaurant russe. Le repas fut excellent, sans chichi ni caviar mais avec, tout de même, un peu de vodka. Tout était si simple et naturel qu'on aurait pu croire qu'il s'agissait d'un soir comme les autres et que nous n'étions pas réunis pour mon anniversaire : le rêve. Pas de gâteau chargé de bougies à la fin du repas, rien d'autre que des airs tziganes joués sur de joyeux violons qui ne faisaient pas plus honneur à ma personne qu'à toutes celles réunies dans ce restaurant.

Le lendemain, nous nous rendîmes à l'aéroport pour rallier Moscou. Le froid avait repris ses droits. Une neige dense tombait du ciel, le vent soufflait, c'était la Russie que je connaissais. Nous eûmes donc la chance de voir les deux visages de Saint-Pétersbourg, l'un souriant et ensoleillé, l'autre rude et blanc.

Parvenus à Moscou, nous attendîmes notre voiture avec chauffeur. Celle-ci était tout à fait à l'image de ce que vit actuellement la Russie. Nous vîmes arriver une voiture de remise digne de Michael Jackson, blanche aux vitres teintées, longue d'un kilomètre. Par une seule et unique porte, si petite qu'elle rappelait plus celle d'un frigo que celle d'une limousine, nous entrâmes dans un habitacle sale et mal entretenu. On accéda tant bien que mal aux banquettes en marchant à quatre pattes : devant nous, six verres gentiment disposés autour d'une bouteille de cristal... vide. Le coffre était si peu profond que nous dûmes prendre une partie des bagages avec nous et en déposer une autre à côté du chauffeur... Bref, une Cadillac d'opérette, un véritable trompe-l'œil mobile qui, à l'instar de la Russie, fait illusion de l'extérieur, et cache sa misère et ses négligences à l'intérieur.

Le lendemain, nous voulûmes aller sur la place Rouge afin de visiter le musée du Kremlin. Malheureusement, la neige était tellement épaisse que, avec nos tenues « légères » de Parisiens, nous ne pûmes nous y rendre, l'accès de cette place étant interdit aux véhicules. Le soir, nous prîmes l'avion et retournâmes à Paris. Je me croyais sauvé de grandes célébrations en l'honneur de mon soixante-dixième anniversaire. Lourde erreur que je faisais, en sous-estimant la fourberie de mes proches !

Ce matin-là, j'assistai à la projection privée du très joli film de Valeria Bruni-Tedeschi, *Il est plus facile pour un chameau...* avec Chiara Mastroianni, Jean-Hugues Anglade, Lambert Wilson, et Valeria Bruni-Tedeschi elle-même. C'est l'histoire très sensible d'une famille éclatée, et de la quête d'identité du personnage principal, incarné par Valeria. C'est à la fois drôle et touchant, un vrai petit bijou.

La discussion qui suivit fut animée et intéressante. Je rentrai aussitôt chez moi, à Monthyon, où j'avais invité deux amis à déjeuner. Je suis assez maniaque, j'avais préparé la table le matin et je voulais choisir les vins et vérifier le menu.

J'avais disposé de belles roses blanches au centre de la table, dans l'opaline verte Napoléon III que m'a offerte Danielle Darrieux. Tout était presque prêt comme je le voulais...

De retour chez moi, j'aperçois Jean Rochefort et Suzanne Flon, discutant sur le perron... Je n'avais pourtant pas souvenir de les avoir invités. Je passe le pas de la porte, et me retrouve cerné par trente invités-surprises ! Bruno avait préparé en cachette ce déjeuner afin de fêter en petit comité mon anniversaire.

Étaient présents, entre autres : Charles Aznavour, Claudia Cardinale, Pierre Arditi, Dominique Besnéhard, Yvan, Jean-Claude Boucreux, Brigitte Fossey, et Nana Mouskouri qui, après avoir fêté le « premier anniversaire » en ma compagnie, venait tout droit de Suisse pour fêter le second ! Mme Chirac avait également fait le déplacement : elle m'offrit un magnifique rosier, un rosier de Ronsard. Tous avaient apporté leur bonne humeur et un petit cadeau : je fus très touché par toutes ces attentions.

Moi qui ne voulais pas qu'on me fête de la sorte, je cédai très rapidement et sans me forcer à la joie, en voyant tous mes copains réunis pour m'exprimer leur amitié. Le déjeuner commença à trois heures de l'après-midi et finit à sept heures du soir. Me connaissant, ils eurent le bon goût de m'épargner le gâteau et les bougies !

Bette Davis disait : « Plus d'anniversaire, le poids des bougies sera plus lourd que le gâteau... »

AUTOPORTRAIT

Parmi toutes les personnes qui me sont chères et qui ont malheureusement déjà disparu, Simone Signoret est celle qui avait le regard le plus aiguisé sur mon jeu d'acteur. Avec une tendresse de sœur, elle savait trouver les mots pour me faire avancer. Simone Signoret hier, Jeanne Moreau aujourd'hui ont un regard juste, sans complaisance, plein de tendresse sur mon jeu ou mon physique. J'écoute, je n'obéis pas toujours, mais je réfléchis à mon travail. J'aime être en danger, et plus encore avoir le vertige et pouvoir être un autre, surprendre, étonner.

Je ne suis pas beau, je cache ma sensibilité derrière une arrogance parfois forcée, j'essaie d'être élégant pour me protéger et d'avoir de l'esprit pour séduire.

Certains acteurs adorent se voir au cinéma, ils se gargarisent de leur présence, certains avec prétention, d'autres avec naïveté.

Je n'ai jamais aimé me voir au cinéma. C'est encore plus vrai maintenant que les années ont passé. Je m'analyse, me critique et me détruit. J'ai commencé ma carrière aux côtés d'Alain Delon, qui était à dix-huit ans la beauté incarnée, ce qui m'a rendu modeste.

J'aurais aimé ressembler à Montgomery Clift... les yeux bleus romantiques et la fragilité maladive d'un être torturé. Cependant, mon apparence ne m'a jamais trop gêné, car j'ai su très tôt tirer parti de ce que les gens semblaient apprécier chez moi. On me trouvait joyeux, amusant, avec de l'humour, du charme. Autant de prétendues qualités sur lesquelles j'ai décidé de miser. Alors qu'un grand nombre de filles et de garçons brûlaient d'amour et d'admiration devant Alain, d'autres, moins attirés par l'inaccessible, jetaient par dépit leur dévolu sur moi, et petit à petit je me suis mis à gagner du terrain sur le plan de la séduction.

C'est avec un sourire affectueux que je me souviens de cette rivalité amicale et bon enfant qui nous opposait, rivalité tout à fait factice puisque, bien évidemment, nous ne boxions pas dans la même catégorie : Alain, lui, était champion toutes catégories !

Je me souviens de la première projection des *Cousins*, de Claude Chabrol. Je savais que Paul, mon personnage, était flamboyant, j'étais assez content de moi. C'est un des rares films que j'ai plaisir à revoir.

Le Genou de Claire fait partie de cette même veine. C'est un film particulièrement intelligent, subtil et qui reste, malgré les années, un pur diamant.

J'ai un faible pour le très beau film de Bertrand Tavernier, *Le Juge et l'Assassin*, avec Michel Galabru, Philippe Noiret et votre serviteur. J'y incarnais un procureur de la République, singulier et solitaire, ce genre de rôle complexe que l'on aimerait jouer plus souvent.

Enfin, je mets à part *Les Innocents* d'André Téchiné, avec ce personnage sombre d'auteur alcoolique et homosexuel, perdu, que j'interprète aux côtés de la formidable Sandrine Bonnaire. Je me souviens d'avoir vu le film tout seul, et d'être sorti de la salle de projection en me disant : « Finalement, je suis heureux, ce n'est pas mal. »

La beauté est tout à fait subjective. Pour fasciner les gens, il ne suffit pas d'avoir un physique agréable, il faut un certain sourire, un certain regard, un charme particulier. Chez un acteur, les deux choses primordiales sont le regard et la voix... Je sais que pour ma part j'ai une voix particulière, voilée et nasillarde, une voix très reconnaissable. Laurent Gerra, qui m'imite très bien, ne s'y est du reste pas trompé. Le regard aussi, crucial par l'infinité d'émotions qu'il peut suggérer, sans qu'un mot soit prononcé. Jean Gabin, qui, comme chacun sait, avait les yeux bleus, disait que les vrais acteurs étaient ceux qui avaient les yeux clairs... Je pense que les acteurs aux yeux foncés ont cependant, eux aussi, leur mot à dire !

De temps en temps, au gré des diffusions télévisées, je tombe sur de vieux films dans lesquels je joue. Le jeune homme que je vois sur le petit écran est un autre, et, plus que mon rôle, c'est le cortège de souvenirs que le film réveille en moi qui m'intéresse. J'ai ainsi revu récemment *Le Beau Serge* et j'ai aussitôt renoué avec les souffrances du tournage, la neige, le froid, l'humidité, et aussi avec l'enthousiasme incroyable qui motivait les jeunes gens que nous étions tous alors, persuadés de tourner le film de notre vie.

Francis Girod, le metteur en scène, me confia qu'il préparait une série de documentaires pour Arte, intitulée « Le premier film ». Son choix s'étant porté sur *Le Beau Serge*, il me proposa de revenir sur les lieux du tournage avec Bernadette Lafont, dans le village de Sardent où, en janvier 1957, nous avons découvert le lieu d'enfance de Claude Chabrol.

Ni elle ni moi n'y étions retournés, et nous trouvâmes l'endroit tel qu'il était il y a quarante-six ans. L'église, la place du village, le café dans lequel Gérard Blain s'enivrait de mauvais vin blanc, les maisons, l'hôtel où nous tournâmes, la maison de famille de Chabrol où nous logions. Rien n'avait bougé ! Le boulanger, qui était devenu un partenaire ami, s'était tué en voiture ; j'ai retrouvé son fils, qui a hérité de son physique.

Des grands-mères nous sautaient au cou, de charmantes partenaires de quatre-vingt-six ans qui se souvenaient avec joie qu'elles avaient dansé dans mes bras ! D'autres racontaient qu'elles avaient dû se cacher pour faire de la figuration, car leurs maris leur interdisaient alors de « faire du cinéma » !

L'impression que je ressentais était des plus étranges : je revivais mon passé, harcelé par des extraits du film. Bernadette et moi pouvions voir la fiction et la réalité qui se rejoignaient.

Mais ce qui me troubla le plus, ce furent les absences. Bernadette et moi étions les seuls acteurs rescapés de ce film. Michèle Meritz, qui jouait la femme de Gérard, Claude Cerval qui jouait le curé, Edmond Beauchamp qui jouait le père de Bernadette, Jeanne Perez qui tenait l'hôtel... tous avaient disparu, quelle hécatombe !

Le plus douloureux fut le fantôme de Gérard Blain qui rôdait partout avec nous et nous accompagnait dans cette promenade au pays retrouvé.

Algérie

En sortant d'une émission, j'ai pris un taxi. Le chauffeur engagea la discussion :

— Vous êtes bien né en Algérie, monsieur Brialy ? Moi aussi !

— Eh bien, comme ça, nous sommes cousins !

— Non, nous sommes frères. Je suis né dans le même village que vous !

C'était un homme de quarante-cinq ans.

— Malheureusement, pas la même année, lui dis-je.

— Nous sommes tous les deux nés à Aumale, du nom du duc d'Aumale, et le village s'appelle à présent...

— La Source des Gazelles, le coupai-je, sûr de moi.

— Non, le Mur des Gazelles. Hélas, tout est détruit, monsieur Brialy : le village que vous connaissez n'existe plus.

Je commençai à me lamenter sur les horreurs du terrorisme qui ravage l'Algérie, pensant qu'elles étaient la cause de ce malheur. Le chauffeur de taxi m'interrompit :

— Du tout, du tout, l'église est devenue une mosquée, la petite place a été reconstruite, et la caserne où vous êtes né a été complètement rasée.

Cela me fit évidemment de la peine, mais, après tout, le temps passe : c'est ainsi et nous n'y pouvons rien. Je garderai cependant toujours, au plus profond de ma mémoire, le souvenir de ce charmant village où je vis le jour.

Je continuai à discuter aimablement avec le chauffeur, qui m'expliquait qu'il se rendait au Mur des Gazelles une fois par an. Le village était très sûr, loin des folies meurtrières qui ravagent certaines régions de ce beau pays, et sa famille l'y attend toujours les bras ouverts.

— Vous savez quoi ? J'y vais pour me ressourcer : là-bas, les gens savent vivre. Ils ont le soleil, la mer et les orangers, ils prennent le temps de respirer. Ici, les gens ne se parlent pas, ils habitent par dizaines, voire par centaines, des immeubles où personne ne se connaît. Là-bas, les voisins, c'est comme la famille.

Il me racontait la fraternité qui existait entre gens d'un même village, d'un même quartier, les thés à la menthe à l'ombre des mandariniers, et surtout les nuits du ramadan, durant lesquelles tous s'invitent chez tout le monde pour briser le jeûne dans la paix, l'amitié et la succulence des plats préparés tout le long de la journée. C'était une très belle surprise que de tomber sur ce chauffeur bavard et amoureux de son pays, qui est aussi le mien. Jusqu'en bas de chez moi, il m'illumina du beau soleil d'Algérie.

J'ai raconté dans *Le Ruisseau des Singes* l'attachement sentimental que j'ai pour ce pays. Bien sûr ma patrie, c'est la France, mais je suis viscéralement attaché à l'Algérie. J'adore le Maroc et la Tunisie, où je vais passer des vacances et où je retrouve les parfums de mon pays natal. La mer, le soleil me font du bien ; l'huile d'olive, la senteur des jasmins, des mandariniers, des orangers, et puis cette terre chaude si proche et pourtant si différente... Les musulmans ont un regard sur la mort différent du nôtre, leur civilisation est raffinée, certains peuvent être barbares, d'autres au contraire sont délicats et subtils. Je n'ai jamais senti de différence quand j'étais petit garçon et que j'allais à l'école. Dans la rue, quand on jouait après la classe, on était mélangés. Jamais mes parents ni moi, instinctivement, n'avons fait de distinction. Pour moi, c'étaient tous des camarades.

Il y a six mois, le beau-frère du président de la République algérienne, qui est un homme d'affaires sympathique, dînait chez moi à L'Orangerie. Il a demandé à me rencontrer et m'a annoncé :

— Le président voudrait vous inviter à revenir dans votre pays.

J'étais touché de cette délicatesse.

J'avais bien sûr envie de revoir l'endroit où je suis né, Aumale, qui s'appelle donc aujourd'hui le Mur des Gazelles, ou d'aller à Blida, la ville rose, ou encore à Bône – Annaba –, de faire la route à l'envers. Et évidemment d'aller voir le ruisseau des Singes : beaucoup de gens, depuis le livre, m'en ont envoyé des photos, et m'ont raconté des histoires à son sujet. C'est malheureusement aujourd'hui un nid d'embuscades et de guerre. Il n'y a plus de singes, ils ont tous été tués. Ce n'est sûrement plus le paradis de mon enfance...

Mais je ne voulais pas faire uniquement le touriste privilégié, invité. J'ai donc demandé à Nana Mouskouri de venir chanter à Alger pour les enfants victimes du tremblement de terre. Elle a accepté volontiers, avec ses musiciens, de venir donner un gala que j'aurais présenté.

J'ai rencontré l'ambassadeur d'Algérie, nous avons élaboré un programme, rencontré plusieurs fois l'émissaire qui servait d'intermédiaire. Producteur à la télévision, il m'a dit que ce serait formidable de pouvoir filmer mon voyage en Algérie, comme témoignage. C'est un pays malheureux, perdu dans ses angoisses, où il y a des attentats, il vaut donc mieux être protégé, et puis je ne voulais pas faire le fanfaron, venir narguer des malheureux en leur affichant ma notoriété et ma liberté. Je me disais par conséquent que si, je venais de façon officielle, je serais à l'abri de fanatiques. Tout était merveilleux. Mais le voyage a été annulé à cause des élections présidentielles, ce que je comprends tout à fait.

J'ai écrit une chanson pour Nana qui parle de mon pays d'enfance. France 5 et Frédéric Mitterrand à leur tour m'ont demandé si je voulais bien partir avec une équipe pour faire un reportage. J'ai répondu oui, bien sûr, et j'attends de retrouver le mystère et la beauté de ce pays envoûtant.

Poste restante

Jouer longtemps une pièce avec quelqu'un vous apprend à découvrir la personne, comme en voyage on découvre le véritable caractère de son partenaire. Le quotidien est une école de patience et de clémence.

Je connais Line Renaud depuis quarante-cinq ans. Je l'ai toujours beaucoup aimée à cause de sa façon de prendre la vie à bras-le-corps, ce contact particulier qu'elle a toujours eu avec le public, avec les gens. C'est un être lumineux qui a le don de savoir partager avec les autres sa joie de vivre.

Line est une femme surprenante. Talentueuse, sensible, et surtout instinctive, elle sait parfaitement où elle va, que ce soit dans le théâtre, la chanson ou même les affaires, et, en même temps, elle a gardé sa naïveté d'enfant. Line, c'est un peu le genre d'actrice qui se refuse à entrer sur scène par le côté et s'acharne par superstition à convaincre le metteur en scène de la faire entrer par le fond, comme au music-hall.

J'avais assisté à deux pièces dans lesquelles elle avait joué. Le charme et l'autorité étaient là, elle défendait très bien ses personnages, mais je sentais que sa vérité, son naturel devaient éclater dans une autre pièce, avec un autre personnage.

Line Renaud me parla un jour de *Poste restante*, une pièce de Noel Coward, que je m'empressai de lire. Un certain nombre de comédiens avaient décliné l'offre de Line, estimant que le personnage, un faire-valoir selon eux, n'était pas assez fort. Dès la première lecture, je sentis que cette pièce était intéressante, notamment à cause de cette rupture de ton qui la scinde en deux parties : la première, un peu bavarde, très drôle et bien sentie, où un auteur à succès retrouve son ancienne maîtresse actrice, et la seconde, plus dramatique, où l'on découvre sous le vernis de l'auteur un homme blessé qui tout à coup perd pied.

Comme j'aime beaucoup Line Renaud en tant que femme et en tant qu'actrice, j'étais un peu angoissé par le fait d'être, dans une certaine mesure, l'auguste de la pièce, celui qui renvoie la balle au personnage haut en couleur de Line. Mais, en même temps, je me dis que j'allais nourrir ce personnage, lui apporter tout ce que je pouvais, ma force et, je l'espère, mon talent. Pour ce faire, j'ai tenté de m'identifier à son créateur, Noel Coward. Le métier de comédien, c'est aussi cela : enrichir un personnage de son expérience, mais également de celle des autres.

Au Royaume-Uni, à l'époque où cette pièce fut écrite, époque beaucoup plus sévère que la nôtre, l'homosexualité n'était pas une chose avec laquelle, en tant qu'homme public, on pouvait se permettre de plaisanter. Les hommes en vue, célèbres, craignaient le scandale et la rumeur. Si des preuves étaient apportées de leurs mœurs devant un tribunal anglais, la prison était à redouter.

J'ai rencontré plusieurs fois dans le passé Noel Coward. On disait que c'était l'auteur le plus joué dans le monde. Il avait un regard d'aigle, il scrutait les gens avec une incroyable acuité. Il parlait très bien le français, avec un léger accent où l'on sentait toute l'élégance du personnage, une élégance comparable à celle du duc de Windsor : costume prince-de-galles, col dur, très 1930. Il avait ceci de remarquable qu'au cours d'une discussion il attendait silencieusement et respectueusement qu'on lui donne la parole pour la prendre entièrement, exclusivement.

Lorsque je le connus, je me disais que cet homme avait tout, le talent, la reconnaissance et la popularité, comme auteur dramatique, scénariste, parolier. Mais j'avais remarqué également dans son regard perçant une espèce de mélancolie. Quand on ne connaît pas les gens, qu'on ne fait que les croiser, on ne se pose pas énormément de questions, et j'avais interprété cette tristesse comme l'une des conséquences de son penchant prononcé pour la boisson. Le temps passa.

On disait alors qu'il était le Sacha Guitry anglais. Tous deux avaient en effet en commun ce talent et cette légèreté si particulière, légèreté sous laquelle on sentait une gravité. Sacha était apparemment plus futile dans ses sujets. Dans son théâtre, on est toujours plus ou moins dans la même sphère sociale, isolée, avec la bonne famille, les domestiques, on n'est pas dans la vie réelle. De plus, au chapitre de leur différence, alors que Guitry adorait les femmes, Coward n'aimait que leur compagnie.

Au cours de ma petite enquête sur l'auteur, j'appris que Coward s'était caché toute sa vie, en menant une double existence. Il donnait des rendez-vous confidentiels à des amants, avec lesquels il se rendait à la nuit tombée, en cachette, dans sa maison de campagne, qu'ils quittaient à l'aube afin que personne ne les surprenne. Tricher, se cacher, mentir, être attentif à tous les détails, ne pas se faire prendre : l'enfer sur terre, d'autant plus insoutenable que, lorsque l'on habite avec celui ou celle qu'on aime, c'est aussi pour partager la vie quotidienne, s'étonner de choses simples, comme un lever de soleil. Se priver à jamais de ce bonheur, pour empêcher les gens de jaser, je trouve cela terrifiant. Telle était, je crois, la raison de cette ombre dans son regard.

Malgré l'adoubement de la reine d'Angleterre, malgré le succès, malgré le prix Nobel qu'il s'apprête à recevoir, le personnage de la pièce de Coward est brisé, ce qui, quand on connaît son créateur, est facile à comprendre.

Durant les répétitions, je me suis rendu compte de la difficulté de nourrir un personnage qu'on n'aime pas, chose qui ne m'était jamais arrivée de toute ma carrière. Cet Hugo est en effet très loin de moi. Je n'ai jamais ni crié mes préférences sur tous les toits ni caché mes goûts amoureux. Les choses se sont faites simplement. Lorsque j'étais enfant, j'éprouvais une admiration et un amour sans doute supérieurs à la moyenne pour les plus brillants de mes camarades, l'intelligence étant une qualité qui m'a toujours séduit énormément, et je partageais avec eux des moments tout à fait charmants, des fous rires, des accolades sous l'orage, sans jamais me poser la question de savoir si tout cela était bien ou mal, si c'était un péché véniel ou un péché mortel. Ayant eu une enfance sévère, sans beaucoup d'amour, j'allais prendre simplement, avec une parfaite innocence, l'amour là où il était. Sans me préoccuper du bien ou du mal, je me laissais aller là où le courant me portait.

Durant mon service militaire, j'ai connu un garçon, romantique, très doux, et très mélomane. J'ignorais alors tout de la musique, à part la musique militaire. J'avais été incorporé au service cinéma des armées. Un beau soir, ce jeune homme m'emmena dans l'auditorium de la caserne, très moderne pour l'époque. Nous nous sommes installés dans deux grands fauteuils, et il m'a fait découvrir les musiques de Grieg et de Haendel. En écoutant ces mélodies, j'étais bouleversé et, lorsqu'il prit ma main dans la sienne, je ne la retirai pas.

C'est à partir de ce moment que j'ai commencé à me poser certaines questions. Après tout, même si tout cela était très charmant, très innocent, le contact était bien charnel, sensuel dans le sens le plus noble du terme. « Suis-je bien normal ? » me demandais-je.

J'étais évidemment terrorisé à l'idée de révéler quoi que ce fût à mes parents, qui faisaient partie de la bourgeoisie moraliste de l'époque. Et puis quoi leur dire ? Que j'avais passé une heure entière, ma main dans celle d'un garçon, que j'avais trouvé cela très agréable, et leur demander à la fin si cela était normal ? Leur réponse, je la connaissais déjà.

Et, au fond de moi, cela me faisait bien plaisir de savoir que je n'étais pas « normal ». Je n'ai jamais aimé les gens normaux. J'aime les fous, les poètes, les cinglés, les bizarres... Heureusement, les acteurs ne sont pas des gens tout à fait normaux.

En revanche, je déteste les folles, bien que certains garçons, en jouant les exubérantes, me fassent rire. Michou est un garçon formidable qui a travaillé toute sa vie, qui ne doit sa réussite qu'à lui et aux gens qu'il a choisis. Il n'a pas été le petit ami d'Untel, n'a pas couché avec tel autre. Il est venu du Nord à Paris, a créé une maison qui aujourd'hui est un monument de la capitale, où les gens vont s'amuser, des gens de tous horizons, des gens simples comme des gens importants. Ils s'amusent en voyant les shows de ces travestis imitant des personnages connus, shows d'une grande qualité, sans vulgarité et avec beaucoup d'esprit, beaucoup de talent. Michou me fait rire à cause de toutes ses qualités et de sa lucidité. J'aime son intelligence et sa générosité, sa sensibilité autant que sa délicatesse.

C'est aussi un homme blessé. Il vivait jadis avec un jeune homme charmant qui l'aidait dans la gestion de sa boîte. Un soir, alors qu'il rentrait chez eux avec la caisse, ce garçon se fit assassiner pour l'argent. Michou ne s'est jamais remis de ce drame personnel.

Je ne suis donc pas normal, me disais-je. Et en cela, Hugo, le personnage de Coward, est fondamentalement loin de moi. Lui refuse son homosexualité, par peur, par lâcheté, et mène une vie privée d'amour. Un beau jour, son ancienne amante, incarnée par Line, revient dans sa vie et le force à tomber le masque, lui reprochant non pas d'être homosexuel mais de s'en être caché. Évidemment, en interprétant ce rôle, j'entends nombre de gens me dire : « Quel courage de jouer un homosexuel, oser dire ce que vous êtes. » Ce à quoi je réponds, invariablement : « Quand je joue un assassin, je ne crois pas l'être, c'est un personnage, ce n'est pas moi. »

Il est un passage de la pièce qui m'a blessé soir après soir. Sir Hugo avoue à demi-mot son homosexualité et le personnage de Line, exaspéré par ce manque de franchise, s'exclame : « Des tendances, des tendances, tu es pédé, voilà tout ! » À ce mot « pédé », les gens rient, applaudissent. Nous sommes en 2004, et rien n'a changé.

Je fus charmé quand, alors que Line et moi jouions *Poste restante* à Genève, le dernier amant de Noel Coward nous envoya un message. Il a aujourd'hui quatre-vingt-douze ans et vit en Suisse. Il nous disait qu'il était heureux que nous jouions cette pièce, et nous assurait de ses meilleurs sentiments et de sa sympathie.

Le représentant de Coward en Europe nous félicita également. Notre interprétation de *Poste restante* était, selon lui, la plus fidèle à l'œuvre de l'auteur, à la fois drôle et émouvante, reposant sur cette cassure au beau milieu de la pièce.

Après celle du public, quelles meilleures récompenses que celles-là ?

Les mariages princiers

Dans ce monde de fous dans lequel nous sommes, face à des drames comme l'Irak, la Palestine, Israël, qui sont des tragédies épouvantables, on se sent impuissant et bête. Rien ne va, la planète se réchauffe, les impôts ne diminuent pas, l'essence augmente, le théâtre se porte très mal, le cinéma pas mieux. Les drames sont quotidiens et, au milieu de tout ce marasme, les Français – et les Européens – retrouvent leurs yeux d'enfants devant les mariages princiers. Cela me rassure sur l'humanité.

Aujourd'hui, les stars ont disparu. Marilyn Monroe, Marlon Brando... il reste Brigitte Bardot, Jeanne-d'Arc des animaux dont je soutiens le combat, et Elizabeth Taylor, devenue une drôle de baleine qui surgit de temps en temps. Les gens retrouvent donc leurs yeux d'enfants pour admirer les robes des princesses, surtout lorsque des mariages ont lieu entre des royautés et des roturiers. Que ce soit au Danemark ou en Espagne, on voit des princes du sang tomber amoureux de femmes divorcées ou journaliste! Cela fait rêver tout le monde, depuis le mariage de Grace de Monaco, l'actrice qui a été plus princesse que les princesses. Être princesse, cela donne à la fois des vertus et des devoirs. C'est le symbole même de la beauté, de la vie et du respect des autres. En plus, ces mariages ont été célébrés en grande pompe. Toutes les télévisions les ont retransmis, en s'étendant sur les broderies de la robe de la mariée, le diadème de la reine Sophie, l'émotion du roi d'Espagne qui était à la fois troublé et fier de son fils, les dames d'honneur, les chefs d'État, leurs épouses. Cela m'enchante que les gens simples, qui sont tellement brimés, prisonniers des mouvements sociaux, oublient pendant deux heures leurs problèmes et leurs soucis, en regardant, comme des enfants devant la vitrine d'une pâtisserie, ces festivités. On n'est pas invité, mais on y est quand même grâce aux caméras et à la télévision, qui pour une fois ne transmet pas les guerres, les conflits, les sommets avec les chefs d'État.

Parallèlement à cela, le premier mariage homosexuel a été célébré par Noël Mamère. Cela devient complètement dérisoire. Je trouve que le Pacs est formidable, en soi, et aussi parce qu'il signifie que la société reconnaît que deux personnes qui s'aiment ont le droit de vivre en paix. Devant l'homophobie qui règne encore dans certains endroits, et qui se traduit par des violences, des ghettos, j'approuve tout à fait que la société et les gouvernements fassent une loi qui protège ceux qui s'aiment. Pourquoi le mariage? Les hétérosexuels vivent souvent en couple sans se marier. Bien sûr il y a la question des enfants, que les homosexuels peuvent adopter en tant que célibataires, mais pas en tant que couple. Pour ma part, je considère que le Pacs devrait être aménagé pour permettre l'adoption, mais que le mariage doit rester comme il est. Cela ne fait qu'attirer l'attention sur le côté marginal des homosexuels. Quelqu'un m'a dit l'autre jour qu'il y a deux façons de voir : celle de Proust et celle de Gide. Proust disait que ce qui est beau dans l'homosexualité, c'est son secret et son interdit. Pour Gide, il fallait reconnaître l'homosexualité comme une chose normale. Je suis contre les Gay Pride, parce que cela caricature les homosexuels et ne leur apporte rien, maintenant qu'il y a une reconnaissance de la société, même s'il reste du mépris de la part de certains. Moi qui vis depuis vingt-trois ans avec quelqu'un, je ne penserais jamais à me marier. Je pourrais me pacser pour des raisons d'impôts et de succession, parce qu'il n'y a pas de raison, quand on a vécu aussi longtemps avec quelqu'un, qu'on ne lui laisse pas ce qu'on a gagné. Interdire aux homosexuels d'adopter des enfants relève du même principe. Les enfants sont plus heureux avec un couple amoureux, quel qu'il soit, qu'avec un couple qui se dispute. Cela dit, c'est beaucoup de bruit pour rien. Dans ce monde de violence, Mamère a fait « l'intéressant », comme disait ma grand-mère.

C'est amusant de voir d'un côté les mariages princiers et d'un autre ces deux garçons qui se sont mariés à la campagne, un peu cachés, avec le scandale d'être hors la loi.

Correspondances

Lettre à un inconnu

Du courrier m'arrive parfois au restaurant. Ce sont souvent des mots doux de clients heureux qui regrettent mon absence. Ce sont parfois des lettres de reproches. Il y a toujours des gens susceptibles ou nerveux. Et puis, un soir, j'ai découvert une lettre anonyme d'un homme incarcéré à Fresnes et qui souhaitait bavarder avec moi par le truchement de la Poste. Je répondis à ce garçon une lettre amicale et réservée. Je ne connaissais rien de lui, sinon son numéro matricule inscrit au centre pénitencier de Fresnes, 1, allée des Thuyas.

Une correspondance régulière s'instaura. Je fus touché par le ton simple et sensible de mon interlocuteur qui m'avait rassuré en me jurant qu'il n'avait tué personne. Il était jeune, marié, père de deux enfants. Ces longues lettres me décrivaient l'univers atroce de la prison où non seulement la solitude est une angoisse perpétuelle, mais où on subit la promiscuité, l'obligation de côtoyer des êtres perdus, violents, vulgaires, prêts à tout.

« Je t'écris mes faiblesses, mes rancœurs, mes révoltes, mon apparence ne trahit pas mes émotions. Si parfois il te semble que je me lamente sur mon sort, je te prie de m'excuser. Je garde tout pour moi, à l'intérieur la pression monte. Notre rencontre fait office de soupape. »

Il se confie, me raconte ses promenades, ses rêveries. À travers les barreaux, il aperçoit les arbres et peut suivre les saisons. Il entend chanter les oiseaux, il rêve, bien sûr, de liberté, et surtout de retrouver la campagne. Élevé en banlieue, il a soif d'air. Il a hâte de revoir ses enfants (il était très peiné que son fils n'ait pas voulu lui souhaiter la fête des Pères, il avait eu honte). Il me parle des visites régulières de son épouse, du regard méprisant et méchant de ses anciens collègues, il me détaille les menus, la soupe, la purée, les barquettes de viande, la salade de betterave, la gamelle, le maton, le bruit insupportable du verrou qui se referme.

J'essaie de le comprendre, de l'apaiser. J'écris comme à un fils perdu et retrouvé. J'ai l'impression de panser quelques-unes de ses blessures. Il ne me demande jamais rien. Fier, secret, il assume sa peine avec parfois des soubresauts de bête sauvage blessée au cœur.

Voler est certes un délit, braquer une banque est bien sûr condamnable, mais enfermer un être pendant des années... La prison rend fou. Le mélange avec des criminels, des drogués, des casseurs est dangereux. Le poison de la vengeance s'infiltre, et malgré la présence de certains gardiens patients, humains et chaleureux, malgré le parloir qui reste un passage frustrant, malgré les lettres amicales, j'imagine cet univers sombre, glauque et étouffant. La vie rôde autour de ces grands murs sales et épais, et c'est parfois la mort qui se glisse sous la porte.

Tina

Une lettre m'a bouleversé. Une lettre signée Tina.

Au début du mois de mars 2003, j'ai tourné dans un téléfilm de France 2, *Le Président Ferrare*.

Un des passages les plus difficiles du tournage fut sans doute la scène de reconstitution du crime d'une femme et de deux enfants, dont l'assassin présumé est le père de famille.

Il est toujours très impressionnant d'envahir un tel lieu, quel qu'il soit, avec toute l'équipe et le matériel nécessaire à un tournage. Nous avions investi un coin morne de la banlieue de Bruxelles, aux immeubles de briques rouges fatiguées, parsemé d'arbres nus, dans la grisaille d'un crachin brumeux qui ne cessait de tomber. Tout cela était loin d'être joyeux.

Tout était en place : cars de police, CRS, ruban de la police nationale autour du lieu du crime... L'imitation était si réussie que l'impressionnant tableau d'ensemble attirait les voisins et les curieux, qui s'agglutinaient pour ne pas en perdre une miette.

Le réalisateur me pria, pour les besoins d'un plan, de saisir l'arme du crime, un fusil de chasse. Lorsque je pris le fusil entre mes mains, je fus soudainement happé par le souvenir de ce pauvre Bernard Loiseau, qui s'est suicidé le 24 février. La simple vue des deux canons, la sensation de la détente sous mon index me plongèrent dans une réflexion des plus sinistres... Surpassant le dégoût que j'éprouvais au contact de cet instrument de mort, nous filmâmes cependant la scène.

Plus tard, je surpris Tina, la maquilleuse, d'origine tchèque. Son doux regard était noyé de larmes. En tâchant de m'immiscer le moins possible, je lui demandai tout de même si elle allait bien. Elle m'expliqua qu'elle devait voir sa petite-fille ce week-end, mais qu'à cause d'un contretemps sa visite était remise à plus tard. Elle me raconta l'importance que son rôle de grand-mère avait à ses yeux, et toutes ces vérités, si simples, si profondes, me touchèrent énormément.

Après le déjeuner, je la surpris de nouveau, seule dans un coin, sanglotant. Cette fois-ci, c'en était trop. Je la rejoignis et la questionnai le plus gentiment possible sur ce qui n'allait pas.

— Il faut me pardonner, monsieur Brialy, si je fais des bêtises aujourd'hui, parvint-elle à me dire entre ses sanglots.

— Mais tout est parfait, votre travail est remarquable, Tina, comme toujours ! lui répondis-je.

Elle m'avoua alors soudainement la raison de sa profonde tristesse. Cela faisait aujourd'hui un an, jour pour jour, que sa fille avait été assassinée. Tout d'un coup, les masques tombaient, et la réalité, une fois de plus, dépassait la fiction. La simple vue de tout ce simulacre de reconstitution, le fait même d'y participer l'avaient complètement bouleversée.

Dans ce métier, on est souvent confronté à la vie, qui est évidemment toujours plus rude qu'au cinéma. Au cinéma, les morts se lèvent toujours à la fin de la prise. Perdre un enfant, c'est déjà épouvantable, mais vivre avec le viol et le meurtre de sa fille de vingt-cinq ans, sans connaître le coupable, voilà qui est plus cauchemardesque encore.

Sachant la consolation impossible, je m'efforçai cependant d'apporter à la pauvre Tina du réconfort, avec les paroles les plus douces et les plus tendres que je pusse trouver, sous le coup de l'émotion. Je ne sais si j'ai réussi à atténuer quelque peu sa peine, mais elle parut se calmer progressivement, et nous pûmes nous remettre au travail.

La lettre que j'ai reçue aujourd'hui était signée « Tina ». Elle y écrit qu'elle avait oublié de me dire, par cette lugubre journée de mars, à quel point elle avait apprécié mon attention et ma patience. Elle me remerciait d'avoir voulu alléger son horrible fardeau en l'aidant à le porter, pendant un bref moment, et dans la limite de nos relations professionnelles. Cette lettre m'a beaucoup ému.

« J'ai oublié de vous dire... », a-t-elle écrit.

Il arrive parfois que ce qu'on oublie de dire importe autant que ce qu'on dit.

Au fait... j'ai oublié de vous dire...

LETTRES CHOISIES

Chambellay, le 6 Janvier 1958

Mon bien cher J. Calmels.

Merci de tes bons souhaits, je t'adresse les miens les plus fervents et mes meilleurs vœux pour que tu trouve en l'année 58 santé florissante, travail assidu et tout le bonheur désirable — Je vois avec plaisir que tu es bien occupé [illegible] le temps n'a pas la réputation de Paris. Mais le village où tu travail n'est pas si mal que ça, tu me l'as adressé en carte postale que je n'ai plus, car ton oncle Denis, Dr C. [illegible], retraité à Limoges m'a dit ceci, j'ai entendu en T.S.F. le nom de J.-C. Brialy, il doit filmer dans la Creuse, mais je me demande où. Comme je n'avais pas ton adresse je la leur ai envoyée. Je suis allé avec la famille du moulin au complet, ta tante et moi, à Angers le jour de Noël, voir jouer l'Ami de la famille. J'ai reçu de Vallet ta photo découpée d'un journal local où tu te trouvais entre 2 agréables cocottes

Enfin un article te concernant est paru sur le courrier de l'Ouest de samedi dernier.

J'ai appris cela d'une drôle de façon, je ne m'en serais pas aperçu si on ne me l'avait dit, ne lisant pas ce journal. Samedi, je revenais chez moi, à hauteur de la poste, Mmes de Charnacé et Corru sortaient du secrétariat de Mairie, Mme la Maire m'a appelé me disant venez que je vous félicite. Je me demandais bien ce qui pouvait leur vouloir me dire. C'était de la personne qui m'a [illegible] — j'ai acheté ce journal et l'ai apporté chez tes parents. Odette qui doit t'écrire aujourd'hui va sans doute découper cet article et te l'envoyer. Ils étaient tous à la maison, Segré et le moulin, hier dimanche. Marcel, sa femme et Alain sont allés passer leurs vacances de Noël au Val d'Isère et ne sont rentrés que jeudi soir. Hier et aujourd'hui temps pluvieux avec vent frisant la tempête, saison peu agréable. Vient nous dire bonjour avant de rentrer à Paris, je te donnerai tes étrennes. Encore une fois bonne année, à bientôt le plaisir de te voir. En attendant ce bon moment je t'embrasse affectueusement.

Brialy

Mon grand-père Jules, garde républicain, paysan, courageux, autoritaire, tendre..., je suis fier de lui.

Chambellay, le 6 janvier 1958

Mon cher J. Claude,

Merci de tes bons souhaits. Je t'apporte les miens les plus fervents et les meilleurs vœux pour que tu trouves en l'année 58 santé florissante, travail assidu et tout le bonheur désirable. Je vois avec plaisir que tu es bien occupé. Ah ! le pays n'a pas la réputation de Paris. Mais le village où tu travailles n'est pas si mal que ça, tu me l'a adressé en carte postale que je n'ai plus car ton oncle Duris, Dr C. de fer, retraité à Limoges, m'a dit ceci. J'ai entendu en T.S.F. le nom de J.-C. Brialy, il doit filmer dans la Creuse, mais je me demande où. Comme je n'avais pas ton adresse je la lui ai envoyée. Je suis allé avec la famille du moulin au complet, la tante et moi, à Angers le jour de Noël, voir jouer l'Ami de la famille. J'ai reçu de Vallet ta photo découpée d'un journal local où tu te trouvais entre 2 agréables cocottes. Enfin un article te concernant est paru sur le Courrier de l'Ouest samedi dernier. J'ai appris cela d'une drôle de façon. Je ne m'en serais pas aperçu si on ne me l'avait dit, ne lisant pas ce journal. Samedi, je revenais chez moi, à hauteur de la poste Mmes de Charnacé et Cornu sortaient du secrétariat de mairie. M. le Maire m'a appelé me disant « venez que je vous félicite ». Je me demandais bien ce qu'il pouvait bien vouloir me dire. C'était de ta personne qu'il m'a parlé. J'ai acheté ce journal et l'ai adressé chez tes parents. Odette qui doit t'écrire aujourd'hui va sans doute découper cet article et te l'envoyer. Ils étaient tous à la maison, Segré et le moulin, pour dimanche. Marcel, sa femme et Alain sont allés passer leur vacances de Noël à Val d'Isère et ne sont rentrés que jeudi soir. Hier et aujourd'hui temps pluvieux avec vent frisant la tempête. Saison peu agréable. Viens nous dire bonjour avant de rentrer à Paris, je te donnerai tes étrennes. Encore une fois bonne année. À bientôt le plaisir de te revoir. En attendant ce bon moment je t'embrasse affectueusement.

Baden le 9 Nov.

Je serai toujours heureuse de voir tes contrats .... pour tes prochaines activités.

Mon Pauvre Jean-Claude -

Comme tu le dis toi-même tu n'as pas de chance dans la carrière espérons que tu arriveras quand même à y rentrer quand les amis n'y seront plus... Je croyais les carottes bientôt cuites, mais ce n'est pas encore demain que la famille Dupont et nous-mêmes auront à nous déplacer pour voir les affiches.

Tu nous dis avoir changer de chambre c'est très bien, mais as-tu réfléchi que la personne qui te loue à 72 ans et est à la merci d'un rien pour disparaître et alors, tu ne penses pas à ce moment que tu garderais l'appartement quand il y a tant de

gens qui en cherchent.... Tu ferais bien de te mettre en quête d'une autre peut-être plus sûre.

Rien de nouveau, nous avons eu un bel automne ; un beau programme de théâtre est prévu, aussi je ne crois pas, que la troupe amateur ait beaucoup de succès après tous ces grands artistes promis — les gens réserveront leur argent pour voir du beau --- -

Papa a toujours beaucoup de travail au bureau et quelques voyages en perspective...

Voici les fêtes de la Toussaint jamais aisées pour beaucoup de bien tristes souvenirs encore frais. Cela me fait penser que l'année dernière à même date il te fallait partir d'urgence pour le film de Bellon. Il est vrai qu'il ne t'avait sans doute pas dit l'année.....

J'espère pourtant qu'un jour [illegible] arrivera sans trop tarder et te permettra enfin de

prouver enfin ... ton grand talent —

Bons Baisers

Maman

Mère

Baden, le 9 novembre 1955

Mon pauvre Jean-Claude,

Comme tu le dis toi-même tu n'as pas de chance dans ta carrière, espérons que tu arriveras quand même à y rentrer quand les aînés n'y seront plus... Je croyais les carottes bientôt cuites, mais ce n'est pas encore demain que la famille Dupont et nous-mêmes auront à nous déplacer pour voir les affiches.
Tu nous dit avoir changé de chambre c'est très bien, mais as-tu réfléchi que la personne qui te loue a 82 ans et est à la merci d'un rien pour disparaître et alors, tu ne penses pas à ce moment que tu garderais l'appartement quand il y a tant de gens qui en cherchent... Tu ferais bien de te mettre en quête d'une autre peut-être plus sûre.
Je n'ai rien de nouveau, nous avons eu un bel automne ; un beau programme de théâtre est prévu, aussi je ne crois pas que la troupe amateur ait beaucoup de succès après tous ces grands artistes promis – les gens réserveront leur argent pour voir du beau...
Papa a toujours beaucoup de travail au bureau et quelques voyages en perspective...
Voici les fêtes de la Toussaint passées avec pour beaucoup de bien tristes souvenirs encore frais. Cela me fait penser que l'année dernière à même date il te fallait partir d'urgence pour le film de Becker. Il est vrai qu'il ne t'avait sans doute pas dit l'année...
J'espère pourtant qu'un jour J où tout arrivera sans trop tarder et te permettra enfin de prouver enfin... ton grand talent.
Bon baisers.
Maman

Je serais toujours heureuse de voir les contrats... pour tes prochaines activités.

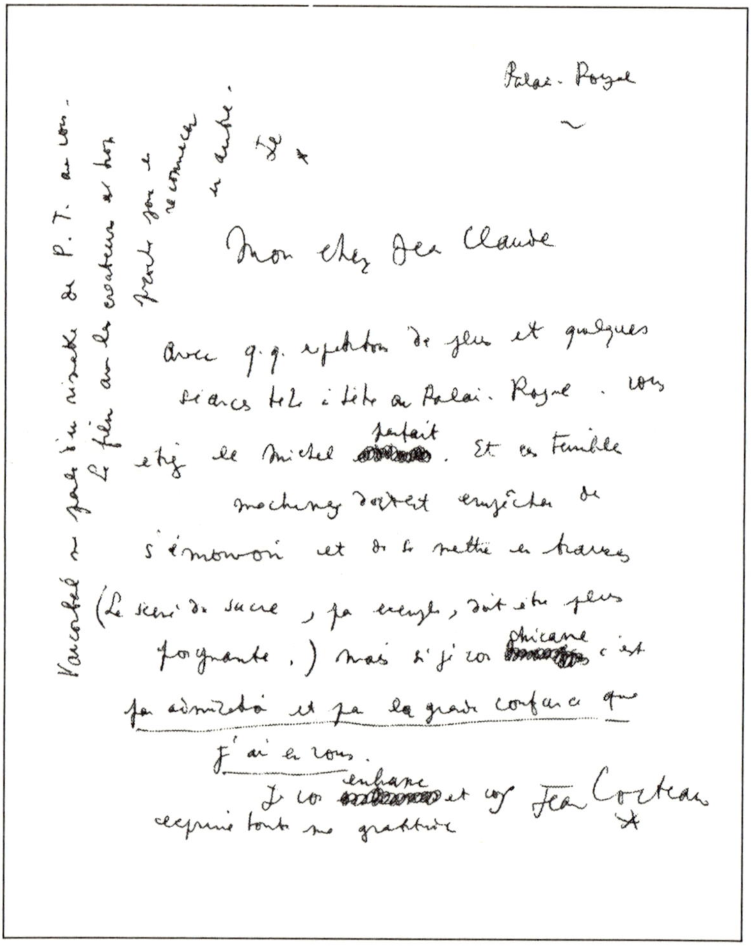

Palais-Royal

Mon cher Jean Claude

Avec q.q. répétitions de plus et quelques séances tête à tête au Palais-Royal vous étiez le Michel ~~[illegible]~~ parfait. Et ce terrible machinage doit vous empêcher de s'émouvoir et de se mettre en travers (La scène du sacre, par exemple, doit être plus poignante.) mais si je vous ~~[illegible]~~ chicane c'est par admiration et par la grande confiance que j'ai en vous.

Je vous ~~[illegible]~~ embrasse et vous exprime toute ma gratitude

Jean Cocteau

Vaucorbeil ne parle pas d'un remake de P.T. avec vous. Le film avec les créateurs est trop proche pour le recommencer si vite.

Jean Cocteau

Palais-Royal

Mon cher Jean-Claude

Avec q.q. répétitions de plus et quelques séances tête à tête au Palais-Royal vous étiez le Michel parfait. Et ces terribles machines doivent empêcher de s'émouvoir et de se mettre en transes (la scène du sucre, par exemple, doit être plus poignante). Mais si je vous chicane c'est *par admiration et par la grande confiance que j'ai en vous.*
Je vous embrasse et vous exprime toute ma gratitude.
Jean Cocteau

Vaucorbeil me parle d'un remake des P. T. [*Les Parents terribles*] avec vous. Le film avec les créateurs est trop proche pour en recommencer un autre.

FRANÇOIS TRUFFAUT

Paris, ce 19 octobre 63

Mon cher Jean-Claude,

je pense très souvent à toi, sans te voir, et davantage depuis la mort de Cocteau, peut-être parceque j'ai l'impression qu'il y a des analogies : beaucoup d'amitiés et peu d'amis, famille pas tellement famille et le même genre de solitude et de bonté. Mon cher Jean-Claude je t'aime beaucoup et je rêve souvent que je suis emmerdé dans mon travail et que tu me planques chez toi, le temps d'écrire quelque chose, un laps de vie à la manière, plus ou moins, du café de la Comédie ; pourquoi est-ce qu'on ne se voit jamais ? Après mon tournage, donc

François Truffaut

De Paris, ce 19 octobre 63

Mon cher Jean-Claude,

Je pense très souvent à toi, sans te voir, et davantage depuis la mort de Cocteau, peut-être parce que j'ai l'impression qu'il y a des analogies : beaucoup d'amitiés et peu d'amis, famille pas tellement famille et le même genre de solitude et de bonté. [Mon cher Jean-Claude je t'aime beaucoup et je rêve souvent que je suis emmerdé dans mon travail et que tu me planques chez toi, le temps d'écrire quelque chose, un laps de vie à la manière, plus ou moins, du café de la Comédie; pourquoi est-ce qu'on ne se voit jamais? Après mon tournage, donc après Noël, je te relancerai pour qu'on se retrouve un peu, davantage, à bouffer au moins.

J'aime bien la vie que tu mènes, avec le travail en premier plan, et c'est parce que je mène la même qu'on ne se retrouve guère, voilà le regrettable.

Nous avons tous deux réalisé nos rêves (ceux du côté de la comédie), aussi je pense que tu es heureux.

Amiamiamitiés.

Jean-Claude

Pendant quelques heures, j'ai tout oublié !
Quel bonheur de vous entendre.
Bravo ! (déformation professionnelle !)

[illegible]

[illegible]

Arletty

Jean-Claude

Pendant quelques heures j'ai tout oublié. Quel bonheur de vous entendre. Bravo ! (déformation professionnelle !)
Votre
Arletty

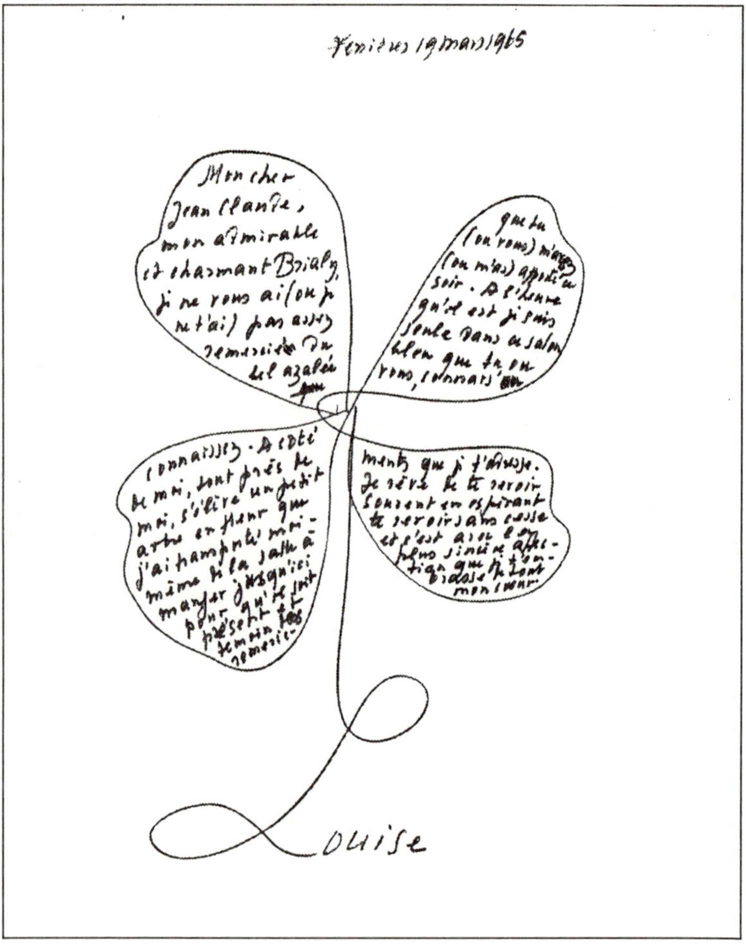

Verrières 19 mars 1965
Mon cher Jean Claude, mon admirable et charmant Brialy, je ne vous ai (ou je ne t'ai) pas assez remercié du bel azalée que
que tu (ou vous) m'as (ou m'avez) apporté ce soir. A l'heure qu'il est je suis seule dans ce salon bien que tu ou vous connais
connaissez. A côté de moi, tout près de moi, s'élève un petit arbre en fleur que j'ai transporté moi-même de la salle à manger jusqu'ici pour qu'il soit présent à mes remerci-
ments que je t'adresse. Je rêve de te revoir souvent en espérant te revoir sans cesse
Louise

Louise de Vilmorin

Verrières, 19 mars 1965

Mon cher Jean-Claude, mon admirable et charmant Brialy, je ne vous ai (ou je ne t'ai) pas assez remercié du bel azalée que tu (ou vous) m'avez (ou m'as) apporté ce soir. À l'heure qu'il est je suis seule dans ce salon bleu que tu, ou vous, connais ou connaissez. À côté de moi, tout près de moi, s'élève un petit arbre en fleur que j'ai transporté moi-même de la salle à manger jusqu'ici pour qu'il soit présent et témoin des remerciements que je t'adresse. Je rêve de te revoir souvent en espérant te revoir sans cesse et c'est avec la plus sincère affection que je t'embrasse de tout mon cœur.
Louise

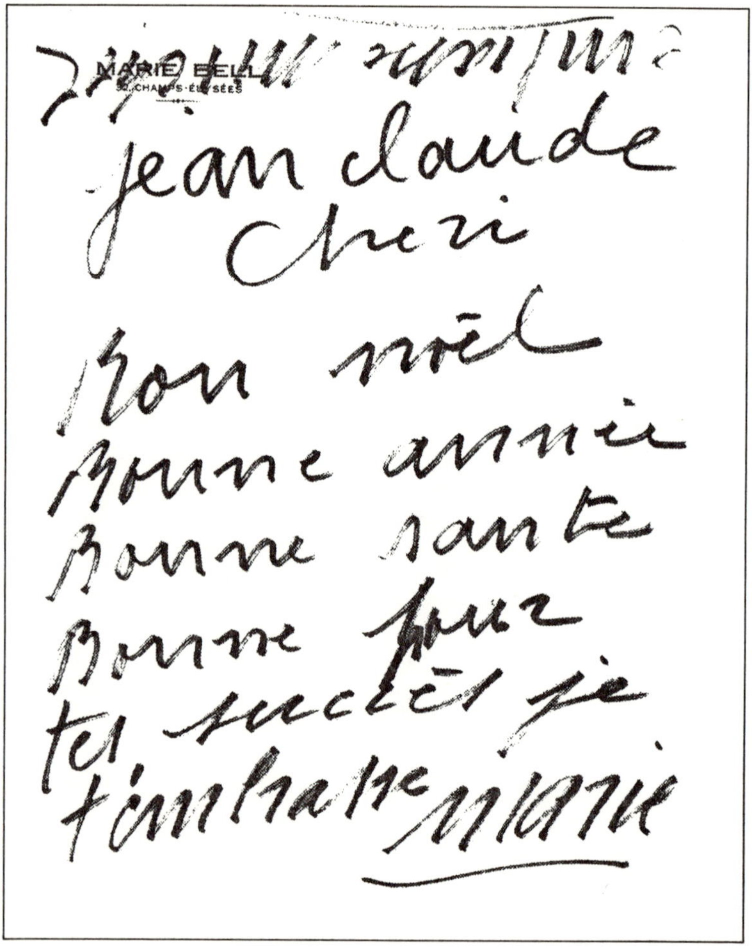

MARIE BELL
5?, CHAMPS-ÉLYSÉES

[illegible]

Jean claude
Chéri

Bon noël
Bonne année
Bonne santé
Bonne pour
tes succès je
t'embrasse Marie

Marie Bell

Jean-Claude chéri

Bon noël
Bonne année
Bonne santé
Bonne pour tes succès
Je t'embrasse
Marie

Mon petit amour joli

Je sais très bien tes angoisses : diriger, jouer, être attentif aux autres.

J'aime pas qui tout faire dit 'cinéma'

J'aime regarder, alors je te remercie de me laisse voir quand tu diriges.

Je te fais tout à fait confiance.

Je voudrais tout être prête à ce que tu veux. mais je suis incapable de faire ça.

Pourquoi que tu prends pas Bernadette Lafont ?

En tous cas mon amour, sois très à l'aise contre moi dans les "rushes" je serai pour toi tout reposée.

Remercie toute ton équipe.

et ne te fais aucun souci je serai là le 26 au matin.

et je t'aime. Bali

Barbara

Mon petit amour joli,

Je sais bien tes angoisses : diriger, jouer, être attentif aux autres.
J'aime pas du tout faire du « cinéma ».
J'aime regarder, alors je te remercie de me laisser voir quand tu diriges.
Je te fais tout à fait confiance.
Je voudrais tant être prête à ce que tu veux, mais je suis incapable de faire ça.
Pourquoi que tu prends pas Bernadette Lafont?
En tout cas mon amour, sois très à l'aise. Coupe-moi dans les « rushs », je serai pas du tout vexée.
Remercie toute ton équipe et ne te fais aucun soucis, je serai là le 26 au matin. Car je t'aime.

Simone Signoret et Yves Montand

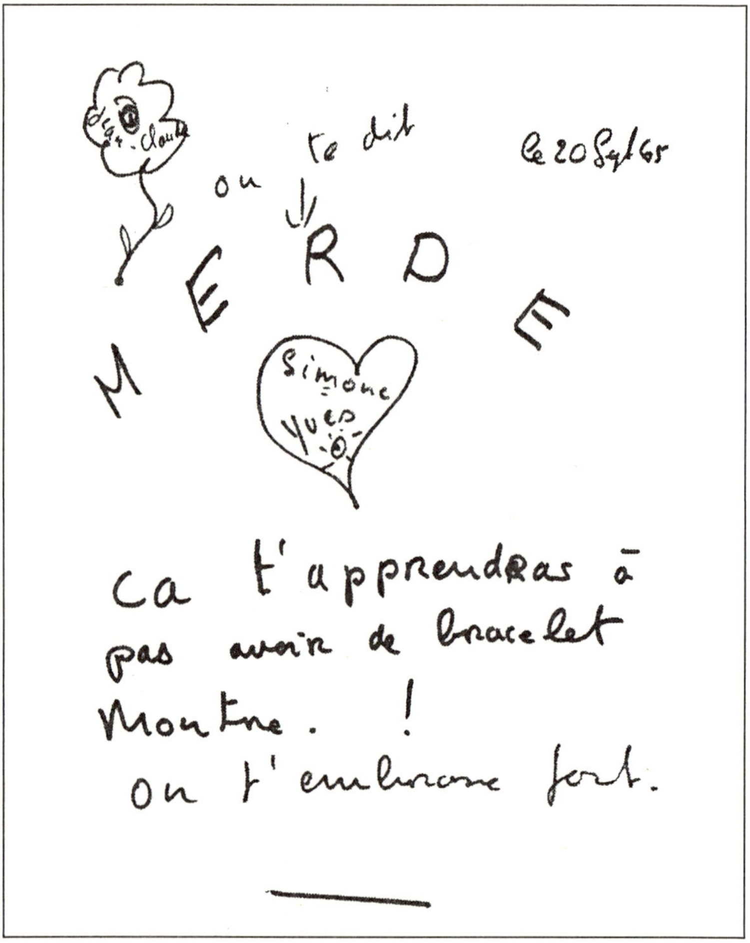
on te dit MERDE

le 20 Sept 65

Simone
Yves

ça t'apprendras à pas avoir de bracelet Montre. !
on t'embrasse fort.

Caricature de *Peter Ustinov*, réalisée lors du tournage d'*Au bonheur des chiens* en Italie

Mot griffonné par *Romy Schneider*. Elle parle d'Élisabeth, son personnage dans *Un amour de pluie*

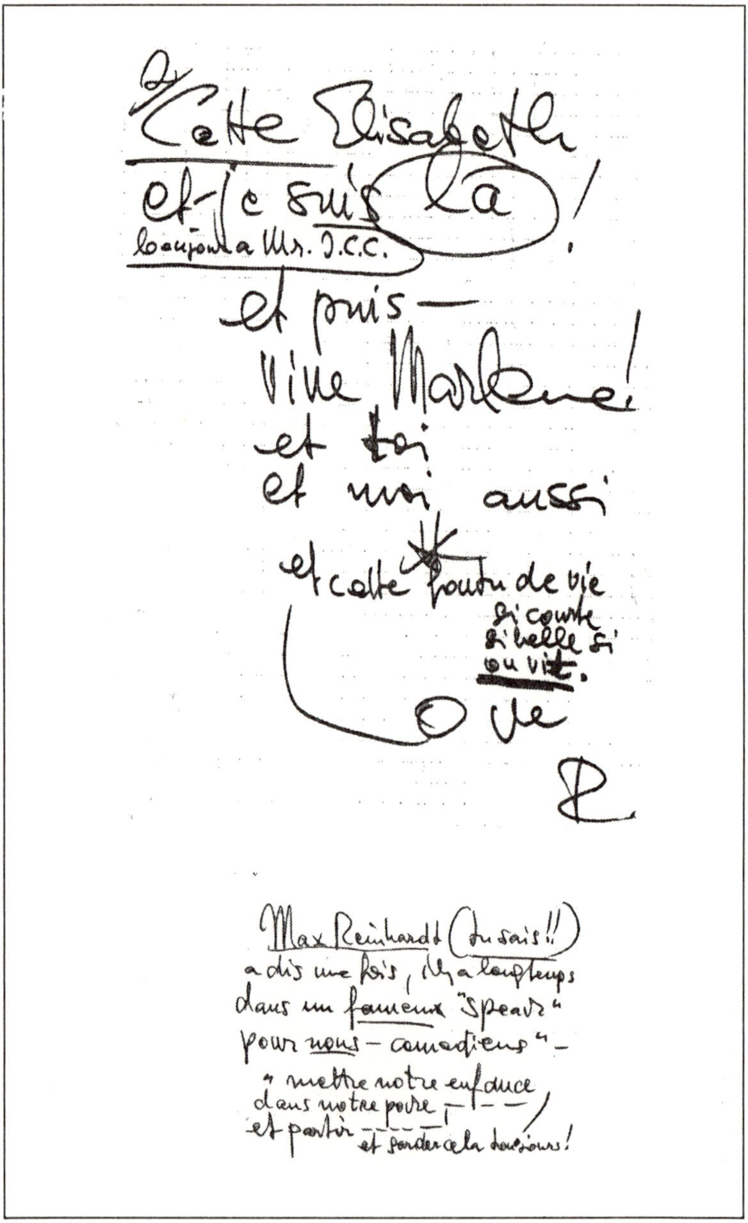
Cette Élisabeth
et je suis là !
toujours à Mr. J.C.C.
et puis —
vive Marlène !
et toi
et moi aussi
et cette foutue de vie
si courte
si belle si
on vit.
Love
R

Max Reinhardt (tu sais !!)
a dit une fois, il y a longtemps
dans un fameux "speach"
pour nous — comédiens" —
" mettre notre enfance
dans notre poche — — —
et partir — — — —
et garder cela toujours !

Claude Nougaro

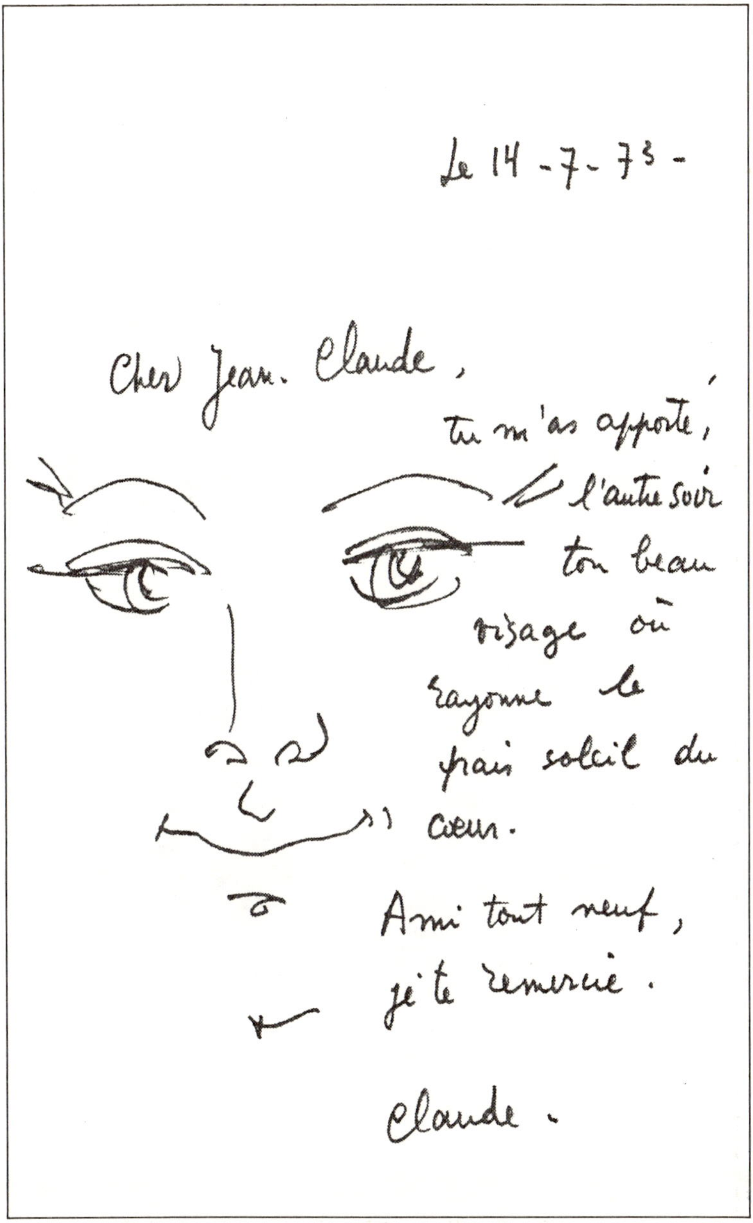

Le 14-7-73 -

Cher Jean-Claude,

tu m'as apporté, l'autre soir ton beau visage où rayonne le frais soleil du cœur.

Ami tout neuf, je te remercie.

Claude.

Paris
lundi 27 août 62.

Le scotch, l'omelette, le lit
– Et le plaisir, et la nonchalance –
Que c'était charmant et joli
Ce dimanche, chez Brialy.

Mais nous sommes partis trop tôt.

S'il y avait une vacance
Dans le personnel du château,
Pensez au vieux Dauphin de France
– Il manie encor le râteau

Merci Jean-Claude

Claude (Dauphin)

Claude Dauphin

Paris
Lundi 27 août 62

Le scotch, l'omelette, le lit
— Et la plaine, et la nonchalance —
Que c'était charmant et joli
Ce dimanche, cher Brialy.

Mais nous sommes partis trop tôt.

S'il y avait une vacance
Dans le personnel du château,
Pensez au vieux Dauphin de France
— Il manie encor le râteau.

Merci Jean-Claude,

Claude (Dauphin)

TABLE

Cet ouvrage a été composé et imprimé par

FIRMIN DIDOT

GROUPE CPI

Mesnil-sur-l'Estrée

en septembre 2004

Édition exclusivement réservée aux adhérents du Club
Le Grand Livre du Mois
15, rue des Sablons
75116 Paris
réalisée avec l'aimable autorisation de XO éditions

Imprimé en France
Dépôt légal : septembre 2004
N° d'impression : 69219
ISBN : 2-286-00552-4